公路桥梁施工技术与管理研究

赵福君　王怡森　易　亮 ◎ 主编

中国出版集团　现代出版社

图书在版编目（CIP）数据

公路桥梁施工技术与管理研究 / 赵福君，王怡森，易亮主编. -- 北京 : 现代出版社，2021.10
ISBN 978-7-5143-9493-1

Ⅰ. ①公… Ⅱ. ①赵… ②王… ③易… Ⅲ. ①公路桥—桥梁施工—施工管理 Ⅳ. ①U448.145.1

中国版本图书馆 CIP 数据核字(2021)第 223157 号

公路桥梁施工技术与管理研究

作　　者	赵福君　王怡森　易　亮
责任编辑	田静华
封面设计	白白古拉其
出版发行	现代出版社
地　　址	北京市朝阳区安外安华里504号
邮　　编	100011
电　　话	010-64267325　64245264(传真)
网　　址	www.1980xd.com
电子邮箱	xiandai@ cnpitc.com.cn
印　　刷	北京四海锦诚印刷技术有限公司
版　　次	2023年3月第1版 2023年3月第1次印刷
开　　本	185 mm×260 mm　1/16
印　　张	11.5
字　　数	260千字
书　　号	ISBN 978-7-5143-9493-1
定　　价	48.00元

前言

公路桥梁建设在我国的经济发展过程中起着非常重要的作用，公路桥梁的发展对我国经济各个方面的进步都有一定的影响。然而，复杂性是公路桥梁工程建设的主要特征，此外，施工人员总体专业水平较低，工程施工单位技术管理意识不强，导致公路桥梁在建设过程中经常出现质量问题，给人们的日常生活造成了严重的负面影响。

改革开放以来建筑业蓬勃发展，现代公路桥梁工程建设的复杂性和综合性使得工程建设实践中出现了很多需要解决的问题。新的管理方法不断推陈出新，逐步淘汰陈旧的管理模式，在实践中研究和采用新理论、新方法、新手段，以问题为导向，不断总结经验教训，提高公路工程项目的管理水平，这就要求公路桥梁工程项目管理者是有战略眼光并且懂技术和管理的复合型人才，但这既取决于公路工程管理人员经验的积累，也取决于项目管理人员对工程项目管理理论与方法理解和掌握的深度。所以，系统的理论学习有重要意义。通过了解可以知道，公路桥梁工程管理是一种具有特定目标、资源及时间限制和复杂的专业工程技术背景的一次性管理事业，是对工程项目全过程进行的高水平的、科学的、系统的管理活动。

基于以上两方面的因素，作者结合自己多年的教学经验和科研成果撰写了《公路桥梁施工技术与管理研究》一书，本书共5章，主要内容包括：公路桥梁建设施工概述、公路桥梁施工技术、公路桥梁施工检测及施工管理、公路桥梁施工阶段的风险管理、公路桥梁养护维修技术。本书结构严谨，内容全面，可作为公路工程局、公路管理局、公路工程建设公司、公路质量监督与监理部门、市政工程公司、公路养护部门工作人员的参考用书，也可作为各类工程设计人员和施工技术人员的指导用书。

限于作者水平有限，加之撰写时间仓促，书中难免存在不足与疏漏之处，敬请各位专家和读者批评指正。

作 者

2021年6月

前言

作者

2021年6月

目录

第一章 公路桥梁建设施工概述

伴随着科学技术的进步，施工机具、设备和建筑材料的发展，现代公路桥梁工程施工技术在原有施工技术的基础上不断改进、提高而逐步发展和丰富。本章主要介绍了公路桥梁建设施工程序、公路桥梁建设施工技术发展历程、公路桥梁施工常见问题与改进措施分析、绿色施工视角下的公路桥梁施工技术创新发展四方面的内容。

第一节 公路桥梁建设施工程序

一、公路桥梁工程的基本建设程序

工程基本建设程序是指从规划立项到竣工验收的整个建设过程，可分为四个阶段。一是规划阶段：项目建议书，项目可行性研究；二是设计阶段：初步设计，技术设计，施工图设计；三是施工阶段：施工准备，组织施工；四是交付使用阶段：竣工验收，交付使用[①]。

（一）规划阶段

1. 提出项目建议

根据国民经济的长远规划和路网建设规划，提出项目建议。项目建议书是进行各项准备工作的依据，其对建设项目提出包括目标、要求、原料、资金来源等的文字设想说明，可作为可行性研究的依据。

2. 项目分类与要求

（1）分类：按工作的深度，可分为预可行性研究和工程可行性研究。

① 李栋国，张洪军．公路桥梁工程施工技术 [M]. 武汉：武汉大学出版社，2014.

（2）要求：工程可行性研究的投资与初步设计概算之差应控制在 10% 以内。

（二）设计阶段

1. 设计项目

（1）类型、适用项目。①一阶段设计：适用于技术简单、方案明确的小型项目；②二阶段设计：适用于一般工程项目；③三阶段设计：适用于技术复杂而又缺乏建设经验的项目。

（2）设计内容。第一，初步设计。应根据批准的可行性研究的要求和初测资料拟定修建原则，选定设计方案，计算工程量，提出施工方案，编制设计概（预）算，提供文字说明及图表资料。初步设计是国家控制投资和编制文件的依据，是订购、调拨材料、机具，安排重大实验项目等的依据。第二，技术设计。根据批准的初步设计和补充初测资料，对重大、复杂的技术问题通过科学实验、专题研究加深勘探及比较分析，解决初步设计中未能解决的问题。第三，施工图设计。应根据已批准的初步设计进一步对所审定的修建原则、设计方案、技术决定加以具体和深化，最终确定工程量，提出文字说明和适应施工需要的图表资料以及施工组织计划，编制施工图概（预）算。

2. 编制年度基本建设计划

建设项目的初步设计和概（预）算经上级批准后，项目可列入国家基本建设计划。建设单位可依国家基本建设计划，编制本单位的年度基本建设计划，经上报批准后再编制物资、劳动力、财务计划。

（三）施工阶段：施工准备与组织施工

第一，施工准备。建设主管部门应依计划要求的建设进度指定单位组织基本建设管理机构办理登记及拆迁，做好有关单位的协调工作，落实材料、设备、技术资料等的供应工作。

第二，组织施工。施工单位按照施工程序合理地组织施工，应严格按照设计要求和施工规范施工，以确保工程质量。

（四）交付使用阶段：竣工验收与交付使用

第一，竣工验收。对工程质量、数量、期限、生产能力、建设规模、使用条件进行审查，对建设单位和施工单位编报的固定资产移交清单、隐蔽工程说明和竣工决算等进行细致检查。

第二，交付使用。全部基本建设工程经验收合格后，应立即移交生产部门正式使用，迅速办理固定资产交付使用的转账手续，加强对固定资产的管理。

二、公路桥梁工程的施工程序

施工程序是指施工单位从接受施工任务到工程竣工阶段必须遵守的工作程序，包括接受施工任务，签订工程承包合同，开展施工准备工作，组织施工和竣工验收。

（一）获得施工任务

施工企业获得施工任务通常有三种方式：①由上级主管单位统一接受任务，按行政隶属关系安排计划下达；②经主管部门同意后，对外接受任务；③自行对外投标，中标后获得任务。随着我国改革开放的深入以及社会主义市场经济体制的形成和发展，施工任务将主要以参加投标的方式在建筑市场竞争中获得。

接受工程项目施工任务时，应查证并核实该项目是否列入国家计划。列入国家计划的项目必须有批准的可行性研究报告、初步设计（或施工图设计）及概（预）算文件等。国家计划以外的基本建设项目，例如合资企业、地方自筹资金工程等，也应有国家主管部门对该项目的批复文件。

接受施工任务，从法律角度上讲是以签订工程合同的形式加以确认的。因此，施工企业接受工程项目时必须同建设单位签订工程合同，明确双方的经济、技术责任，互相制约，互相促进，共同保证按质、按量、按期完成工程项目的建设任务。合同一经签订，就具有法律效力，双方都应认真履行。

工程合同的内容应包括：简要说明、工程概况、工程质量要求、承包方式、开（竣）工日期、物资供应、工程造价、工程拨款与结算办法、违约责任及双方的配合协作等。由于工程合同的内容涉及工程管理的各个方面，所以要求合同条款既要遵守有关法规的要求，又要符合工程的实际情况；既要防止合同条款表述含混不清，以免引起不必要的争执，还要保证用词准确、简明扼要，便于执行和检查。

（二）施工前的规划组织以及准备工作

施工企业在接受施工任务后，便可以着手进行施工准备工作。施工准备工作的好坏，直接影响到整个工程的施工进度、施工质量和经济效益，必须给予高度重视，切实做好施工准备工作。准备工作的基本任务是了解施工的客观条件，根据工程的特点、进度要求合理安排施工力量，从人力、物力、技术和施工组织等方面为工程施工创造一切必要条件。公路桥梁工程施工准备工作的内容非常广泛，贯穿工程施工全过程。从工程建设总体上讲，其主要包括战略性的规划组织准备和战术性的现场条件准备两大部分。规划组织准备工作的内容包括以下五个方面①。

1. 熟悉并审核设计文件和有关资料

设计文件是组织工程施工的主要依据，是施工单位进行施工的基本标准，是确保工程顺利进行的基本条件，是保证工程质量的基本要求。熟悉和审核施工图纸是领会设计意图、明确工程内容、掌握工程特点、了解工程要求的重要环节。其主要内容如下。

第一，核查各项计划的安排、设计图纸和资料是否符合国家有关方针、政策的规定，图纸是否齐全，图纸内容有无错误或矛盾，能否满足施工需要。

第二，掌握设计内容和技术条件、工程规模、结构特点和形式。

第三，设计文件所依据的水文、地质、气象、岩石等资料是否准确、可靠、齐全。

第四，核对路线中线、控制点，认真核对各构造物的主要尺寸、位置、标高有无错误，在施工放样和具体施工中能否实现。

第五，路线与其他建筑物的干扰和解决措施。

第六，对地质不良地段采取的措施和环保措施是否合理。

第七，施工方法、料场布置、运输方式、道路条件是否符合实际情况。

第八，临时设施的布置是否恰当。

第九，各项协议文件是否齐全。

第十，明确建设期限。

上述核对内容应形成文字材料，作为准备工作的成果和制订施工组织计划的依据。对核对中发现的错误或不合理之处应提出修改意见，并上报上级机关。

2. 补充调查资料工作

第一，工程地点的水文、地形、气候条件和地质情况；

第二，自采加工料场、当地材料情况；

第三，当地劳动力资源、工业加工能力、运输条件和运输工具情况；

第四，施工现场的水源、电源、生活物资供应情况；

第五，当地民俗风情、生活习惯等。

3. 设计交桩与设计技术交底工作

在正式施工前，应由勘测、设计单位向施工单位进行交桩和设计技术交底。

① 李栋国，张洪军．公路桥梁工程施工技术 [M]. 武汉：武汉大学出版社，2014.

（1）设计交桩。

设计单位将路线测设时所设置的导线控制点、水准控制点及其他主要点位的桩志逐一移交施工单位。施工单位在接受这些控制点位后，要采取必要措施进行妥善加固、保护。

（2）设计技术交底。

由业主主持，设计单位、监理单位和施工单位参加，说明工程的设计依据、设计意图和功能要求，并对特殊结构、新技术、新材料及施工中的难点和需注意点进行详细说明。施工单位将在研究设计文件中发现的问题及时提出，由设计单位解释。在施工单位熟悉设计文件，充分进行准备工作的基础上，由建设单位负责人召集设计、施工、质检、监理、试验、科研等人员参加图纸会审会议。设计人员向施工单位进行图纸交底，主要讲清设计意图、施工重点和对施工的特殊要求，施工人员应对设计图纸和有关问题提出质询。最终由设计单位对图纸会审中提出的合理化建议，按有关程序进行变更设计或做补充设计。

4. 编制施工组织设计与施工预算工作

（1）施工阶段的施工组织设计，是施工单位在详细研究设计文件、图纸、合同条款，以及进行现场反复调查、复核的基础上，对标前施工组织设计文件内容进行进一步的分析和研究，重新进行补充、完善和落实的过程。其一般由项目经理主持编制，企业技术负责人审批。其主要内容有工程概况与特点，施工平面布置图，施工部署和管理体系，施工方案及技术措施，施工质量保证计划，施工安全保证计划，文明施工、环保节能降耗保证计划以及辅助、配套的施工措施。

（2）施工预算是施工部门为了加强施工管理，在施工图预算的控制之下，计算建筑安装工程所需要消耗的人工、材料、施工机械的数量限额，并直接用于施工生产的技术性文件。它是根据施工图的工程量、施工组织设计或施工方案以及施工定额编制的。其作用主要表现在以下几方面：①施工企业据以编制施工计划、材料需用计划、劳动力使用计划，以及对外加工订货计划，实行定额管理和计划管理；②据以签发施工任务书，限额领料，实行班组经济核算以及奖励；③据以检查和考核施工图预算编制的正确程度，以便控制成本，开展经济活动分析，督促技术节约措施的贯彻执行。

5. 组织先遣人员进场工作

（1）先遣人员的任务主要是结合施工现场的实际情况，具体落实施工队伍进入工地后在生产、生活环境等方面必须解决的问题。

（2）对施工中涉及其他部门的问题，做好联系、协调工作，签订相应的会谈纪要、协议书或合同。

（3）及时与当地政府取得联系，积极争取地方政府对工程施工的支持。

（三）项目开工前的现场条件准备

第一，征地及拆迁。划定工程建设用地，征用土地，拆迁房屋、电信及管线设施等各种障碍物。

第二，技术准备。施工测量，平整场地；建立工地试验室；落实各工地施工方案、供水供电设施；物资设备运送、堆放安排。做到“三通一平”：平整施工场地，修通道路，通水，通电。

第三，建立临时生活、生产设施。修建便道、便桥，搭建工棚。选址修建预制场、机修厂、沥青拌和基地、混凝土搅拌站等大型临时设施；进行临时供电、供水、供热及通信设备的安装、架设与试运行。

第四，人员、机具、材料进场。严格按进场计划，安排人工、材料、机具的进场时间，一方面可保证施工顺利进行，另一方面可防止窝工，同时做好材料和机具的保管工作。

第五，提出开工报告。施工准备工作完成后，即可在合同规定的最后日期之前向监理部门提出开工报告。

（四）项目组织施工

第一，施工的基本要求：①按施工顺序和施工方法施工，控制工期、投资和质量；②严格按图纸施工；③要对逐道工序进行自检。

第二，施工文件：①设计文件；②施工规范和技术操作规程；③各种定额；④施工图预算；⑤施工组织设计；⑥工程质量检验评定标准和施工验收规范。

（五）项目竣工验收工作

公路桥梁工程的竣工验收是全面考核设计成果，检验设计和施工质量的重要环节，应包括以下几项工作。

1.竣工验收准备工作

工程项目按设计要求建成后，施工企业应自行初验，也就是交工验收。

初验时，要进行竣工测量，编制竣工图表，认真检查各分部工程，发现有不符合设计要求和验收标准之处应及时修竣；整理好原始记录、工程变更设计记录、材料试验记录等施工资料；提出初验报告，并上报主管部门。

初验报告一般包括：初验工作的组织，工程概况及竣工工程数量，各单项工程检查情况和工程质量情况，检查中发现的重大质量问题及处理意见，遗留问题的处理意见和提交（竣）工验收时讨论的问题[①]。

2. 工程竣工验收工作

施工企业承担的工程全部完成后，经初验符合设计要求，并具备相应的施工文件资料时，应及时报请上级领导单位组织竣工验收。通常由建设单位组织和主持竣工验收工作，参加单位应包括设计单位、监理单位、施工单位、养护单位和银行、当地有关部门，并形成验收委员会。验收委员会在听取施工单位的施工情况和初验情况汇报并审查各项施工资料之后，采取全面检查、重点复查的办法对工程进行验收。

对初验时有争议的工程及确定返工或补做的工程（如大桥、隧道和大型构造物），应进行全面检查和复测。对高填、深挖、急弯、陡坡路段，应重点抽查。对小桥涵及一般构造物、一般路段路基和路面、排水和安全设施等，可采取随机抽查的方式进行检查。检查过程中，必要时可采用挖探、取样试验等手段。

验收工程以设计文件为依据，按照国家有关规定分析检查结果，评定工程质量等级，形成竣工验收鉴定书，并经监理工程师签认。对需要返工的工程，应查明原因，提出处理意见，由施工单位负责按期修竣。

3. 技术总结工作

竣工验收通过后，施工单位应认真做好工程施工的技术总结，以不断提高施工技术水平和管理水平，吸取经验教训，促进企业的发展。对施工中采用的新技术和重大技术革新项目，以及施工组织、技术管理、工程质量、安全工作等方面的成绩，应进行专题总结。

4. 建立技术档案工作

技术档案包括设计文件、施工图表、原始记录、竣工文件、验收资料、施工技术总结等。这些文件在工程竣工验收后由施工单位汇集整理、装订成册，并按管理等级建档保存。保密工程的图纸资料按有关保密制度办理。

第二节　公路桥梁建设施工技术发展历程

我国的公路桥梁工程施工技术历史悠久。早在3000年前的周文王时期，就有在渭河

① 李栋国，张洪军．公路桥梁工程施工技术 [M]. 武汉：武汉大学出版社，2014.

上架设浮桥和建造粗石桥的文字记载。公元前2000年，我国已修建有可供牛、马车行驶的道路。在西周时期，道路建设已粗具规模。在道路规划方面，《周礼》中有以下记载：“匠人营国……国中九经九纬，经涂九轨……环涂七轨，野涂五轨。”

在道路管理方面，《周语》中有以下记载：“司空视途”“列树以表道，立鄙食以守路”“雨毕而除道，水涸而成梁”。在道路质量方面，《诗经》中有以下记载：“周道如砥，其直如矢。”秦始皇统一六国后，大修驰道，颁布车同轨法令，使得道路建设有了较大的发展。

我国古代公路桥梁发展建设的鼎盛时期是隋唐时期，初步建成了以城市为中心的四通八达的道路网，在公路桥梁的结构形式、施工方法等方面有了很多创新。该时期的桥梁施工充分表现了我国古代工匠的智慧和力量，是桥梁建造史上的宝贵财富。

1000多年前所建的赵州桥就是其中的杰作。该桥采用纵向并列砌筑，将大拱圈纵分为28圈，每圈由43块拱石组成，每块拱石重1t左右，用石灰浆砌筑。为了提高拱圈的强度和整体性，在拱石表面凿有斜纹，在拱石的纵向间安放一对腰铁（铁箍），在主拱跨中拱背上设置有5根铁拉杆，并在拱顶石砌筑时采用刹尖方法使拱石挤压紧密。从赵州桥的施工技术中，不难看出，古代工匠十分熟悉拱桥的受力特性，其施工技术完全符合现代科学技术的结论，这是赵州桥能完好保存至今的重要原因。

后发展到宋代，公路桥梁建设水平有了新的提高。宋朝之后桥梁数量大增，桥梁跨越能力和造型有了新的飞跃。福建泉州的洛阳桥又名万安桥，是濒临海湾的大石桥，始建于宋皇祐五年（1053年）。

万安桥全长834m，有46个桥墩，气势极其壮观。在当时尚无现代施工设备的情况下，在海湾上建造大桥的深水基础是非常困难的。在波涛汹涌的海口，古代工匠首次开创了现代称为筏形基础的桥基。这种基础施工时，沿桥中线满抛大石块，在稳固的石基上建造桥墩，创造了抛石技术，并巧妙地用牡蛎将筏形基础加固成整体。其中，抛石技术在建造鹰厦铁路海堤工程中也得到了应用。万安桥的石梁共300余根，每根长20m，重20~30t，如此重的石梁在当时采用“激浪以涨舟，悬机以弦牵”的方法架设，据分析是利用潮汐的涨落控制船只的高低位置，使石梁浮运、起落，并以“悬机”牵引就位。古代工匠仅用人工、简单工具，借助自然力建造大桥，这是现代浮运架设的原始雏形。

到了清代道路已分为三级：官马大路、大路、小路。官马大路长度已达2000km以上。

1912—1949年是我国近代公路桥梁的发展时期，但发展缓慢，且屡遭破坏。30多年时间所修建的道路总里程不过十几万千米，桥梁建设也停滞不前。中华人民共和国成立前，长江上没有桥梁。施工技术及手段也比较落后，主要是人工挑抬，石碾压实，虽引进了一些施工机械，但由于机械配件和燃料供应困难而很少使用。到中华人民共和国成立初期，全国仅有推土机200余台，挖掘机不足10台，压路机不足100台，汽车100余辆[①]。中华人民共和国成立以后，随着我国公路桥梁建设事业的蓬勃发展，其施工技术水平有了较快的提高。

在道路建设方面，相继修建了康藏公路、海南岛公路、成都至阿坝公路等10余条重点公路。这些公路自然条件复杂，工程艰巨，工期要求短，在施工中探索、创造了土石方大爆破施工、泥结碎石路面施工及泥结碎石路面加铺级配磨耗层施工、渣油表处路面、软土等特殊地基的处理等一系列道路施工技术，使我国的道路施工技术水平有了整体的提高。

1957年9月，第一座公路铁路两用桥——武汉长江大桥建成，结束了长江上没有桥梁的历史。1968年12月，我国自主设计和施工的南京长江大桥建成通车。南京长江大桥的基础在施工水位以下70余米深，水文地质极为复杂。施工时从实际出发，采用了四种不同的基础形式和不同的施工方法。特别是在急流中，在流速和流向不断变化的情况下，克服了定位中的摇摆问题。在钢梁的设计和施工中，采用了国产的16锰低合金钢，纵梁的连接第一次采用了高强螺栓代替铆钉；在公路桥面上首次采用了陶粒轻质混凝土等当时先进的技术和工艺。同时在桥梁施工中，通过试验研究设计制造了一系列关键性的施工机具设备和施工工艺，如管柱下沉、钻孔洗壁、悬拼调整、循环压浆、高强螺栓安装等，保证了工程按质量要求完成。南京长江大桥已被列为世界上最宏伟的结构之一，它的建成标志着我国桥梁工程施工技术已达到了一个新的水平。

20世纪80年代以来，我国公路桥梁建设有了极大的飞跃。桥梁建设方面，引入了预应力技术和悬臂施工技术，T形刚构桥、连续梁桥、斜拉桥和悬索桥等结构不断在全国各地出现。如重庆石板坡长江大桥复线桥2006年8月竣工通车，全长1103.5m，采用连续刚构连续梁混合梁结构，其中5#和7#桥墩的跨度达到了330m，成为当时世界第一跨径梁桥；重庆跨长江的朝天门大桥2009年4月正式通车，主跨长552m，为目前世界跨径最大的钢拱桥；2009年12月建成通车的舟山西堠门大桥是连接舟山本岛与宁波的舟山连岛工程，主桥为两跨连续钢箱梁悬索桥，主跨1650m，位居悬索桥世界第二、中国第一，其中钢箱梁全长在悬索桥中居世界第一；苏通长江大桥工程规模浩大，其主跨跨径达到1088m，截至2013年是世界第二大跨径的斜拉桥；2018年10月24日通车的港珠澳大桥是世界最大的斜拉桥，在桥梁和隧道的技术使用上创下了多项世界第一。

① 朱峰．公路工程施工 [M]. 北京：机械工业出版社，2010.

在桥梁施工技术上，我国不但大力发展了悬臂施工技术，而且根据桥梁施工的要求发展了其他施工方法，如转体法、顶推法、逐孔施工法、横移及浮运法等。我国公路桥梁工程施工技术取得了如下成就。

（1）制定或修订了公路桥梁工程施工方面的技术规范，目前已经建立起一整套符合我国国情的公路桥梁工程施工控制、检测和验收标准及规范。很多施工规范从制定初期到现在已经数次修订，体现了我国施工技术的不断进步与提高。

（2）机械化施工水平大幅提高，各种先进的施工机械广泛应用于公路桥梁工程施工中。目前，全国交通市政部门已拥有一大批国产和进口的技术先进、种类齐全、成龙配套的施工机械、试验仪器和检测设备；大型施工机械设备已达几百万台（套），固定资产达数千亿元。

（3）新技术、新材料、新工艺得到广泛应用，取得了巨大的社会效益和经济效益。过去的路面材料主要是碎石、级配砂砾、泥结碎石、沥青表处、沥青贯入等。而现在沥青混凝土和水泥混凝土等性能较好的路面材料得到了广泛应用，使路面的等级提高，质量加强，使用年限变长，水泥混凝土可以使用30年甚至40年，且不怕重车碾压。越来越多的轻质高强混凝土、钢材已广泛应用于桥梁建设上，使桥梁的跨度越来越大，承载能力越来越强①。

（4）施工控制及检测手段日益完善，从而有力保证了工程质量，加快了施工进度。核子密度仪无损检测、断桩的超声波无损检测、电磁测厚仪等快速准确的检测仪器应用得越来越广泛。

第三节　公路桥梁施工常见问题与改进措施分析

随着我国公路桥梁建设行业的发展，人们对工程质量的要求越来越高，给公路桥梁建设带来一定挑战。对公路桥梁施工来说，其受地形等因素制约，施工难度加大，再加之施工环境影响，如果缺乏科学合理的管理，那么将会增加风险概率，引发安全事故。因此，还应结合工程具体情况，采取完善、有效的管理措施，对施工中的问题加以预防和控制，保证工程顺利进行。

① 张少华．公路桥梁工程与项目管理 [M]．北京：北京理工大学出版社，2019.

一、公路桥梁施工管理存在的问题

（一）施工管理缺乏规范的设计

公路桥梁的施工管理主要包括以下几个方面：编制施工计划、编制投标前的施工设计、编制中标后的实施性施工组织设计。但是，往往中标之后的施工组织设计编制缺乏合理、全面的标准，使施工管理无据可依，从而影响设计功能。因此施工管理设计缺乏规范性会影响施工管理质量，还需进一步改进。

（二）公路桥梁项目施工具有复杂性

公路桥梁工程建设任务是一项重大工程，施工难度系数较大，涉及的问题较多。由于施工在室外进行，容易受外界因素影响，有些因素不可预见，这在一定程度上增加了管理难度，尤其是在成本管理和安全管理方面。另外，这种复杂性还会影响施工进度，缺乏合理的管理将会延误工期，给企业造成损失。

（三）缺乏施工的专业知识和技巧

公路桥梁工程具有很强的专业性，但是施工管理人员专业水平和业务能力有限，在一定程度上影响了工程质量和进度。再加上时代的发展进步，传统的工艺和技术已经不能满足当前施工的需要，管理人员缺乏学习先进技术的意识和能力，导致新工艺和新技术的应用受限，从而制约了工程的发展。

（四）施工质量监管不严

从目前情况看，企业在扩大管理内容的同时，施工质量监管部门还缺乏严格的施工监管制度，仍然存在偷工减料等不良现象，导致工程施工质量不高，甚至出现安全事故。

（五）安全管理问题

施工人员普遍缺乏安全意识，企业也没有进行相应的培训，使“安全施工”成为一句口号，并没有实际进行。在施工过程中，安全事故屡见不鲜，究其原因是施工人员缺乏自我保护意识，存在侥幸心理。

二、公路桥梁施工管理的改进措施

（一）加强对施工质量的管理

首先，施工材料管理。材料是公路桥梁工程施工的基础，加强对材料的管理，从根源上控制质量问题。在进行材料选购时应选择信誉良好的商家，保证材料达标。对于材料的运输过程也应加强管理，避免运输过程造成材料破损，此外，还应严格按照国家标准对材料进行检测和验收工作。

其次，钢筋的保护。施工人员应具备钢筋养护的意识，比如采用涂层钢筋，这种钢筋的表面有防腐涂层，能增加钢筋的抗腐蚀性，从而保证钢筋质量。应注意在钢筋运输过程中防止涂层被破坏，使钢筋材料更持久耐用，保证在桥梁结构中起到重要作用。

最后，处理裂缝。施工人员应做好混凝土材料的预算工作，将裂缝宽度控制在0.2~0.3mm。另外，还应计算温度裂缝，必要时可采取相应的隔热设计。综合考虑桥梁工程内混凝土结构所处的位置，从而选择合适的强度等级的混凝土，并且选择相配套的施工工艺。根据混凝土等级强度合理配置水灰比，同时计算出拆模的时间，采取分层振捣的方式从多方面保证混凝土质量，防止裂缝出现。

（二）加强对施工技术的管理

良好的施工技术管理能够有效节约成本，提高经济效益，保证工程质量。在完成公路桥梁项目合同的签订后，工程技术部门就需要制定施工组织设计方案，然后再上交给项目总工程师加以审核，最后由项目经理批准。设计的内容包括：施工方法和程序、技术指导、工程情况以及施工进度等。项目部总工程师组织相关工程技术人员参与到图纸会审当中，保证图纸的可行性。另外，还应注重技术的创新。如今各种新技术、新工艺不断涌现于市场，在公路桥梁施工中还应积极加以采用，在实践中积累经验，提高施工效率和质量①。

（三）加强对安全的管理

首先，建立安全生产制度。健全、完善的安全生产制度是保证安全生产的基础。因此，公路桥梁施工企业还应建立健全的安全生产制度，使安全管理有据可依。在制度中明确安全生产责任，确定相关负责人，使安全生产管理落到实处。安全生产保障体系可具体

① 吴留星 . 公路桥梁与维修养护 [M]. 北京：中国纺织出版社，2020.

划分为措施保障、经费保障、制度保障以及人员保障，将责任和权限进行细分，各司其职，才能使安全管理有条不紊地进行。

其次，做好安全培训工作。施工人员是参与施工建设的主体，他们的安全对其自身以及对企业发展都至关重要。因此，还应对施工人员进行安全知识培训，强化他们的安全意识，在施工过程中严格按照安全施工规范开展作业，使施工更加规范、专业。在具体施工安排时，综合考虑施工人员的业务水平和能力，选用高素质的领导人员，对员工起到良好的带头作用，为工程顺利开展奠定基础。

最后，定期检查安全情况，及时排除安全隐患。在公路桥梁施工的过程中应进行定期检查，排除其中存在的安全隐患，可以采取季度或月度的检查方式，并让项目安全分管领导人员参与其中。针对工程实际情况要重点检查容易出现安全隐患的环节，最好由专职安全管理人员跟班作业；识别各项各部的风险源，并制定相应的风险预防和治理措施；明确每次安全检查的重点，确定检查目标和检查流程，完成检查后下发安全检查通报，让施工班组进一步整改，然后再开展二次检查。这样便能排除安全隐患，保证施工顺利开展。

（四）加强现场巡查

为了减少施工环节出现的差错，还应进行现场巡查，这样便于及时发现问题、及时解决，避免造成更加严重的后果。对公路桥梁建设工程来说，进行现场巡查能够及时发现质量隐患、安全隐患以及其他不良现象，对于此类问题采取行之有效的解决措施，是公路桥梁工程施工管理的重要手段。对此，现场管理人员还应将有关现场巡查的制度落到实处，将巡查情况做好记录，严格按交接班流程进行交接，避免交接过程中出现差错。同时，加强对施工现场的施工质量、施工进度、施工材料设备以及施工工艺等进行严格巡查。另外，为了使现场管理内容进一步细化，还应对巡查实践进行合理安排，实现全面、具体的巡查，从而提高巡查效果，保证工程各环节、各方面都顺利开展。

第四节 绿色施工视角下的公路桥梁施工技术创新发展

绿色公路桥梁施工是一项具有挑战性的建筑工程，同时对我国的建筑具有重要意义。建筑企业需要明白，现代社会发展的模式必须要对总体资源的巨大消耗和浪费现象进行改善，尤其是对这些资源的开采和使用都要保证在一定的范围内。

但是当前在我国的公路和桥梁建设中，建筑项目周围的环境受到了严重破坏，同时还阻碍了工程的发展。针对这些问题，建筑施工人员必须给予高度重视。

一、绿色施工对公路桥梁建设的重要性

随着我国人民群众素质水平的不断提升，环保理念已经逐渐融入很多人的观念中，几乎人人对环保都有着不同程度的认识，随着环保理念在民众生活认识中渗透范围的进一步扩大，绿色施工理念也逐渐延伸到了公路桥梁的施工建设中。公路桥梁建设中需要具体实施的绿色施工措施为：建筑施工在开展中必须要以环保节能为准则，实现建设材料利用率的最大化。按照建筑施工实际需要采取相应的防护措施，强化工程管理，对建筑项目周边的环境进行保护。实现绿色施工理念和公路桥梁的结合需要一定的技术支撑，其中主要有对建筑废弃材料的处理和建设用水的排放等。只有依靠一定的技术方法将以上问题一一解决，最终才能实现绿色施工理念和公路桥梁建设的融合，在保证工程质量得到提升的同时，降低建筑施工对环境造成的污染以及对资源造成的浪费。

绿色施工是在一定的前提下提倡的一种新的环保实施方案，其中首先要保证的就是施工的进度和施工质量，对现有的资源进行充分利用，保护好建筑工程周围的生态环境，实现道路和桥梁的建筑施工质量和效率。绿色施工概念在道路和桥梁中的引入不仅需要对原有的施工技术进行改进，同时还能提高现代公路桥梁的建筑水平，对社会发展产生一定的促进作用。绿色施工概念可以增强社会环保意识，重视绿色施工技术可以促进建筑基础的改进和突破，实现工程技术水平的不断提高，保证工程可以高质、高效地完成。

二、绿色施工技术分析

（一）加强施工管理

施工管理的加强主要是要实现团队组织管理能力的不断提升，保证施工人员的施工活动要按照活动的依据和规章制度实行，为建筑施工人员灌输绿色施工理念，实现施工人员将绿色建筑施工理念融入具体的施工过程中。

（二）保护环境

在具体的公路施工过程中，施工单位要对建筑项目中的施工扬尘进行处理以及对建筑施工垃圾等进行处理，在施工中落实保护环境的理念。首先，施工单位应对裸露的土

堆和沙堆等结合实际情况进行处理，如果在施工中存在较大的扬尘，要立即停止施工并对沙堆或土堆进行洒水处理；其次，要对建筑施工过程中产生的垃圾进行处理，保证垃圾分类正确，对可回收建筑垃圾实施回收利用，将固体废弃物堆放在固定的区域。

（三）提高材料利用率

提高材料利用率需要从材料的选择和使用上保证材料符合绿色建筑施工技术的要求。第一，要对建筑材料严格把关，保证材料质量，对材料采购、入库和管理环节等制度进行不断完善。第二，是实现建筑材料在建筑施工活动中的最大利用，降低施工废料的产生，如若建筑施工单位有条件，则可以对废弃材料实施二次加工处理，或者是进行再回收利用。这样可以从根本上对施工成本进行节制。第三，在公路施工过程中，对建筑材料制定严密的采购机制，从源头上切断假冒伪劣建筑材料和高耗能材料流入建筑施工场地，这样既对施工质量提供了良好的保证，还保证了建筑材料较高的利用率。

（四）合理处理建筑施工中产生的废水

工程废水的出现在公路桥梁的建设中是不能避免的，因此要坚持绿色施工和节约用水的双重理念，实现水资源的充分有效利用。一是要及时分类处理施工过程中出现的废水，避免已经被污染的水对正常水源造成进一步的污染；二是要对废水进行最大化利用，例如在对工程机械设备和工具等进行清洗时可以使用循环水来清洗。在施工过程中，施工单位可以对工程废水进行回收处理再利用，重新使废水参与生产建设，在实施过程中取得了良好的效果。

（五）实现能源消耗指标制度的建立

绿色施工的主要目的是实现生态环境的保护以及节约能源，对此，施工单位在施工中要建立相应的能源消耗指标制度，保证施工人员对能源消耗指标制度进行严格遵守，实现能源的合理使用。同时工程团队还要对陈旧、高耗能的建筑设备进行更新换代，对先进的节能技术和方法进行不断学习，最大限度地提高能源有效利用率，实现低耗能施工。在公路施工中及时更新高耗能、陈旧和老化的建筑设备，同时对设备实施定期保养，实现建筑设备的高效运转。减少能源的消耗，实行绿色观念的公路建设。

三、绿色桥梁施工观念分析

（一）严格管控水污染

关于桥梁施工中的废水处理方式，施工单位要设置专门处理混凝土中出现的废水沉淀池，将施工中各个环节产生的废水引入沉淀池中，废水以及对建筑设备实施养护产生的废水要在汇水系统的引流下进入沉淀池中，废污水在沉淀池中经历沉淀过程，并在水质达标后才实施排放或是进行二次利用。在桥梁施工现场均配备有专门的沉淀池，在使用中实现了对工程污水问题排放的有效缓解。

（二）对光污染实施管控

为了达到减少桥梁施工中强光照对周围居民造成的光污染的目的，在施工前要准备好专业的挡光板，对强光的照射角度和范围进行严格控制。在施工现场实施电焊作业中，为了防止电焊产生的光线污染非电焊人员，要实施相应的围挡方法，防止电焊炫光外泄。在夜间桥梁建设施工时，设置大型的照明灯具，但同时要遵守光线遮挡中的规定，合理调整灯光的强度和照射角度，保证建筑照明光线不对周围民众产生影响。

（三）减少噪声污染

在桥梁施工过程中，施工单位要对噪声进行管理，控制噪声对建筑施工项目周围人员的影响，减少噪声污染要从多方面实施，通过各种形式和措施降低施工现场的噪声污染。其中主要实行的措施有：一是选用噪声产生较小的工程设备，二是利用噪声较小的施工技术和手段，三是将不能避免的噪声较大的施工过程安排在白天进行，四是合理安排现场的机械设备，对场地细节实施合理规划和布局，实现施工现场的精细化管理，针对建筑施工中产生的每一项噪声污染问题进行解决。

（四）节约能源充分利用资源

在桥梁工程的施工中，施工单位要强化节能和能源利用，对建筑施工中消耗较大能源的设备、技术、过程等采取节能措施，在施工照明中普遍使用节能灯具，减少能源浪费。针对耗能较大的电梯、起重和吊机等大型建筑施工设备，施工企业要尽量选用节能高效的变频设备，实现节能较小、耗能较大的设备的替换目的。在开展建筑施工前，向施工人员灌输绿色环保知识，保证每一个施工人员对环保建筑施工有一定的认识，为桥梁建筑施工创造节能减排、生态文明的优良企业建筑生产环境和施工环境。

（五）采用钢筋混凝土的桥梁建筑设计和技术

对于桥梁施工过程来讲，要想实现绿色施工观念的贯彻，就必须对材料的使用进行合理的规划。在项目施工前要仔细甄别建筑设计方案，在保证建筑施工完整性、安全性和高质量的基础上选择最佳的设计方案。桥梁设计可以利用物理力学的结构特点和优质实现建筑质量的最优，同时还能保证建筑材料的最大化节约。在桥梁施工中要保证材料使用的科学性，其中最重要的是对钢筋和混凝土的使用，混凝土建议使用轻骨料混凝土，保障建筑施工的质量，同时，还能保证社会和工程的绿色环保。

第二章 公路桥梁施工技术

公路桥梁施工技术是本书的核心之一，本章主要介绍了路基与路面施工技术、桥梁基础与桥梁墩台施工技术、钢筋混凝土简支桥梁施工技术、桥梁悬臂施工技术、预应力混凝土梁预制技术五方面的内容。

第一节 路基与路面施工技术

一、路基施工技术

（一）土质路基施工的分类与应用

土质路基施工分为土质路堤施工与土质路堑施工。

1. 土质路堤施工

（1）土质路堤施工填料要求。含草皮、生活垃圾、树根、腐殖质的土严禁作为填料。泥炭、冻土、淤泥、强膨胀土、有机质土及易溶盐超过允许含量的土，不得直接用于填筑路基，确需使用时，必须采取技术措施进行处理，经检验满足设计要求后方可使用。液限（即土的流动状态与可塑状态间的界限含水率）大于 50%、塑性指数（即液限与塑限的差值）大于 26、含水量不适宜直接压实的细粒土，不得直接作为路堤填料，需要使用时，必须采取技术措施进行处理，经检验满足设计要求后方可使用。粉质土不宜直接填筑于路床，不得直接填筑于冰冻地区的路床及浸水部分的路堤。

（2）路基填方取土。路基填方取土，应根据设计要求，结合路基排水和当地土地规划、环境保护要求进行，不得任意挖取。施工取土应不占或少占良田，尽量利用荒坡、荒地，取土深度应结合地下水等因素考虑，利于复耕，原地面耕植土应先集中存放，以利再用。地面横向坡度大于 10% 时，取土坑应设在路堤上侧。桥头两侧不宜设置取土坑。

取土坑与路基之间的距离，应满足路基边坡稳定的要求。取土坑与路基坡脚之间的护坡道应平整、密实，表面设 1%~2% 向外倾斜的横坡。取土坑兼作排水沟时，其底面宜高出附近水域的常水位或与永久排水系统及桥涵出水口的标高相适应。线外取土坑等与排水沟、鱼塘、水库等蓄水（排洪）设施连接时，应采取防冲刷、防污染的措施。对取土造成的裸露面，应采取整治或防护措施。

（3）土质路堤施工基底处理。二级及二级以上公路路堤基底的压实度（压实度指筑路材料压实后的干密度与标准最大干密度之比，以百分比表示）应不小于 92%；三、四级公路应不小于 90%。

路基填土高度小于路面和路床总厚度时，基底应按设计要求处理。原地面有坑、洞、穴等情况的，应在清除沉积物后，用合格填料分层回填，分层压实，其压实度要求同路堤基底。陡坡地段、土石混合地基、填挖界面、高填方地基等都应按设计要求进行处理。地基为耕地、土质松散、水稻田、湖塘、软土、高液限土等时，应按设计要求进行处理，局部松软的部分也应采取有效的处理措施。

地下水位较高时，应按设计要求进行处理。施工中应对地下水情况进行记录并及时反馈。泉眼或露头地下水，应按设计要求采取有效导排措施后，方可填筑路堤。

（4）土质路堤的填筑施工。性质不同的填料应水平分层、分段填筑、分层压实。同一水平层路基的全宽应采用同一种填料，不得混合填筑。填筑路床顶最后一层时，压实后的厚度应不小于 100mm。对潮湿或冻融敏感性小的填料应填筑在路基上层，强度较小的填料应填筑在下层。在有地下水的路段或临水路基范围内，宜填筑透水性好的填料。

路堤施工中，各施工作业层面应设 2%~4% 的双向排水横坡，层面上不得有积水，并采取相应的防水措施，防止水流冲刷边坡。不得在透水性较好的填料所填筑的路堤边坡上覆盖透水性不好的填料。每种填料的松铺厚度应通过试验确定。每一填筑层压实后的宽度不得小于设计宽度。路堤填筑时，应从最低处起分层填筑，逐层压实。填方分几个作业段施工时，接头部位如不能交替填筑，则先填路段应按 1：1 坡度分层留台阶；如能交替填筑，则应分层相互交替搭接，搭接长度不小于 2m。

选择施工机械应考虑工程特点、土石种类及数量、填挖高度、地形、运距、气候条件、工期等因素，经济合理地确定。填方压实应配备专用碾压机具。

2. 土质路堑施工

（1）土质路堑施工开挖要求。土质路基开挖前，应先根据地面坡度、开挖断面、纵向长度及出土方向等因素，结合土方调配，确定安全、经济的开挖方案。施工时要满足以下要求。

第一，土方开挖应自上而下进行，不得乱挖超挖，严禁掏底开挖。

第二，可作为路基回填料的土方应分类开挖，分类使用。非适用材料作为弃方处理。

第三，开挖过程中，应采取措施保证边坡稳定。开挖至边坡线前，应预留一定宽度，预留的宽度应保证刷坡过程中设计边坡线外的土层不受到扰动。

第四，路基开挖中，基于实际情况，如需修改设计边坡坡度、截水沟和边沟的位置及尺寸，应及时按规定报批。边坡上稳定的孤石应保留。

第五，开挖至零填、路堑路床部分后，应尽快进行路床施工；如不能及时进行，宜在设计路床顶标高以上预留至少 100mm 厚的保护层，防止下层土受到水的扰动。

第六，挖方路基路床顶面终止标高，应考虑因压实而产生的下沉量，其值通过试验确定。

（2）路堑施工的开挖排水。路堑施工中，应采取临时排水措施，及时将地表水排走，确保施工作业面不积水。路堑边沟与截水沟应从下游向上游开挖。截水沟通过地面坑凹处时，应将凹处填平、夯实。边沟及截水沟开挖后，应及时进行防渗处理，不得渗漏、积水和冲刷边坡及路基。路堑开挖遇到地下水时应采取排导措施，将水引入路基排水系统，不得随意堵塞泉眼。施工中应对地下水情况进行记录并及时反馈。路床土含水量高或为含水层时，应采取设置渗沟、换填、改良土质、土工织物等处理措施①。

（二）石质路基施工

1. 填石路堤施工

填石路堤是指用粒径大于 40mm 且含量超过总质量 70% 的石料填筑的路堤。

（1）填石路堤填料要求。膨胀岩石、易溶性岩石不宜直接用于路堤填筑，强风化石料、崩解性岩石和盐化岩石不得直接用于路堤填筑。路堤填料粒径应不大于 500mm，并不宜超过层厚的 2/3，不均匀系数宜为 15~20。路床底面以下 400mm 范围内，填料粒径应小于 150mm。路床填料粒径应小于 100mm。

（2）填石路堤基底处理。填石路堤基底处理除应满足土质路堤基底处理要求外，其承载力应满足设计要求。在非岩石地基上，应按设计要求设过渡层后，再填筑填石路堤。

（3）填石路堤填筑要求。

a. 施工前，应先通过试验路段，确定满足现行《公路路基施工技术规范》（JTG T 3610—2019）关于填石路堤孔隙率标准、路床最大干密度要求的松铺厚度、压实机械型

① 方诗圣，李海涛 . 公路桥梁工程施工技术 [M]. 武汉：武汉大学出版社，2013.

号及组合、压实速度及压实遍数、沉降差等参数。

b. 二级及二级以上公路的填石路堤应分层填筑、压实。二级以下砂石路面公路在陡峻山坡地段施工特别困难时，可采用倾填的方式将石料填筑于路堤下部，但在路床底面以下 1m 范围内仍应分层填筑、压实。

c. 岩性相差较大的填料应分层或分段填筑。严禁将软质石料与硬质石料混合使用。

d. 中硬、硬质石料填筑路堤时，应进行边坡码砌，码砌边坡的石料强度、尺寸及码砌厚度应符合设计要求。边坡码砌与路基填筑宜基本同步进行。

e. 压实机械宜选用自重不小于 18t 的振动压路机。

f. 在填石路堤顶面与细粒土填土层之间应按设计要求设过渡层。

2. 石质路堑施工

石方开挖应根据岩石的类别、风化程度、岩层产状、岩体断裂构造、施工环境等因素确定合理的开挖方案。

爆破法施工应先查明空中缆线和地下管线的位置、开挖边界线外可能受爆破影响的建筑物结构类型、居民居住情况等，然后制定详细的爆破技术安全方案。爆破施工组织设计应进行专家论证后按相关规定进行报批。爆破施工必须符合《爆破安全规程》（GB6722—2014）。

施工严禁采用硐室爆破（即采用集中或条形硐室装药，爆破开挖岩土的作业），近边坡部分宜采用光面爆破（即沿开挖边界布置密集炮孔，采取不耦合装药或装填低威力炸药，在主爆区爆破之后起爆，以形成平整的轮廓面的爆破作业）或预裂爆破（即沿开挖边界布置密集炮孔，采取不耦合装药或装填低威力炸药，在主爆区爆破之前起爆，从而在爆区与保留区之间形成预裂缝，以减弱主爆破对保留岩体的破坏并形成平整轮廓面的爆破作业）。

爆破施工宜按以下程序进行：①爆破影响调查与评估；②爆破施工组织设计；③专家论证；④培训考核、技术交底；⑤主管部门批准；⑥布设安全警戒岗；⑦清理爆破区施工现场的危石等；⑧炮眼钻孔作业；⑨爆破器材检查测试；⑩炮孔检查合格；⑪装炸药及安装引爆器材；⑫布设安全警戒岗；⑬堵塞炮孔；⑭撤离施爆警戒区和飞石、震动影响区的人、畜等；⑮爆破作业信号发布及爆破；⑯安全员检查、清除盲炮；⑰解除警戒；⑱测定、检查爆破效果（包括飞石、地震波及对施爆区内构造物的损伤、损失等）。

边坡整修：挖方边坡应从开挖面往下分段整修，每下挖 2~3m，宜对新开挖边坡刷坡，同时清除危石及松动石块。石质边坡不宜超挖。

路床清理：路床欠挖部分必须凿除。超挖部分应采用无机结合料稳定碎石或级配碎石填平、碾压密实，严禁用细粒土找平。

（三）土石混合路基施工

土石路堤是指石料含量占总质量 30%~70% 的土石混合材料修筑的路堤[①]。

（1）填料要求。能用于填筑土石路堤的天然土石混合填料中的岩石同填石路堤要求，其中的中硬、硬质石料的粒径不得大于压实层厚的 2/3；强风化石料或软质石料的粒径不得大于压实层厚，且其 CBR 值应符合相关规定。

（2）基底处理。土石路堤基底处理除应满足土质路堤基底处理要求外，在陡、斜坡地段，土石路堤靠山一侧应按设计要求做好排水和防渗处理。

（3）填筑要求。①压实机械的选用以及通过试验路段确定施工参数要求同填石路堤。②土石路堤不得倾填（含抛填），应分层填筑、压实。③碾压前应使大粒径石料均匀分散在填料中，石料间孔隙应填充小粒径石料、土和石渣。④压实后，透水性差异大的土石混合材料应分层或分段填筑，不宜纵向分幅填筑，如确需纵向分幅填筑，应将压实后渗水良好的土石混合材料填筑于路堤两侧。⑤土石混合材料来自不同料场，其岩性或土石比例相差较大时，宜分层或分段填筑。⑥填料由土石混合材料变为其他填料时，土石混合材料最后一层的压实厚度应小于 300mm，该层填料最大粒径宜小于 150mm，压实后，该层表面应无孔洞。⑦中硬、硬质石料的土石路堤应进行边坡码砌，码砌边坡的石料强度、尺寸及码砌厚度应符合设计要求。边坡码砌与路堤填筑宜基本同步进行。软质石料土石路堤的边坡按土质路堤边坡处理。

（四）软土地区路基施工

1. 软土地基的特性

淤泥、淤泥质土及天然强度低、压缩性高、透水性小的一般黏土统称为软土。对于高速公路，标准贯击次数小于 4，无侧限抗压强度小于 50kPa 且含水量大于 50% 的黏土，或标准贯击次数小于 4 且含水量大于 30% 的砂性土也统称软土。大部分软土的天然含水量在 30%~70%，孔隙比为 1~1.9，渗透系数为 10^{-8}~10^{-7}cm/s，压缩性系数为 0.005~0.02，抗剪强度低（快剪黏聚力在 10kPa 左右，快剪内摩擦角 0°~5°），具有触变性以及显著的流变性[②]。

① 方诗圣，李海涛 . 公路桥梁工程施工技术 [M]. 武汉：武汉大学出版社，2013.

② 方诗圣，李海涛 . 公路桥梁工程施工技术 [M]. 武汉：武汉大学出版社，2013.

2. 软土地基的处置方法

软土地区的路基问题主要是路堤填筑荷载引起软土地基滑动破坏稳定的问题和长时间大沉降的问题。软土地基处置前，应复核处置方案的可行性，编制实施性施工组织设计。处置材料的选用及处置方案，宜因地制宜、就地取材。软基处置方法很多，不同的处置方法具有各自的适用范围和使用效果，但主要目的都是增强地基的稳定性和加速地基沉降或减小地基总沉降量。

（1）铺砂（砾）垫层处置法。铺砂（砾）垫层法是在软土层顶面铺砂（砾）垫层，主要起浅层水平排水作用。铺砂（砾）垫层法适用于路堤高度小于2倍极限高度（在天然软土地基上，基底不做特殊加固处理而用快速施工法填筑路堤的最大高度）的软土层、较薄硬壳层、表面渗透性很低的硬壳或软土层稍厚但具有双面排水条件的地基情况。该法施工简便，不需特殊机具设备，占地较少。但需放慢填筑速度，控制加荷速率，以便地基进行充分排水固结。因此，铺砂（砾）垫层法适用于工期不紧迫、砂（砾）料充足、运距不远的施工环境。

铺砂（砾）垫层法施工要求：

第一，垫层材料宜采用无杂物的中、粗砂，含泥量应小于5%（当与排水固结法综合处置软基时，其含泥量不大于3%）；也可采用天然级配砂砾料，其最大粒径应小于50mm。砾石强度不低于四级（洛杉矶法磨耗率小于60%）。

第二，垫层宜分层摊铺压实，碾压到规定的压实度。碾压时最佳含水量一般控制在8%~12%，摊铺厚度为250~350mm，压实机具宜采用自重为60~80kN的压路机。

第三，垫层采用砂砾料时，应避免粒料离析。

第四，垫层宽度应宽出路基边脚500~1000mm，两侧宜用片石护砌或采用其他方式防护。

（2）沉管灌注桩处置法。

a.Y形沉管灌注桩是一种派生于传统沉管灌注桩（圆形）的异形沉管灌注桩，根据“同等截面，多边形边长之和大于圆形周长”的原理，桩侧表面积增加，摩阻力相应增加，即等长、等体积的Y形沉管灌注桩比传统的圆形沉管灌注桩的侧面积大、单桩承载力高。其施工特点有以下几方面：ⓐ粗集料宜优先选用卵石；采用碎石，宜适当增加含砂率；骨料最大粒径不宜大于63mm。混凝土坍落度宜为80~100mm，在运输和灌注过程中无离析、泌水现象。ⓑ桩尖、桩帽混凝土强度不宜低于C30。ⓒ邻近有建筑物（构造物）时，应采取有效的隔振措施。ⓓ桩基定位点及施工区附近的水准点应设置在不受桩基施工影响处。ⓔ群桩施工，应合理设计打桩顺序，控制打桩速度，以防影响邻桩成桩质量。

ⓕ沉管前，宜在桩管内先灌入高 1.5m 左右的封底混凝土，方可开始沉管。ⓖ灌注混凝土的充盈系数不得小于 1。ⓗ拔管速度应保持在 1.0~1.2m/min，桩管埋入混凝土深度应大于 1m。

b. 薄壁筒形沉管灌注桩是一种派生于传统的圆形沉管灌注桩的沉管灌注桩，利用一个内、外双管及桩靴结构，配备中、高频振动锤，形成密封管状系统沉孔，并灌注混凝土，形成大口径薄壁筒桩。其施工特点有以下几方面：ⓐ混凝土粗集料宜优先选用卵石，卵石最大粒径为 63mm；采用碎石，宜适当增加含砂率，碎石最大粒径为 37.5mm。混凝土坍落度宜为 80~150mm，在运输和灌注过程中无离析、泌水现象。ⓑ桩尖、桩帽混凝土强度不宜低于 C30。桩尖表面应平整、密实，桩尖内外面圆度偏差不得大于 1%，桩尖端头支承面应平整。ⓒ邻近有建筑物时，应采取有效的隔振措施。ⓓ在软土地基上打群桩时，应合理设计打桩顺序，控制打桩速度。ⓔ桩基定位点及施工区附近所设的水准点应设置在不受桩基施工影响处。ⓕ沉管规定：成孔器安装时，应控制底部套筒环形空隙（即成桩壁厚）的均匀性，环隙偏差小于 5mm 后方可固定上端法兰或缩压夹持器。沉孔之前，必须使桩尖与成孔器内、外钢管的空腔密封，确保在全部沉孔过程中水不会渗入空腔内。在浇筑混凝土前，应检测孔底有无渗水和淤泥。ⓖ浇筑混凝土规定：桩管内混凝土灌满后，先振动 5~10s，再边振动边拔管，控制拔管速度均匀，保持管内混凝土高度不少于 2m。穿越特别软弱土层时，拔管速度宜控制在 1.0~1.2m/min。采取间歇性振动，即灌入 2m 高度混凝土后，提升振动一次，不宜连续振动而不提升。在沉孔及提升成孔器时，必须控制成孔器的垂直度。浇筑后的桩顶标高应大于设计标高 500mm。

（3）换填处置法。换填法通常适用于地表下 0.5~3m 范围的软土处置。根据施工的不同，常用换填法又分为开挖换填法、抛石挤淤法、爆破排淤法三种。

a. 开挖换填法就是将软弱地基层全部或部分挖除，再用砂砾、碎石、钢渣等透水性较好的材料回填的一种软基处置法。

开挖换填法用于泥沼（泥沼是一种以泥炭沉积为主，并包含着各种水草、淤泥和水的土层）及软土厚度小于 2.0m 的非饱和黏性土的软弱表层，也可添加适量石灰、水泥进行改良处置。一般不用于处置深层软基、沉降控制严格的路基、桥涵构筑物、引道等情况。

开挖。软基开挖要注意渗水及雨水问题，可边挖边填或全部、局部挖除后回填。开挖深度小于 2m 时，可用推土机、挖掘机或人工直接清除软土至路基范围以外堆放或运至取土坑还填；开挖深度不小于 2m 时，要从两端向中央分层挖除，并修筑临时运输便道，由汽车运出。路基坡脚宽度范围内的软土应全部清除，边部挖成台阶状；坡脚（含护坡道）范围外，对于小滑塌软土，可挖成 1∶2~1∶1 的坡度；对于高压缩性淤泥质软土，可将护坡道加宽加高至不小于原软土地面。

回填及压实。回填料应选用水稳性或透水性好的材料。回填应分层填筑、压实。用碎石土或粉煤灰等工业废渣回填时，常采用振动压路机和重型静力压路机（12~15t 的三轮压路机）压实。为达到较好压实效果，非土方填料分层填筑厚度不宜过小。在当地条件许可时，可用这些填料填至原地面。

b. 抛石挤淤法是向路基底部抛投片石，将淤泥挤出基底范围，以提高地基强度的一种软基处置方法。

抛石挤淤法一般用于当泥沼及软土厚度小于 3.0m，且其软土层位于水下，更换土施工困难或基底直接落在含水量极高的淤泥上，呈流动状态的情况。通常，抛石挤淤法是经济、适用的。在常年积水、排水困难的洼地，泥炭呈流动状态，厚度较薄，表层无硬壳，片石能沉到底部的泥沼，特别软弱的地面上施工机械无法进入，对于这种石料丰富、运距较短的情况，抛石挤淤法较为适用。当淤泥较厚、较稠时须慎重选用本法。

抛石挤淤法施工要求有以下几方面：

第一，应选用不易风化的片石，片石厚度或直径不宜小于 300mm。片石大小应根据泥炭或软土稠度而定。

第二，软土地层平坦、软土呈流动状时，抛投填筑应沿路基中线向前成三角形方式投放片石，再渐次向两侧全宽范围扩展，以使淤泥挤向两侧。当软土地层横坡陡于 1：10 时，应自高侧向低侧填筑，并在低侧坡脚外一定宽度内同时抛填形成片石平台。

第三，片石抛填出软土面后，宜用重型压路机反复碾压，再用较小石块填塞垫平，并碾压密实。

c. 爆破排淤法是将炸药放在软土或泥沼中引爆，利用爆炸张力把淤泥或泥沼排除，再回填强度高、渗透性好的砂砾、碎石等填料的一种软基处理方法。它用于淤泥层较厚、路堤较高、稠度较大、工期紧迫、不影响周围其他构筑物的情况。爆破排淤法根据施工顺序分为两种，一种是先填后爆，即先在原地面上填筑低于极限高度的路堤，再在基底下爆破，适用于稠度较大的软土或泥沼；另一种是先爆后填，适用于稠度较小、回淤较慢的软土。

（4）土工合成材料处置法。

土工合成材料处置法是利用土工合成材料（如土工布、土工格栅等）增强软基承载能力的一种软基处置方法。

a. 土工合成材料施工的相关规定。

第一，土工合成材料技术、质量指标应满足设计要求。土工合成材料在存放以及铺设过程中应避免长时间曝晒或暴露。与土工合成材料直接接触的填料中严禁含强酸性、强碱性物质。

第二，下承层应平整，摊铺时应拉直、平顺，紧贴下承层，不得扭曲、褶皱。在斜坡上摊铺时，应保持一定松紧度。

第三，铺设土工合成材料，应在路堤每边各留一定长度，回折覆裹在已压实的填筑层面上，折回外露部分应用土覆盖。

第四，土工合成材料的连接，采用搭接时，搭接长度宜为300~600mm；采用缝接时，为保证土工聚合物的整体性，可用尼龙线或涤纶线缝接，方法有对面缝和折叠缝两种。通常多采用对面缝，缝接处强度可达到纤维强度的80%，基本能满足要求。如果用折叠缝，应用双道缝合线，可取得更高的强度。施工时最好采用移动式缝合机，避免漏缝及断线等。缝接宽度应不小于50mm，缝接强度应不低于土工合成材料的抗拉强度；采用黏结时，黏合宽度应不小于50mm，黏合强度应不低于土工合成材料的抗拉强度。

第五，施工中应采取措施防止土工合成材料受损，出现破损时应及时修补或更换。

第六，双层土工合成材料上、下层接缝应错开，错开间距应大于500mm。

b. 土工布的铺设。将土工布铺设于路基底部，在填筑路基自重作用下受拉产生抗滑力矩，从而提高路基的稳定性。土工布在软基中主要起排水、隔离、分散应力和加筋补强作用。土工布的铺设分单层和多层，当为两层以上时，层与层之间要夹填10~20cm厚砂或砂砾层，以提高基底透水性。

c. 土工格栅的使用。土工格栅是通过格栅表面与土的摩擦作用、格栅孔眼对土的锁定作用、格栅肋的被动抗阻作用约束土颗粒的侧移，从而提高路基的承载力及稳定性。土工格栅的加固效果明显，施工速度快，能大大缩短工期。

（5）施打塑料排水板处置法。

a. 施打塑料排水板法的工作原理。施打塑料排水板法是用插板机将塑料排水板插入软土地基，在上部预压荷载作用下，软土地基中的空隙水由塑料排水板排到上部铺垫的砂层或水平塑料排水管中，由其他地方排出，加速软基固结。塑料排水板施工设备的作用基本与袋装砂井相同。

b. 塑料排水板的施工要求：第一，选用塑料排水板的技术、质量指标应符合设计要求。第二，现场堆放的塑料排水板应采取措施防止损坏滤膜。露天堆放时应有遮盖，不得长时间曝晒。第三，塑料排水板超过孔口的长度应能伸入砂垫层不小于500mm处，预留段应及时弯折埋设于砂垫层中，与砂垫层贯通，并采取保护措施。第四，塑料排水板不得搭接。第五，施工中防止泥土等杂物进入套管内，一旦发现，应及时清除。第六，打设形成的孔洞应用砂回填，不得用土块堵塞。

c. 塑料排水板法加固软土地基的优点。一是滤水性好，排水畅通，排水效果有保证；二是材料有良好的强度和延展性，能适合地基变形能力而不影响排水性能；三是排水板断面尺寸小，施打排水板过程中对地基扰动小；四是可在超软弱地基上进行插板施工；五是施工快、工期短，每台插板机每日可插板 15000m 以上，造价比袋装砂井低。

对于深厚的软土地基采用排水固结法进行加固时，从技术上和经济上考虑，排水板是一种经济、可行、有效的方法。

（6）反压护道处置方法。反压护道法是指为防止软弱地基产生剪切、滑移，保证路基稳定，对积水路段和填土高度超过临界高度的路段，在路堤一侧或两侧填筑起反压作用的、具有一定宽度和厚度的护道土体的一种软基处置方法。其原理是通过护道改善路堤荷载方式来增加抗滑力的方法，使路堤下的软基向两侧隆起的趋势得到平衡，进而保证路堤的稳定性。

反压护道法适用于路堤高度不大于 1.5~2 倍的极限高度，非耕作区和取土不太困难的地区。采用反压护道法加固地基，不需特殊的机具设备和材料，施工简易方便，但占地多，用土量大，后期沉降大，以后的养护工作量也大。

反压护道施工填料材质应符合设计要求。护道宜与路堤同时填筑，分开填筑时，必须在路堤达临界高度前将反压护道筑好。护道压实度应达到《公路土工试验规程》（JTG 3430—2020）重型击实试验法测定的最大密度的 90%，或满足设计提出的要求。

（7）堆载预压处置法。堆载预压法是堆载预压排水固结法的简称。该方法通过在场地填土加载预压，使土体中的孔隙水沿排水板排出，地基土压密、沉降、固结，从而提高地基强度，减少路堤建成后的沉降量。预压荷载超过设计道路工程荷载称为超载预压；预压荷载等于设计道路工程荷载称为等载预压。

堆载预压法对各类软弱地基均有效；使用材料、机具简单，施工操作方便。但堆载预压需要一定的时间，适合工期要求不紧的项目。对于深厚的饱和软土，排水固结所需要的时间很长，同时需要大量的堆载材料，在使用上会受限。

堆载预压法施工有以下几方面要求：①堆载预压不得使用淤泥土或含垃圾杂物的填料，填筑过程应按设计要求或采取有效措施，防止预压土污染填筑好的路基。②堆载预压土应边堆土边推平，顶面应平整。③堆载预压施工时应保护好沉降观测设施。填筑过程中应同步进行地基沉降与侧向位移观测。④堆载预压土的填筑速率应符合设计要求，保证路堤安全、稳定。⑤堆载预压的加压量和加压时间应满足设计要求。⑥堆载预压卸载时间应根据观测资料和工后沉降推算结果，由建设单位组织，评估单位进行沉降评估，满足设计要求后方能卸载。

（8）真空预压处置法。真空预压法是在需要加固的软土地基表面先铺设砂垫层，然后埋设垂直排水管道，再用不透气的封闭膜使其与大气隔绝，薄膜四周埋入土中。利用真空装置进行抽气，使膜内外形成气压差，密封的软弱地基产生真空负压力，土颗粒间的自由水、空气沿着排水管上升到软基上部砂垫层内，再经砂垫层过滤排到软基密封膜以外，从而使土体固结，增加地基的有效应力。

真空预压在固结结束时，地基的真空压力就全部转化为有效应力。由于真空预压荷载是等向的，地基中不产生剪应力，故地基不存在剪切破坏的问题，所以真空荷载可一次施加，而不必像堆载那样要分级。因此，真空预压法可大大缩短预压时间。真空预压法与排水板堆载预压法相比，它的主要优点是加荷时间短、工艺简单、造价低，地基不存在失稳问题。该法适用于含水量高、强度低、孔隙比大、渗透系数和固结系数小的黏土，通常在设计荷载不超过 80kPa 的地基上采用是较适宜的。

真空预压法施工有以下几方面要求：①垫层材料宜采用中、粗砂，泥土杂质含量小于 5%，严禁砂中混有尖石等尖利硬物。②每个加固区用 2~3 层密封膜，具体层数可根据密封膜性能确定。密封膜厚度宜为 0.12~0.17mm，密封膜每边长度应大于加固区相应边 3~4m。薄膜加工后不得存在热穿、热合不紧等现象，不宜有交叉热合缝。③滤管应不透砂。滤管距泥面、砂垫层顶面的距离均应大于 50mm。滤管周围必须用砂填实，严禁架空、漏填。④密封沟与围堰处理。沿加固边界开挖密封沟，其深度应低于地下水位并切断透水层，内外坡应平滑。沟底宽度应大于 400mm，密封膜与沟底黏土之间应进行密封处理。密封沟回填料应为不含杂质的纯黏土，不得损坏密封膜。筑堰位置应跨密封沟的外沟沿，堰体应密实、牢固。铺膜前，应把出膜弯管与滤管连接好，并培实砂子，同时处理好出口的连接。⑤真空表测头应埋设于砂垫层中间，每块加固区不少于 2 个真空度测点，真空管出口须防止弯折或断裂。⑥抽真空。抽真空持续时间应符合设计要求，设计无规定可持续 2~5 个月。覆盖厚度宜为 200~400mm，膜下真空压力应持续稳定在 80kPa 以上。需要注意观察负压对其相邻结构物的影响。

（9）真空堆载联合预压处置方法。真空堆载联合预压法是堆载预压和真空预压两种方法的结合。处置原理同真空预压法，但加载更大，预压时间可缩短一半。

真空堆载联合预压法施工有以下几方面要求：①路堤填筑宜在抽真空 30~40d 后开始进行，或按设计规定开始堆载。②路堤填筑速率应符合设计规定。③路堤填筑期间应保持抽真空。④路堤填筑高度达到设计标高（考虑沉降）后应继续抽真空，路堤沉降值（或地基固结度）达到设计要求后方可停止抽真空。

真空预压法、真空堆载联合预压法施工监测过程：①预压过程中，应进行孔隙水压力、真空压力、深层沉降量及水平位移等预压参数的监测。真空压力每隔 4h 观测一次，表面沉降每 2d 测一次。②当连续五昼夜实测地面沉降小于 0.5mm/d、地基固结度已达到设计要求的 80% 时，经验收，即可终止抽真空。③停泵卸荷后 24h，应测量地表回弹值。

（10）袋装砂井处置法。

袋装砂井法是用透水性土工织物长袋装砂砾石，一般通过导管式振动打设机械将砂袋设置在软土地基中形成排水砂柱，以加速软土排水固结的地基处理方法。砂袋可采用聚丙烯、聚乙烯、聚酯等长链聚合物编织，以专用缝纫机缝制或工厂定制，目前国内普遍采用的是聚丙烯编织，该材料抗老化性能差。施工机械一般为导管式的振动打设机械，只是在进行方式上有差异。我国一般采用的打设机械有轨道门架式、步履臂架式、履带臂架式、吊机导架式。该法用于淤泥固结排水、堆荷预压，使沉降均匀。

袋装砂井法施工要点有以下几方面：①所用中、粗砂中大于 0.6mm 颗粒的含量宜占总重的 50% 以上，含泥量小于 3%，渗透系数大于 5×10^{-2}mm/s。砂袋的渗透系数应不小于砂的渗透系数，且应保持干燥，不宜采用潮湿填料，以免袋内填料干燥后，体积减小，造成短井。②砂袋露天堆放时应有遮盖，不得长时间曝晒。③砂袋应垂直下井，不得扭结、缩颈、断裂、磨损。④拔钢套管时若将砂袋带出或损坏，应在原孔位边缘重打；连续两次将砂袋带出时，应停止施工，查明原因并处理后方可施工。⑤砂袋在孔口外的长度，应能顺直伸入砂垫层至少 300mm。

（11）砂桩处置法（挤密砂桩或砂桩挤密法）。砂桩（砂井）指的是为加速软弱地基排水固结、增加软基稳定性，在地基中经振动、冲击或水冲等方式成孔后，灌入中、粗砂而建成的排水桩体。将砂灌入织袋放进孔内形成的井，称袋装砂井。

砂桩法适用于松散砂土、粉土、黏性土、素填土、杂填土等地基；对饱和黏土地基，对变形控制要求不严的工程也可采用砂桩置换处理；砂桩还可用于处理可液化的地基。在用于饱和黏土的处理时，最好是通过现场试验后再确定是否采用。

a. 成孔的分类。根据成孔方式的不同，目前工程中砂桩成孔方式分为套管成孔法、螺旋钻成孔法和水冲成孔法等。

套管成孔法：将带有活瓣管尖或套有混凝土端靴的套管沉到预定深度，然后在管内灌砂后拔出套管，形成砂桩。根据沉管工艺不同，又分为静压沉管法和振动沉管法。

螺旋钻成孔法：以动力螺旋钻钻孔，提钻后灌砂成桩。此法适用于陆地上的工程，砂桩长度小于 10m，且土质较好，不会出现缩颈、塌孔现象的软弱地基；不宜用在很软弱的地基。

水冲成孔法：通过专用喷头在水压力作用下冲孔，成孔后清孔，再向孔内灌砂成孔。此法适用于土质较好且均匀的砂性土。

b. 施工的要求。

第一，材料要求：采用中、粗砂，大于 0.6mm 的颗粒含量宜占总重的 50% 以上，含泥量应小于 3%，渗透系数大于 5×10^{-2}mm/s。也可使用砂砾混合料，含泥量应小于 5%。

第二，采用单管冲击法、一次打桩管成桩法或复打成桩法施工时，应使用饱和砂；采用双管冲击法、重复压拔法施工时，可使用含水量为 7%~9% 的砂；饱和土中施工可用天然湿砂。

第三，地面下 1~2m 土层应超量投砂，通过压挤提高表层砂的密实程度。

第四，成桩过程应连续。

第五，实际灌砂量未达到设计用量时，应进行处理。

（12）碎石桩处置方法。碎石桩是散体桩（由无黏结强度材料制成的桩）的一种，按其制桩工艺可分为振冲（湿法）碎石桩和干法碎石桩两大类。采用振动加水冲的制桩工艺制成的碎石桩称为振冲碎石桩或湿法碎石桩。采用各种无水冲工艺（如干振、振挤、锤击等）制成的碎石桩统称为干法碎石桩。

碎石桩法施工有以下几方面要求：①材料要求：未风化碎石或砾石，粒径宜为 19~63mm，含泥量应小于 10%。②施工前应按规定做成桩试验。③根据试桩成果，严格控制水压、电流和振冲器在固定深度位置的留振时间。④碎石桩密实度抽查频率为 2%，用重Ⅱ型动力触探测试，贯入量为 100mm 时，击数应大于 5 次。

（13）加固土桩处置法。加固土桩（粉喷桩）主要是以水泥、石灰、粉煤灰等材料作固化剂的主剂，利用深层搅拌机械在原位软土中进行强制搅拌，经过物理化学作用生成一种特殊的具有较高强度、较好变形特性和水稳性的混合桩体。它对提高软土地基承载能力，减少地基的沉降量有明显效果。适用于加固饱和软黏土地基如淤泥、淤泥质土、粉土和含水量较高的黏性土。

a. 对材料的要求。

第一，生石灰粒直径应小于 2.36mm，无杂质，氧化镁和氧化钙总量应不小于 85%，其中氧化钙含量应不小于 80%。

第二，粉煤灰中二氧化硅和三氧化二铝含量应大于 70%，烧失量应小于 10%。

第三，水泥宜用普通水泥或矿渣水泥。

b. 加固土桩施工前的准备工作。

第一，施工前必须进行成桩试验，桩数不宜少于 5 根。

第二，应取得满足设计喷入量的各种技术参数，如钻进速度、提升速度、搅拌速度、喷气压力、单位时间喷入量等。

第三，应确定能保证胶结料与加固软土拌和均匀性的工艺。

第四，掌握下钻和提升的阻力情况，选择合理的技术措施。

第五，根据地层、地质情况确定复喷范围。

第六，应根据固化剂喷入的形态（浆液或粉体），采用不同的施工机械组合。

c. 固化剂的相关规定。

第一，采用浆液固化剂时，制备好的浆液不得离析，不得停置过长。超过 2h 的浆液应降低等级使用。浆液拌和均匀，不得有结块。供浆应连续。

第二，采用粉体固化剂时，严格控制喷粉标高和停粉标高，不得中断喷粉，确保桩体长度；严格控制喷粉时间、停粉时间和喷入量。应采取措施防止桩体上下喷粉不匀、下部剂量不足、上下部强度差异大等问题，应按设计要求的深度复搅。当钻头提升到地面以下小于 500mm 时，送灰器停止送灰，用同剂量的混合土回填。若喷粉量不足，应整桩复打，复打的喷粉量不小于设计用量。因故喷粉中断时，必须复打，复打重叠长度应大于 1m。施工设备必须配有自动记录的计量系统。钻头直径的磨损量不得大于 10mm。

（14）水泥粉煤灰碎石桩处置法。

水泥粉煤灰碎石桩（简称 CFG 桩）是在碎石桩的基础上发展起来的，以一定配合比率的石屑、粉煤灰和少量的水泥加水拌和后制成的一种具有一定胶结强度的桩体。由于桩体中加入了水泥和粉煤灰，形成了高黏结强度的桩，从而改善了碎石桩的刚性，不仅能很好地发挥全桩的侧摩阻作用，同时，也能很好地发挥其端阻作用。CFG 桩和桩间土、垫层一起形成复合地基。

a. 水泥粉煤灰碎石桩施工的材料要求。

骨料：应根据施工方法，选择合理的骨料级配和最大粒径。粗骨料一般采用碎石或卵石。泵送混合料时，卵石最大粒径宜为 26.5mm，碎石最大粒径宜为 19mm。采用振动沉管时，骨料最大粒径不宜超过 63mm。为使级配良好，宜掺入石屑或砂填充碎石的空隙。

水泥：宜选用普通硅酸盐水泥，一般采用 32.5 级。

粉煤灰：宜选用袋装Ⅱ、Ⅲ级粉煤灰。

b. 施工前应进行成桩试验，试桩数量宜为 5~7 根。成桩试验应确定符合设计要求的施工工艺和施工速度，确定合理的投料数量，确定桩的质量标准。

c. 桩体施工应选择合理的施打顺序，避免对已成桩造成损害。CFG 桩施工一般采用振动沉管机械施工，因此，其施打顺序对成桩质量影响较大，根据经验，通常采用隔桩跳打，此时很少发生打桩径被挤小或缩径现象。

d. 成桩过程中，应对已打桩的桩顶进行位移监测。一般桩顶位移超过 10mm 时，需要对桩体进行开挖查验。

e. 为保证桩体质量，混合料应拌和均匀，且投料要充分。混合料坍落度一般宜为 100mm。

（五）潮湿地段路基施工

1. 潮湿地段路基填料相关要求

用湿黏土、红黏土作为填料直接填筑时，应符合以下几方面要求。

（1）液限在 40%~70%，塑性指数在 18~26。

（2）不得作为二级及二级以上公路路床、零填及挖方路基 0~0.80m 范围内的填料；不得作为三、四级公路上路床、零填及挖方路基 0~0.30m 范围内的填料。

（3）采用湿土法制作试件，试件的 CBR 值应满足现行《公路路基施工技术规范》相关规定。

（4）压实度应符合相关规定，否则应对填料进行处理，处理后强度应符合现行《公路路基施工技术规范》相关规定。

（5）压缩系数大于 $0.5MPa^{-1}$ 的红黏土不得直接用于填筑路堤。

（6）强膨胀土不得作为路堤填料。中等膨胀土经处理后可作为填料，用于二级及二级以上公路路堤填料时，改性处理后胀缩总率应不大于 0.7%。胀缩总率不超过 0.7% 的弱膨胀土可直接填筑。

2. 湿黏土路基施工要求

湿黏土路堤填筑时，每层宜设 2%~3% 的横坡。当天的填土宜当天完成压实。填筑层压实后，应采取措施防止路基工作面曝晒失水。

水稻田地段路基施工，不得影响农田排灌。施工前应采取措施排除公路用地范围内的地表水。疏干地表水确有困难时，应按设计要求进行处置。二级及二级以上公路路堑段，应在边坡顶适当距离外筑埂并挖截水沟；土质、风化岩石边坡，应浆砌护墙或护坡；路堑路段宜加大边沟尺寸并采用浆砌。

河、塘、湖地段路堤施工。受水浸润作用的路堤部分，宜用水稳性好、塑性指数不大于 6、压缩性小、不易风化的透水性填料填筑。在洪水淹没地段的路堤两侧不得取土；对于三、四级公路，特殊情况下，可在下游侧距路堤安全距离外取土。两侧水位差较大的河滩路堤，根据具体情况，宜放缓下游一侧边坡，设滤水趾和反滤层，在基底设隔渗墙或隔渗层。

防洪工程应在洪水期前完成，施工期间应注意防洪。

多雨潮湿地区路基施工应注意排水。机具停放地、库房、生活区域应选在地势较高不易被水淹的地点，并有完善的排水防洪设施。多雨潮湿地区应按设计要求对基底过湿土层进行处理。

3. 红黏土地区路基施工要求与措施

（1）路堤施工应尽量避免雨季。雨季施工时，应防止松土被雨淋湿。施工中应保持作业面横坡不小于 3%。雨后作业面，应经晾干且重新压实合格后方可进行下一道工序的施工。路堤填筑应连续，填料应随挖随用。摊铺后必须及时碾压，做到当天摊铺当天完成碾压。碾压完成后，应采取措施防止路堤作业面曝晒失水。

（2）提高红黏土路堤压实度的措施：①掺加砂砾法：掺加砂砾能改善高液限土（红黏土）的液限、塑性指数以及 CBR 值，当粗粒料含量大于 35%~40% 时，一般能达到标准土质的填筑要求。随着砂砾含量的增加，对裂缝的抑制作用愈来愈明显，抗裂性能得到相应提高。②化学外加剂法：掺入石灰、水泥等外加剂可有效降低含水量，提高强度，同时又可降低塑性指数，提高水稳性。③包边法：将不能直接填筑的红黏土进行隔水封闭。外包材料为水稳性较好的低液限土。但是对于碾压稠度偏低（小于 1.15）导致难以压实的红黏土应避免采用此法。该法建议使用于下路堤填筑。

（3）包边法施工。包边材料应为透水性较小的低液限黏土、石灰土等，CBR 值应符合现行《公路路基施工技术规范》相关规定。严禁用粉土、砂土等低塑性土包边。分层填筑时，先摊铺包边土，后摊铺红黏土。碾压前，应控制两种填料的各自含水量，使两种填料在同一压实工艺下能达到压实标准。包边土的压实度应符合土质路基压实度规定。碾压应从两边往中间进行，对不同填料的结合处要增加碾压遍数 1~2 遍。超高弯道的碾压应自低处向高处进行。

（六）盐渍土地区路基施工

1. 盐渍土地区路堤填料

盐渍土作为路堤填料，首先与所含易溶盐的性质和数量有关，其次与所在自然区域的气候、水文和水文地质条件有关，此外也与土质道路技术等级和路面结构类型有关。路堤填料要符合以下要求。

第一，路堤填料适用性应符合现行《公路路基施工技术规范》的相关规定。

第二，对填料的含盐量及其均匀性应加强施工控制检测，路床以下每 1000m^3 填料、路床部分每 500m^3 填料应至少做一组测试，每组 3 个土样，填方不足上列数量时，亦应做一组试件。含盐量大的土层一般分布在地表数百毫米的范围内。实际检测时，若发现上、下层含盐量不一样，但总的平均含量未超过规定允许值时，可以通过将上、下两层盐土打碎拌和来保证填料含盐量的均匀性。

第三，用石膏土做填料时，应先破坏其蜂窝状结构。根据以往公路、铁路多年实践经验，石膏土或石膏粉均可作为路堤填料。蜂窝状和纤维状石膏土由于其疏松多孔，用作填料时，应破碎其蜂窝状结构，以保证达到要求的压实度。

2. 盐渍土地区基底（包括护坡道）处置

含水量超过液限的原地基土，应按设计要求将基底以下 1m 全部换填为透水性材料；含水量界于液限和塑限之间时，应按设计要求换填 100~300mm 厚的透水性材料；含水量在塑限以下时，可直接填筑黏性土。地下水位以下的软弱土体应按设计要求采用透水性好的粗粒土换填，高度宜高出地下水位 300mm 以上。

在内陆盆地干旱地区，路面为沥青混凝土、水泥混凝土或沥青表面处置时，应按设计要求在路堤下部设置封闭性隔断层。地表为过盐渍土的细粒土、有盐结皮和松散土层时，应将其铲除，铲除的深度通过试验确定。地表过盐渍土层过厚时，若仅铲除一部分，则应设置封闭隔断层，隔断层宜设置在路床顶以下 800mm 处；若存在盐胀现象，隔断层应设在产生盐胀的深度以下。

3. 盐渍土路堤施工工序

盐渍土路堤应分层填筑、分层压实，每层松铺厚度不宜大于 200mm，砂类土松铺厚度不宜大于 300mm。碾压时应严格控制含水量，碾压含水量不宜大于最佳含水量 1 个百分点。雨天不得施工。

盐渍土路堤的施工应从基底处理开始，连续施工。在设置隔断层的地段，宜一次做到隔断层的顶部。地下水位高的黏性盐渍土地区，宜在夏季施工；砂性盐渍土地区，宜在春季和夏初施工；强盐渍土地区，宜在表层含盐量较低的春季施工。

4. 盐渍土路堤施工排水工序

施工中应及时、合理设置排水设施，路基及其附近不得积水。取土坑底面应高出地下水位至少 150mm，底面向路堤外侧应有 2%~3% 排水横坡。在排水困难地段或取土坑有可能被水淹没时，应在取土坑外采取适当处置措施。在地下水位较高地段，应加深两侧边沟或排水沟，以降低路基下的地下水位。

盐渍土地区的地下排水管与地面排水沟渠，必须采取防渗措施。盐渍土地区不宜采用渗沟。

（七）膨胀土地区路基施工

1. 施工基本要求

膨胀土地区路基施工应避开雨季作业，加强现场排水，基底和已填筑的路基不得被水浸泡。膨胀土地区路基应分段施工，各道工序应紧密衔接，连续完成。路基边坡按设计要求修整，并应及时进行防护施工。膨胀土路基填筑松铺厚度不得大于 300mm；土块粒径应小于 37.5mm。填筑膨胀土路堤时，应及时对路堤边坡及顶面进行防护。

路基完成后，当年不能铺筑路面时，应按设计要求做封层，其厚度应不小于 200mm，横坡不小于 2%。

2. 二级及二级以上公路路堤基底处理

高度不足 1m 的路堤，应按设计要求采取换填或改性处理等措施处置；表层为过湿土时，应按设计要求采取换填或进行固化处理等措施处置；填土高度小于路面和路床的总厚度，基底为膨胀土时，宜挖除地表 0.30~0.60m 的膨胀土，并将路床换填为非膨胀土或掺灰处理；如果是强膨胀土，挖除深度应达到大气影响深度。

3. 路堑施工

路堑施工前，先施工截、排水设施，将水引至路幅以外。边坡施工过程中，必要时，宜采取临时防水封闭措施保持土体原状含水量。边坡不得一次挖到设计线，应预留厚度 300~500mm，待路堑完成时，再分段削去边坡预留部分，并立即进行加固和封闭处理。

路床底标高以下应按照设计要求进行处理。宜用支挡结构对强膨胀土边坡进行防护。支挡结构基坑应采取措施防止曝晒或浸水，基础埋深应在大气风化作用影响深度以下。

二、路面施工技术

（一）半刚性基层施工技术

在我国，高等级公路半刚性基层施工中，混合料的拌和方式有路拌法和厂拌法，其摊铺方式有人工和机械两种。从施工程序来看，一般是先通过修筑试验路段，制定标准施工方法后进行大面积施工。

在进行大面积施工之前，修筑一定长度的试验路段是很必要的。修筑试验路段，进行施工优化组合，可用以指导大面积施工，从而使整个工程施工质量高、进度快，经济效益显著。

修筑试验路段的任务是：检验拌和、运输、摊铺、碾压、养生等计划投入使用设备的可靠性；检验混合料的组成设计是否符合质量要求及各道工序的质量控制措施；提出用于大面积施工的材料配合比及松铺系数；确定每一作业段的合适长度和一次铺筑的合理厚度；提出标准施工方法。标准施工方法主要包括：集料与结合料数量的控制；摊铺方法；合适的拌和方法；拌和速度、拌和深度与拌和遍数；混合料最佳含水量的控制方法；整平和整形的合适机具与方法；压实机械的组合、压实的顺序、速度和遍数；压实度检查方法及每一作业段的最小检查数量。若采用集中厂拌和摊铺机摊铺，应解决好机械的选型与配套问题。

1. 厂拌法施工技术

在厂拌法施工前，应先调试拌和设备。调试的目的在于找出各料斗闸门的开启刻度（简称开度）以确保按设计配合比拌和。先要测定各种原材料的流量—开度曲线，然后按厂拌设备的实际生产率及各种原材料的设计质量比计算各自的要求流量，从流量—开度曲线上可查出各个闸门的刻度。按得出的刻度试拌一次，测定其级配、含水量及结合料剂量，如有误差则个别调整后再试拌。一般试拌一两次即可达到要求。拌和生产中，含水量应略大于最佳值，使混合料运到现场摊铺后碾压时的含水量不小于最佳值，按照合同或规范要求，在拌和厂抽检混合料的配合比。将拌和好的混合料送到现场，如运距远，车上混合料应覆盖，以防水分损失过多。用平地机、摊铺机、摊铺箱或人工按松铺厚度摊铺均匀，如有粗细颗粒离析现象，应以机械或人工补充拌和，如果采用摊铺机施工，厂拌设备的生产率、运输车辆及摊铺机的生产率应尽可能配套，以保证施工的连续性。其他工序同路拌法。

高等级公路的半刚性基层施工多采用集中厂拌和摊铺机摊铺，修筑的基层平整度、高程、路拱、纵坡和厚度容易达到规范或合同的要求。

2. 路拌法施工技术

半刚性基层或底基层路拌法施工的主要工序为：准备下承层—施工测量—备料—摊铺—拌和—整平与碾压成型—初期养护。

（1）下承层准备与施工测量。施工前对下承层（底基层或土基）按质量验收标准进行验收，并精心加工。之后，恢复中线，直线段每 20~25m 设一桩，平曲线段每 10~15m 设一桩，并在两侧路面边缘外 0.3~0.5m 处设指示桩，在指示桩上用红漆标出基层（或底基层）边缘设计标高及松铺厚度的位置。

（2）备料。所用材料应符合质量要求，并根据各路段基层（底基层）的宽度、厚度及预定的干密度，计算各路段需要的干燥集料数量。根据混合料的配合比、材料的含水量以及所用车辆的吨位，计算各种材料每车料的堆放距离，对于水泥、石灰等结合料，常以袋（或小翻斗车）为计量单位，故应计算出每袋结合料的堆放距离；也可根据各种集料所占的比例及其松干密度，计算每种集料松铺厚度，以控制集料施工配合比，而对结合料（水泥、石灰等）仍以每袋的摊铺面积来控制剂量。

（3）摊铺与拌和。用平地机、推土机或人工按试验路段所求得的松铺系数进行摊铺，摊铺力求均匀。摊铺工作就绪后，就可使用稳定土路拌机进行拌和作业。路拌时，首先调整液压分配阀的控制手柄，使路拌机的工作装置渐渐深入混合料之中直至达到标尺要求的深度，这样拌和机就可以工作速度开始作业，工作速度以 1.2~1.5km/h 最为适宜。当然，不同的拌和条件，最佳拌和速度是不同的。在拌和开始阶段要反复检查拌和深度，是否留有“夹层”或切入下承层太深。拌和路线应自基层的最外沿向中心线靠拢。拌和中适时测定含水量，如含水量大于最佳值时，应进行自然蒸发，使含水量达到最佳值。若含水量小于最佳值，应补充洒水进行拌和。一般在摊铺洒水时，用水量应稍大些，这样可避免二次拌和所造成的浪费。

（4）整平与碾压。拌和好的混合料以平地机整平，并刮出路拱，然后进行压实作业。无机结合料稳定类结构层应用 12 吨以上的压路机碾压。用 12~15 吨三轮压路机碾压时，每层的压实厚度不应超过 15cm；用 18~20 吨三轮压路机碾压时，每层的压实厚度不应超过 20cm。对于稳定中粒土和粗粒土，采用能量大的振动压路机时，每层的压实厚度根据试验确定，压实厚度超过上述规定时，应分层铺筑，每层的最小压实厚度为 10cm。压实应遵循先轻后重、先慢后快的原则。直线段，由两侧路肩向路中心碾压，即先边后中；平曲线段，由内侧路肩向外侧路肩进行碾压。

碾压过程中，如有“弹簧”、松散、起皮等现象，应及时翻开重新拌和，或用其他方法处理，使其达到质量要求。在碾压结束之前，用平地机再终平一次，使其纵向顺适，路拱和超高符合设计要求。终平应仔细进行，必须将局部高出部分刮除并扫出路外，对于局部低洼之处，不再进行找平，留待铺筑沥青层时处理。

（5）养生与交通管理。重视保湿养生，养生时间应不少于 7 天。水泥稳定类混合料碾压完成后，即刻开始养生，二灰稳定类混合料是在碾压完成后的第二天或第三天开始养生。养生期结束，应立即铺筑沥青面层或做下封层。基层上未铺封层或面层时，不应开放交通。当施工中断，临时开放交通时，也应采取保护措施。

（二）粒料类基层施工技术

粒料类基层按强度构成原理可分为嵌锁型与级配型。嵌锁型包括泥结碎石、泥灰结碎石、填隙碎石等；级配型包括级配碎石、级配砾石、符合级配的天然砂砾、部分砾石经乳制掺配而成的级配砾、碎石等。国外有些国家的高等级公路上用级配碎石或级配砾石修筑基层或底基层，级配碎石也可用作沥青面层与半刚性基层之间的联结层。

1. 嵌锁型基层技术

嵌锁型基层，其强度主要依靠碎石颗粒之间的嵌锁和摩阻作用所形成的内摩阻力，而颗粒之间的黏结力是次要的，即这种结构层的抗剪强度主要取决于剪切面上的法向应力和材料内摩阻角。它由三项因素构成：第一，粒料表面的相互滑动摩擦；第二，剪切时体积膨胀而需克服的阻力；第三，粒料重新排列所受到的阻力。

单一粒料在另一粗糙面但表面平整的粒料上滑动，其摩阻角大多小于 30°；许多粒料相互紧密接触，沿某一剪切面相互变位时，因体积膨胀和粒料重新排列而多消耗的功，可使摩阻角增至 45°~50°。因此，嵌锁型结构强度主要取决于石料的强度、形状、尺寸、均匀性、表面粗糙度以及施工时的压实程度。当石料强度高、形状接近立方体、有棱角、尺寸均匀、表面粗糙、压实度高时，基层的强度就高。

2. 级配型粒料基层技术

级配型粒料基层的强度和稳定性取决于内摩阻力和黏结力的大小。因此，其强度与稳定性在很大程度上取决于集料的类型（碎石、砾石或碎砾石）、集料的最大粒径和级配以及混合料中粒径 0.55mm 以下细料的含量及塑性指数。同时，还与其密实度有很大关系。因此，对级配型，主要控制最大粒径、细料含量及其塑性指数和现场压实度。

关于粒料类基层及材料质量要求和施工方法可参阅《公路路基施工技术规范》（JTJ 034—2000）。

（三）沥青路面施工技术

沥青路面是采用沥青材料做结合料，黏结矿料或混合料修筑面层的路面结构。沥青路面由于使用了黏结力较强的沥青材料做结合料，不仅增强了矿料颗粒间的黏结力，而且提高了路面的技术品质，使路面具有平整、耐磨、不扬尘、不透水、耐久等优点。由于沥青材料具有弹性、黏性、塑性，当汽车通过时，震动小、噪声低、略有弹性、平稳舒适，是高等级公路的主要面层。

沥青路面的缺点是：易被履带车辆和尖硬物体所破坏；表面被磨光而影响安全；温度稳定性差，夏天易软、冬天易脆并产生裂缝。此外，铺筑沥青面层受气候和施工季节的限制。雨天不宜铺筑各种沥青面层，冰冻地区在气温较低时铺筑沥青面层难以保证质量。

沥青混合料是由矿料与沥青结合料拌和而成的混合料的总称。按密实级配的原则构成的沥青混合料的结构强度，是以沥青与矿料之间的黏结力为主，矿料的嵌挤力和内摩阻力为辅而构成的。沥青混凝土属于此类。这类沥青混合料的结构强度受温度的影响较大。按级配原则构成的沥青混合料，其结构通常有三种方式，即悬浮密实结构、骨架空隙结构、骨架密实结构。

沥青材料有道路石油沥青、软煤沥青、液体石油沥青等。沥青混合料所用的矿料有碎石、轧制砾石、石屑、砂和矿粉。其技术标准和质量要求可参阅《公路沥青路面施工技术规范》（JTG F40—2004）。

热拌沥青混合料在热态下铺筑施工成型的路面，称为热拌沥青混合料路面。

1. 沥青混合料的选用

沥青路面各层使用沥青混合料的类型是个非常重要的问题。应根据不同地区道路等级及所处层位的功能性要求选择适当的结构组合（表 2–1），并应符合下列原则①。

（1）综合考虑满足耐久性、抗车辙、抗裂、抗水损害能力、抗滑性能等多方面要求，根据施工机械、工程造价等实际情况选择沥青混合料的种类。

（2）沥青混凝土混合料面层宜采用双层或三层式结构，其中必须有至少一层为密级配混凝土混合料。如各层均采用沥青碎石混合料时，沥青面层必须做封层。

（3）多雨潮湿地区的高速、一级公路的上面层宜采用抗滑表层混合料，其他等级公路及少雨干燥地区的高速、一级公路可采用密级配沥青混凝土混合料做表层。

（4）沥青面层的集料最大粒径应从上至下逐渐增大，中粒式及细粒式用于上面层，粗粒式只能用于中、下面层，砂粒式仅适用于非机动车道。

（5）上面层沥青混合料的集料最大粒径不应超过层厚的 1/2，中、下面层及联结层的集料最大粒径不应超过层厚的 2/3。

（6）高速公路的硬路肩沥青面层应采用密级配沥青混凝土混合料做表层。

表 2—1 热拌沥青混合料类型

混合料类型	密级配			开级配		半开级配	公称最大粒径 /mm	最大粒径 /mm
	连续级配		间断级配	间断级配				
	沥青混凝土	沥青稳定碎石	沥青玛蹄脂碎石	排水式沥青磨耗层	排水式沥青碎石基层	沥青碎石		
特粗式		ATB-40			ATPB-40	—	37.5	53.0
粗粒式		ATB-30			ATPB-30	—	31.5	37.5
	AC-25	ATB-25			ATPB-25	—	26.5	31.5
中粒式	AC-20		SMA-20			AM-20	19	26.5
	AC-16		SMA-16	OGFC-16		AM-16	16	19.0
细粒式	AC-13		SMA-13	OGFC-13		AM-13	13.2	16.0
	AC-10		SMA-10	OCFC-10		AM-10	9.5	13.2
砂粒式	AC-5						4.75	9.5
设计空隙率	3~5	3~6	3~4	> 18	> 18	6~12		

① 本节表格引自：张铁志 . 路桥工程施工与检测 [M]. 北京：冶金工业出版社，2013.

2. 沥青混合料配合比设计

沥青混合料配合比设计的主要任务就是确定粗集料、细集料、矿粉和沥青材料相互配合的最佳组成比例，使之既能满足沥青混合料的技术要求又符合经济的原则。

连续级配沥青混合料配合比设计是以马歇尔试验为主，并通过车辙试验对抗车辙能力进行辅助检验，沥青混合料60℃时车辙试验的动稳定度高速公路不小于800次/毫米（较热地带不小于1000次/毫米），一级公路不小于600次/毫米。沥青碎石混合料的配合比设计应根据以往的实践经验经过试铺论证决定，马歇尔试验的结果仅供参考。

连续级配的沥青混合料配合比设计，通常按下列两个步骤进行。

（1）根据沥青混合料的矿料最佳级配范围，计算各组成矿料的配合比。矿料的最佳级配范围可以通过理论计算方法结合生产实践经验予以确定。实际施工时，往往人工轧制的各种矿料的级配很难完全符合某一级配的范围。这就必须采用两种或两种以上符合质量要求的矿料，分别进行筛析试验，并测定各种矿料的相对密实度。根据各种矿料的颗粒组成，确定达到级配曲线要求时各种矿料的配比，并按配比配合起来，以满足级配要求。矿料配比确定方法有试算法、正规方程法、图解法等。

（2）确定最佳沥青用量。现行规范采用马歇尔试验确定沥青混合料的最佳沥青用量，以OAC表示。沥青掺量可以采用油石比或沥青用量两种表达方式。油石比是指沥青占矿料总量的百分比；沥青用量是指沥青占沥青混合料总量的百分比。确定最佳沥青用量，应根据当地的实践经验选择适宜的沥青用量，分别制作几组级配的马歇尔试件，初选一组满足或接近设计要求的级配作为设计级配，再进行马歇尔试验确定最佳沥青用量。

3. 沥青混合料的施工

（1）施工准备与要求。

施工前的准备工作主要有拌和设备选型与配套、拌和厂选址与布置、下承层准备与施工放样等工作，见表2-2。

表 2—2 施工前的准备工作

项 目	具体步骤
拌和设备的选型及场地布置	第一，拌和设备选型。通常根据工程量和工期选择拌和设备的生产能力和移动方式，同时要求其生产能力应和摊铺能力相匹配，不应低于摊铺能力，最好高于摊铺能力5%左右。高等级公路沥青路面施工，应选用拌和能力较大的设备。生产能力大的设备，其单位产品所消耗的人工、燃料和易损配件等费用较低。当然，生产能力大的设备，价格（一次性投资）也较高，但它们之间并不成比例关系。一般来说，生产能力增大一倍，设备的价格不会超过其原价的1/3。如果一台生产能力大的设备使用寿命按10年计算（10年折旧完），在这10年使用期中，仅节约燃料一项就可补偿购买大型设备所增加的投资及因此所付的利息。但是如果生产能力超过原材料的供应能力和摊铺机的摊铺能力，搅拌设备不能满负荷工作，也会造成浪费。目前，应用较多的是生产率在300t/h以下的拌和设备
	第二，拌和厂的选址与布置。固定式沥青混合料拌和厂一般包括原材料存放场地，沥青储存、熔化及加热设备、搅拌设备、试验室及办公用房（有的还有宿舍）等。在设计时，首先要选择厂址并确定场地面积。沥青混合料拌和厂工作时会产生较大的粉尘与噪声等，因此，厂址不宜选在目前和将来的居民区，但是又要满足拌和时供电和给排水的要求。厂址离施工工地以在2小时运距之内为佳。此外，厂址还应处于主交通干线或至少有7m宽路面道路的旁边。 半固定式沥青混合料拌和设备总体布置的原则是：将各个组成部分分别安装在多辆平板挂车上，能够以最短的时间和最少的劳力迅速拆卸、转运和重新安装，并投入生产。所用平板挂车都是为适应不同组成部分的安装和运输面特别设计制造的。 移动式沥青混合料拌和设备一般都是小型的，且大多用来拌制沥青碎石混合料。因此，其各组成部分较为简单，可以全部安装在一辆特制的平板挂车上
下承层准备与施工放样	第一，下承层准备。沥青路面的下承层是指基层、联结层或面层下层。下承层完成之后，虽已进行过检查验收，但在两层施工的间隔很可能因下雨、施工车辆通行等而使其发生不同程度的损坏。如基层出现软弹和松散或表面浮尘等，需对其进行维修。沥青类联结层下层表面可能泥泞，需对其进行清洗。下承层表面出现的任何质量问题，都会影响到路面结构的层间结合以至路面整体强度。对下承层缺陷处理后，即可洒透层、黏层或封层
	第二，施工放样。施工放样包括标高测定与平面控制两项内容。标高测定的目的是确定下承层表面高程与原设计高程相关的确切数值，以便在挂线时纠正到设计值或保证施工层厚度。根据标高值设置挂线标准桩，以控制摊铺厚度和标高。标高放样应考虑下承层标高差值（设计值与实际标高值之差）、厚度和本层应铺厚度。综合考虑后定出挂线桩顶的标高，再打桩挂线。当下承层厚度不够时，应在本层内加入厚度差并兼顾设计标高。如果下承层厚度够而标高低时，应根据设计标高放样。如果下承层的厚度与标高都超过设计值时，应按本层厚度放样。若厚度和标高都不够时，应以差值大的为标准放样。总之，不但要保证沥青路面总厚度，而且要考虑标高不超出容许范围。当两者矛盾时，应以满足厚度为主考虑放样，放样时计入实测的松铺系数

（2）拌和与运输。

a. 一般要求。沥青混合料宜在拌和厂（场）制备。在拌制一种新配合比的混合料之前，或生产中断了一段时间后，应根据室内配合比进行试拌。通过试拌及抽样试验确定施工质量控制指标。

对间歇式拌和设备，应确定每盘热料仓的配合比。对连续式拌和设备（对不能保证均匀进料和连续计量或矿粉损失较多的连续式拌和设备，不得用于沥青混凝土混合料的拌制），应确定各种矿料送料口的大小及沥青和矿料的进料速度。

沥青混合料应按设计沥青用量进行试拌，试拌后取样进行马歇尔试验，并将其试验值与室内配合比试验结果进行比较，验证设计沥青用量的合理性，必要时可做适当调整，确定适宜的拌和时间。间歇式拌和设备每盘拌和时间宜为 30~60 秒，以沥青混合料拌和均匀为准。

确定适宜的拌和与出厂温度：沥青混合料各种材料的加热和出厂温度可按《公路沥青混合料施工技术规范》中规定的范围选用。

根据配料单进行沥青混合料的拌制，严格控制各种材料用量及其加热温度。拌和后的沥青混合料应均匀一致，无花白、无离析和结团成块等现象。

沥青混合料用自卸汽车运至工地，车厢底板及周壁应涂一薄层油水（柴油与水之比为 1∶3）混合液。运输车辆应覆盖，运至摊铺地点的沥青混合料温度不宜低于 130℃（煤沥青混合料不宜低于 90℃）。运输中尽量避免急刹车，以减少混合料离析。

b. 生产组织。沥青混合料的生产组织包括矿料、沥青供应和混合料运输两方面，任何一方面组织不好都会引起停工。

材料供给所用矿料符合质量要求，储存量应为平均日用量的 5 倍，堆料场应加遮盖，以防雨水。矿料含水量的多少对设备生产能力的影响很大，矿料的含水量大则意味着烘干与加热费时，生产能力降低，燃料消耗率增加。

拌和设备及其各组成部分的启动，应按料流方向顺序进行。待各部分空运转片刻，确认工作良好时，才可开始上料，进行负荷运转。

通常用装载机将不同规格的矿料投入相应的料仓，在拌和设备运行中要经常检查矿石料仓储料情况。如果发现各斗内的储料不平衡时，应及时停机，以防满仓或储料串仓。

拌和设备在停机之前应先停止供给砂石料并少上矿粉，使滚筒空转 3~5 分钟，待筒内出完余料再停止筒的转动。在筒空转时还应加大喷燃器的风门，尽快驱除筒内的废气，并使筒冷却，然后关闭喷燃器的油门和燃油泵的总油门。停机后矿粉仓和矿粉升运机内不得有余料，在停止搅拌前应先停止喷沥青，将进入搅拌器内的余料干拌几分钟后放净，以便刷净搅拌器内的残余沥青。拌和设备在每次作业完毕后都必须立即用柴油清洗，以防止沥青堵塞管路。

沥青混合料成品应及时运往工地。车辆数量必须满足拌和设备连续生产的要求，不能因车辆少而临时停工。为了精确控制材料，在全自动拌和厂，载料车出厂时应进行称重，常用磅秤或使用拌和厂的自动称量系统。为了不因特殊事故或其他原因而使设备停工，拌和设备应有足够的混合料成品储仓。

c. 拌和质量检测。质检人员必须在料车装料过程中和离开拌和厂前往摊铺工地途中经常进行目测。

对于温度测试，直观检验固然很重要，但检验人员必须进行测定。沥青混合料的温度还常在料车上测出。较理想的方法是使用有度盘和铠装枢轴的温度计，将枢轴从车厢一侧的预留孔中插入混合料中，使之达到足够的深度（至少 15cm），混合料直接与枢轴接触，可测出料温，也可用手枪式红外测温计进行测定。

沥青混合料的取样与测试是拌和厂进行质量控制最重要的两项工作。检测人员必须保留详细的检验记录。这些记录将成为施工和工程用量的历史记录，也是日后研究和评价该项工程的依据。每项工程都必须记日志，记录工程编号、拌和厂位置、拌和设备的类型和型号、原材料来源、主要工作人员姓名以及其他数据。还应记录日期和当天的气象情况及拌和厂的主要活动和日常工作。对异常情况，特别是对沥青混合料可能产生不利影响的情况必须进行说明。

（3）摊铺作业。

a. 摊铺沥青混合料的一般要求。摊铺时应先检查摊铺机的熨平板宽度和高度是否适当，并调整好自动找平装置。有条件时，尽可能采用全路幅摊铺，如采用分路幅摊铺，接茬应紧密、拉直，并宜设置仰角控制厚度。双层式沥青混凝土面层的上下层铺筑宜在当天内完成，如间隔时间较长，下层受到污染的路段，铺筑上层前应对下层进行清扫，并浇洒黏层沥青。摊铺时，石油沥青混合料温度不应低于 100℃。摊铺厚度应为设计厚度乘以松铺系数，沥青混合料的松铺系数通过试铺碾压确定，也可按沥青混凝土混合料：1.15~1.35（人工摊铺：1.25~1.50），沥青碎石混合料：1.15~1.30（人工摊铺：1.20~1.45）取值，细粒式沥青混合料取上限，粗粒式混合料取下限。摊铺后应检查平整度及路拱，发现问题及时修整。

施工气温在 5℃以下或冬季气温虽在 5℃以上，但有大风时，运输沥青混合料用的车辆宜采用覆盖设备保温。石油沥青混合料到达工地温度不低于 140℃。摊铺时间宜在上午 9 时至下午 4 时进行，应做到快卸料、快摊铺、快整平、快碾压。摊铺机的熨平板及其他接触热沥青混合料的机具要经常加热。在摊铺沥青混合料前，应对接茬处已被压实的沥青层进行预热，沥青混合料摊铺后，在接茬处用热夯夯料、热烙铁熨平，并使压路机沿缝加强碾压。

雨季施工时，应注意气象预报，加强工地现场与拌和厂联系，现场应缩短施工路段，各工序要紧密衔接。运料车和工地应备有防雨设施，并做好基层及路肩的排水工作。

b. 摊铺机参数的调整与选择。摊铺机参数包括结构参数和运行参数两大部分。在摊铺前，根据施工要求需调整和选择摊铺机的结构参数有：熨平板宽度和拱度，摊铺厚度与熨平板的初始工作仰角。运行参数主要指摊铺速度。

第一，熨平板宽度与拱度的调整。为了减少摊铺次数，每一条摊铺带的宽度应该按该型号摊铺机的最大摊铺宽度来考虑。宽带为 B 的路面所需横向摊铺的次数 n 按式（2-1）计算：

$$n=\frac{B-x}{b-x} \tag{2-1}$$

式中，B—— 路面宽度，m；

b—— 摊铺机熨平板的总宽度，m；

x—— 相邻摊铺带的重叠量，m，一般 x=0.025~0.08m。

式（2-1）的意义是，路面的宽度应为摊铺机总摊铺宽度减去重叠量后的整倍数。如果 n 值不能满足整数时，则尽可能在减少摊铺次数的前提下，使所剩的最后一条摊铺带的宽度不小于该摊铺机的标准摊铺宽度。实在不足时只好采用切割装置来切窄摊铺带。

熨平板宽度调整之后，要调整其拱度。各种型号摊铺机的调拱机构大致相同，调整后可在标尺上直接读出拱度的绝对数值或横坡百分数。调整好拱度后要进行试铺校验，必要时再次调整。一些大型摊铺机常设计有前后两副调拱机构，这种双调拱机构，其前拱的调节量略大于后拱。这样有利于改善摊铺层的表面质量和结构致密的均匀性。只有前后拱符合规定时才能获得满意的摊铺效果。一般人工拼接调整宽度的熨平板，其前后拱之差为 3~5mm，液压伸缩调整宽度的熨平板，差值为 2~3mm。

第二，摊铺厚度的确定和熨平板初始工作仰角的调整。摊铺工作开始前要准备两块长方垫木，以此作为摊铺厚度的基准。垫木宽 5~10cm，长与熨平板纵向尺寸相同或稍长，厚度为松铺厚度。将摊铺机停置于摊铺带起点的平整处后，抬起熨平板，把两块垫木分别置于熨平板两端的下面。如果熨平板加宽，垫木则放在加宽部分的近侧边处。

垫木放好后，放下熨平板，让其提升油缸处于浮动状态。然后，转动左右两支厚度调节螺杆，使它们处于微量间隙的中立位置。此时，熨平板以其自重落在垫木上。

熨平板放置妥当后，接着调整其初始工作仰角。此仰角视机型、铺层厚度、混合料种类和温度等因素的不同而异，各机型在使用说明书中都有规定。

多数摊铺机上装有手动调整机构，用以调整初始工作仰角。调节得正确与否，只能通过实际摊铺的厚度去检验。每调整一次，必须在 5m 范围内做多点厚度检验，取其均值，与设计值比较。

在测定均值之前，不得做任何调整。对于凹凸不平较大的下承层，几处测量仍难求得正确的厚度值时，可从摊铺的面积和所使用的混合料数量求出每平方米所用混合料的质量，以此与规定的密度作比较，就可确定摊铺厚度要不要再次调整。所铺的实际平均厚度可按式（2–2）计算：

$$T=\frac{100m}{\rho LW} \tag{2-2}$$

式中，T—— 摊铺层压实成型后的平均厚度，cm；

m——摊铺的沥青混合料总质量，t；

ρ——压实成型后沥青混合料密度，t/m^3，一般为 $2.35t/m^3$；

L—— 摊铺段长度，m；

W—— 摊铺宽度，m。

摊铺厚度还直接与刮板输送器的生产能力有关。在实际施工过程中，如果知道刮板输送器的生产能力，又知道最大摊铺宽度，就可方便地调整摊铺厚度。

第三，摊铺机作业速度的选择。摊铺机的作业速度对摊铺机的作业效率和摊铺质量影响极大。现代摊铺机都具有较宽的速度变化范围，从零值到每分钟数十米之间，可进行无级调节。如果摊铺机时快时慢、时开时停将导致熨平板受力系统平衡变化频繁，会对铺层平整度和密实度产生很大影响。作业速度过快使铺层疏松、供料困难，停机会使铺层表面形成台阶状，且料温下降，不易压实。

选择摊铺速度的原则是保证摊铺机连续作业。要考虑供料能力，包括沥青混合料拌和设备的生产能力和运输车辆的运输能力。供料能力应使摊铺机在规定速度下连续作业。因此，合理的摊铺速度可根据混合料供给能力、摊铺宽度和厚度按式（2–3）求得：

$$v=\frac{100QC}{60\rho WT} \tag{2-3}$$

式中，v——摊铺机摊铺速度，m/min；

Q—— 拌和机产量，t/h；

C—— 效率系数，根据材料供应、运输能力等配套情况确定，宜为 0.6~0.8；

ρ——沥青混合料压实成型后的密度，t/m^3，一般取 $2.35t/m^3$；

W—— 摊铺宽度，m；

T—— 压实后的摊铺厚度，cm。

实际上，摊铺速度还因所用混合料种类、温度及铺筑的层次不同而有所区别。一般面层下层的摊铺速度较快，约为 10m/min；面层上层的摊铺速度较慢，为 2~6m/min。这是为了使面层能获得足够的密实度和平整度。对于薄层罩面，更要慢些。因为机械前进速度慢，铺层可得到较多的振捣次数。一般摊铺机每前进 1m，振动梁的振捣次数不少于 200 次，在现代沥青混合料摊铺机中，不论是机械式的有级变速，还是液压式的无级变速，摊铺工作速度以及振捣梁的频率都能满足工作要求。

c. 摊铺机作业。

第一，熨平板加热。每天开始施工前或停工后再工作时，应对熨平板进行加热，即使夏季热天也必须如此。因为 100℃以上的混合料碰到 30℃以下的熨平板底面时，将会冷粘在板底上，这些黏附的粒料随熨平板向前移动时，会拉裂铺层表面，形成沟槽和裂纹。如果先对熨平板进行加热，则加热后的熨平板可对铺层起到熨烫的作用，从而使路面表面平整无痕。在连续摊铺过程中，当熨平板已充分受热时，可暂停对其加热。但对于摊铺低温混合料和沥青砂，熨平板则应连续加热，以使板底对材料经常起熨烫的作用。

第二，摊铺机供料机构操作。摊铺机供料机构包括刮板输送器和向两侧布料的螺旋摊铺器两部分。两者的工作应相互密切配合，工作速度要相匹配。工作速度确定后，还要力求保持其均匀性，这是决定路面平整度的一项重要因素。

刮板输送器的运转速度及闸门的开启度共同影响向摊铺室的供料量。通常刮板输送器的运转速度确定后就不大变动了，因此，向摊铺室的供料量基本上依靠闸门的开启高度来调节。在摊铺速度恒定时，闸门开度过大，会使螺旋摊铺室中部积料过多，形成高堆，造成螺旋摊铺器的过载并加速其叶片的磨损；同时也增加熨平板的前进阻力，破坏熨平板的受力平衡，使熨平板自动向上浮起，铺层厚度增加。如果关小阀门或暂停刮板输送器的运转，掌握不好，也会使摊铺室内的混合料突然减少，中部形成下陷状（料的高度降低），其密实度及熨平板的阻力减小，同样会破坏熨平板的受力平衡，使熨平板下沉，铺层厚度减小。

摊铺室内最恰当的混合料量是料堆的高度平齐于或略高于螺旋摊铺器的轴心线。闸门的最佳开度，应在保证摊铺室内混合料处于上述正确料堆高度状态下，使刮板输送器和螺旋摊铺器在全部工作时间内都能不停歇地持续工作。为了保持摊铺室内混合料高度经常处于标准状态，最好的办法就是采用闸门自控系统。无论是手操纵还是自控供料系统供料，都要求运输车辆对摊铺机有足够的持续供料量。

第三，摊铺方式。摊铺时，先从横坡较低处开铺。各条摊铺带的宽度最好相同，以节省重新接宽熨平板的时间（液压伸缩式调宽较省时）。使用单机进行不同宽度的多次摊铺时，应尽可能先摊铺较窄的那一条，以减少拆、接次数。如果为多机摊铺，则应在尽量减少摊铺次数的前提下，各条摊铺带的宽度可以有所不同（即梯队作业方式），梯队间距不宜太大，宜在 5~10m，以便形成热接茬。在铺筑面层时最好是单机或双机全幅铺筑，如为单机时，中间纵向接茬要切割涂油，使两次摊铺混合料紧密、平整相同。

第四，接茬处理。接茬处理主要有以下两个方面。

首先，纵向接茬。两条摊铺带相接处必须有一部分搭接，才能保证该处与其他部分具有相同的厚度。搭接的宽度应前后一致，搭接施工有冷接茬和热接茬两种。

冷接茬施工是指新铺层与经过压实后的已铺层进行搭接。半幅施工：不能采用热接缝时，宜加设挡板或采用切刀切齐。铺另半幅前必须将缝边缘清扫干净，并涂洒少量黏层沥青。摊铺时应重叠在已铺层上 5~10cm，摊铺后用人工将摊铺在前半幅上面的混合料铲走，然后再进行碾压，应注意新摊铺带必须与前一条摊铺带的松铺厚度相同。

热接茬施工一般是在使用两台以上摊铺机梯队作业时采用的，此时两条毗邻摊铺带的混合料都还处于压实前的热状态，所以纵向接茬易于处理，连接强度较好。施工时应将已铺混合料部分留下 10~20cm 宽，暂不碾压，作为后摊铺部分的高程基准面，待后摊铺部分完成后，一起碾压（跨缝碾压）。不管采用冷接法还是热接法，摊铺带的边缘都必须齐整，这就要求机械在直线上和弯道上行驶始终保持正确位置。为此，可沿摊铺带一侧敷设一根导向线，并在机械上安置一根带链条的悬杆，驾驶员只要注视所悬链条对准导向线行驶即可。

其次，横向接缝。相邻两幅及上下层的横向接缝均应错位 1m 以上。横向接缝有斜接缝和平接缝两种。高速公路和一级公路的中下层的横向接缝可采用斜接缝，在上面层应采用垂直的平接缝，其他等级公路的各层均可采用斜接缝。铺筑接缝时，可在已压实部分上面铺设一些热混合料使之预热软化，以加强新旧混合料的黏结。但在开始碾压前应将预热用的混合料铲除。

斜接缝的搭接长度与层厚有关，一般为 0.4~0.8m。搭接处应清扫干净并洒黏层油。当搭接处混合料中的粗集料颗粒超过压实层厚时应予剔除，并补上细料，斜接缝应充分压实并搭接平整。

对于横向接缝，在从接缝处起继续摊铺混合料前，应用 3m 直尺检查端部平整度，当不符合要求时应予清除。在摊铺时应调整好预留高度，接缝处摊铺层施工结束后再用 3m 直尺检查平整度，当不符合要求时应趁混合料尚未冷却立即处理，以保证横向接缝处的路面平整度。

d. 自动找平装置的运用。运用自动找平装置，需要有一个准确的基准面（线）。常用的基准面（线）控制有基准线钢丝法、滑橇法和平均梁法。基准线钢丝法的优点是可在大范围内相对准确地控制设计标高、纵横坡、厚度和平整度，但采用此法操作中各环节都必须从严要求。

第一，纵坡基准的选择。使用自动找平装置必须事先选好纵坡基准。基准有专设的弦线或现成的参照物，如已铺好的路面结构层、路缘石等。

当下承层高低不平，边侧又无平坦的基准面参考时，可在边侧专门设置符合设计纵坡的参考弦线（细钢丝或尼龙线），让传感器的触件沿着弦线移动。参考弦线要在施工前设好，它由内弦线、铁立杆、弹簧秤和张紧器等组成。

钢丝可使用直径为 2.0~2.5mm 的弹簧钢丝，每段的长度以 200m 为宜，总长度应满足

2~3 天的施工用量。尼龙线的缺点是遇水会伸长，所以在遭受露水、雨水或受潮后都要再次张紧。每天早晨上班前要复查其张紧度，必要时再行张紧。但是尼龙线柔软，使用起来较为方便，所以使用者较多。每根尼龙线长 150~200m，立杆间距 10m 时其张紧力需 300~400N。

两根立杆的间距一般为 5~10m，弯道处的间距要短些。敷设基准线时，除了应按规定的纵坡保证各支点都处于正确的标高位置外，还要注意其纵向走向的正确性，最好使每根立杆与路中线的距离相等，这样，就可兼作导向线。对敷设好的基准线必须复核其标高的正确性，如果标高不正确，非但失去使用自动调平装置的意义，反而会出现不平整或纵坡不合要求的铺层。另外，为了避免施工过程中可能发生碰撞，最好在各立杆上设置醒目的标志。

现成的基准面有较平整的下承层或路缘石，甚至坚实的山沟等。作为传感器的接触件有滑橇、平均梁，应视所参考的基准面种类而定。纵坡如属冷接茬施工，小滑橇应放置在离路边缘 30~40cm 处较为可靠，因为冷接茬的基准是碾压后的路面，而路边缘可能会因碾压有所变形。如果是热接茬施工，小滑橇可放置在未碾压路面的边缘处。

第二，纵向传感器的安装、检查与调整。纵向传感器的安装位置一般在牵引点或熨平板上，或在牵引点与熨平板之间。在安装妥善后要将它调整在其“死区”的中立位置(“死区”的范围一般在工厂内已调整好，不必再调整）。调整之前要先检查左右牵引臂铰点的高度是否一致，其适当的高度应是油缸行程处于中心位置。调整时要将牵引臂的铰销锁住。传感器处于中立位置时其信号灯不会亮，如果信号灯亮，则表明它还未处在中立位置，要再次调整。调好后，拔出牵引臂锁销，将传感器的工作选择开关拨到“工作”位置。然后接上电线，打开电源开关进行约 10 分钟的预热。等到摊铺机摊铺到 10~15m 后，铺层厚度达到规定值时，就可让自动调平装置投入工作。

第三，横坡的控制。一般情况下，铺层的横坡由横坡控制系统配合一侧的纵坡传感器来控制。但是如果一次摊铺的宽度较大（6m 以上），由于熨平板的横向刚度降低，容易出现变形，使摆锤式横坡传感器的检测精度降低，因此常改用左右两侧的横坡控制系统。横坡控制系统包括横坡传感器、选择器和控制器等。

直线段摊铺时，只要约定设计的横坡值就能实现自动控制。在弯道上摊铺时，因横坡在变化，难以实现自动控制。为了正确地操作，可事先在弯道路段每 5m 打一标桩，将各桩处的坡度值记入表格内，并画一曲线图，如果转弯半径很小，两桩的间距可适当缩小（最小为 1m），进和出弯道处都要有标桩，不过其间距可稍大些。操作人员根据图表在进入某标桩之前约 2m 处提前调整横坡选择器（因为横坡的实际变化滞后于调整动作）。

e. 摊铺过程的质量检验及控制措施。

第一，沥青含量的直观检查。如果混合料又黑又亮，料车上的混合料呈圆锥状或混合料在摊铺机受料斗中蠕动，则表明沥青含量正常；如果混合料特别黑亮，料车上的混合料呈平坦状或沥青结合料从骨料中分离出来则表明沥青含量过大（或骨料没有充分烘干，表面上看起来沥青太多）；如果混合料呈褐色，暗而脆，粗骨料没有被完全裹覆，受料斗中的混合料不蠕动，则表明沥青含量太少（或过热、拌和不充分）。

第二，混合料温度。沥青混合料在正常摊铺和碾压温度范围内，往往冒出淡蓝色蒸气，沥青混合料产生黄色蒸气说明温度过高；缺少蒸气说明温度过低。通常在料车到达工地时测定混合料的温度，有时也在摊铺后测定。每天早晨要特别注意做这项检查，因为此时下承层表层温度和气温都比较低。平时只要混合料有温度较低现象或初次碾压，而压路机跟不上时，则应测定温度，测量铺层的温度时，应将温度计的触头插进未压实的面层中部，然后把触点周围轻轻用足踏实。目前，也有许多地方采用电子温度计测定。

第三，厚度检测。摊铺机在摊铺过程中，应经常检测虚铺厚度。

第四，表观检查。未压实混合料的表面结构无论是纵向或横向都应均匀无波浪、局部粗糙、拉沟等现象。否则，应查明原因，及时处理。

第五，摊铺中的质量缺陷及防治措施。摊铺中常见的质量缺陷主要有：厚度不准、平整度差（小波浪、台阶），混合料离析、裂纹、拉沟等。与这些质量缺陷相关的因素有：机械本身的调整、摊铺机的操作和混合料的质量等。

（4）碾压成型。压实是沥青路面施工的最后一道工序，而良好的路面质量最终要通过碾压来体现。压实的目的是提高沥青混合料的强度、稳定性以及抗疲劳特性。压实工作的主要内容包括碾压机械的选型与组合，压实温度、速度、遍数、压实方式的确定，以及特殊路段的压实（弯道与陡坡等）。

a. 碾压机械的选型与组合，见表 2-3。

表 2—3 碾压机械的选型与组合

常用沥青路面压实机械	选型与组合
（1）静作用光轮压路机可分为双轴三轮式（一般为 8~12 吨）和双轴双轮式（一般为 6~8 吨）。三轮式后面有两个较大的驱动轮，前面是一个较小的从动轮，常用于沥青混合料的初压	摊铺机的生产率决定了需要压实的能力，从而影响了压路机大小和数量的选用，而混合料的特性则为选择压路机的大小、最佳频率与振幅提供了依据。如混合料矿料含量的增加或最大尺寸的增大都会使其工作性能下降，要达到要求的密实度就需要较大压实能力的压路机。沥青稠度高时，也是如此。选择压路机的质量和振幅应与摊铺层厚度相适应。摊铺层厚度小于 6cm 时，最好使用振幅为 0.35~0.60mm 的中、小型振动压路机（2~6 吨），这样就可避免材料出现堆料、波浪、压坏骨料等现象。在压实较厚的摊铺层（大于 10cm）时，使用高振幅（可高达 1.00mm）的大、中型振动压路机（6~10 吨）。压路机的选择必须考虑施工现场的具体情况，若有陡坡、转弯的路段，应考虑压路机操作的机动灵活性
（2）轮胎压路机根据其大小，可装 5~11 个光面橡胶轮，这些橡胶轮通常具有改变轮胎压力的性能。其工作质量一般为 12~26 吨。轮胎压路机可用来进行接线处的预压、弯道预压、消除裂纹及薄摊铺层的压实作业	
（3）振动压路机分为自行式单轮振动压路机、串联振动压路机及组合式振动压路机等	

b. 压实作业。首先，压实程序。沥青混合料的压实应按初压、复压、终压（包括成型）三个阶段进行。压路机应以慢而均匀的速度碾压，其碾压速度应符合表 2-4 的要求。

表 2—4 压路机碾压速度

压路机类型	初压		复压		终压	
	适宜	最大	适宜	最大	适宜	最大
钢筒式压路机	1.5~2	3	2.5~3.5	5	2.5~3.5	5
轮胎压路机			3.5~4.5	8	4~6	8
振动压路机	1.5~2(静压)	5（静压）	4~5（振动）	4~5（振动）	2~3（静压）	5（静压）

初压。初压的目的是整平和稳定混合料，为复压创造有利条件，是压实的基础。初压应在混合料摊铺后在较高温度下进行，并不得产生推移、开裂，压实温度可根据沥青稠度、压路机类型、气温、铺筑层厚度、混合料类型经试铺试压确定，一般为 110~130℃（煤沥青混合料不高于 90℃）。应采用轻型钢筒式压路机或关闭振动装置的振动压路机碾压两遍，其线压力不宜小于 350N/cm。压路机应从外侧向中心碾压。相邻碾压带应重叠 1/3~1/2 轮宽，最后碾压路中心部分，压完全幅为一遍，当边缘有挡板、路线石、路肩等支挡时，应紧靠支挡碾压。当边缘无支挡时，可用耙子将边缘的混合料稍稍耙高，然后将压路机的外轮伸出边缘 10cm 以上碾压，也可在边缘先空出宽 30~40cm，待压完第一遍后，将压路机大部分重力位于已压实过的混合料面上再压边缘，以减少向外推移。

复压。复压的目的是使混合料密实、稳定、成型，混合料的密实程度取决于这一道工序，因此必须与初压紧密衔接。复压时混合料的温度一般为 90~110℃（煤沥青混合料不低于 70℃）。复压宜采用重型的轮胎压路机，也可采用振动压路机或钢筒式压路机。碾压遍数不少于 4~6 遍，达到要求的压实度，并无显著轮迹。

终压。终压的目的是消除轮迹，最后形成平整的压实面，终压应紧跟在复压后进行，其混合料的温度宜为70~90℃（煤沥青混合料不低于50℃）。终压可选用6~8吨的双轮钢筒式压路机或6~8吨关闭振动装置的振动压路机碾压，压实遍数为2~4遍，并无轮迹。

c. 碾压注意事项，见表2–5。

表2—5 碾压注意事项

序号	内容
1	压路机的碾压段长度以与摊铺速度平衡为原则来选定，并保持大体稳定。压路机每次应由两端折回的位置阶梯形地随摊铺机向前推进，使折回处不在同一横断面上。在摊铺机连续摊铺的过程中，压路机不得随意停顿，以保持正常的碾压温度范围
2	压路机作业中，在平缓路段，驱动轮靠近摊铺机，可减少波纹或热裂缝（单轮驱动压路机）。当压路机碾压过程中有沥青混合料粘轮现象时，可向碾压轮洒少量水或加洗衣粉的水，严禁洒柴油
3	压路机每碾压一遍的末尾，若能稍微转向，就可将摊铺机后面的压痕减至最小。压路机不得在未碾压成塑并冷却的路段上转向、掉头或停车等候。振动压路机在已成型的路面上行驶时应关闭振动装置
4	对压路机无法压实的桥梁、挡墙等构造物接头、拐弯死角、加宽部分及某些路边缘等局部地区，应采用振动夯板压实。对雨水井与各种检查井的边缘还应用人工夯锤、热烙铁补充压实
5	在当天碾压的尚未冷却的沥青混合料上，不得停放任何机械设备或车辆，不得撒落矿料、油料等杂物。路面冷却后（低于50℃）才能开放交通。如需提早开放交通时，可洒水冷却降低混合料温度

d. 特殊部位的碾压处理。

首先，接缝处的碾压。横向接缝的碾压应先用双轮或三轮钢筒式压路机进行横向碾压，碾压带的外侧应放置供压路机行驶的垫木。碾压时，压路机应位于已压实的混合料层上，碾压新铺层的宽度为15cm。然后，每压一遍向新铺混合料移动15~20cm，直至全部压在新铺层上为止，再改为纵向碾压。当相邻摊铺层已经成型，同时又有纵缝时，可先用钢筒式压路机沿纵缝碾压一遍，其碾压宽度为15~20cm，然后再沿横缝做横向碾压，最后进行正常的纵向碾压。

其次，特殊路段的碾压。特殊路段的碾压是指弯道、交叉口、路边、陡坡等处的压实作业，见表2–6。

表2—6 特殊路段的碾压

路段类型	压实作业
弯道、交叉口的碾压	应选用铰接转向式压路机作业，先从弯道内侧或弯道较低一边开始碾压（以利于形成支承边）。对急弯应尽可能采取直线式碾压（即缺角式碾压），并逐一转换压道，对缺角处用小型机具压实。压实中应注意，转向同速度要相吻合，尽可能用振动碾压，以减少剪切力
路边碾压	压路机在没有支承边的厚层上碾压时，可在离边缘30~40cm（较薄层时，预留20cm）处开始碾压作业。这样就能在路边压实前形成一条支承侧面，以减少沥青混合料碾压时铺层塌边。在以后碾压留下的未压部分时，压路机每次只能向自由边缘方向推进10cm
陡坡碾压	在陡坡碾压时，压路机的很大部分作用力将作用于下坡方向，因而增加了混合料顺坡下移的趋势。为了抵消这种趋势，除了下承层表面必须清洁、干燥、喷洒黏层沥青外，压实时应注意，先采用轻型压路机预压（轮胎压路机不宜用作预压）。无论是上坡还是下坡，压路机的从动轮始终朝着摊铺方向，即从动轮在前，驱动轮在后（与一般路段碾压时相反）。这样从动轮起到了预压作用，从而使沥青混合料能够承受驱动轮所产生的剪切力。如果采用振动压路机，则应先静碾，待混合料达到稳定后，方可采用低振幅的振动碾压

e. 压实质量控制与检测。提高压实质量的措施，见表 2–7。

表 2—7 提高压实质量的措施

影响压实质量的因素	具体措施
碾压温度	碾压温度的高低，直接影响沥青混合料的压实质量。混合料温度较高时，用较少的碾压遍数，可获得较高的密实度和较好的压实效果；而温度较低时，碾压工作变得较为困难，且易产生很难消除的轮迹，造成路面不平整。因此，在实际施工中，要求在摊铺完毕后及时进行碾压。一般来说，沥青混合料的最佳压实温度为 110~120℃（国外也有人认为最佳碾压温度为 120~150℃，这主要与沥青材料性能及压实设备有关），最高不超过 160℃。所谓碾压最佳温度是指在材料允许的温度范围内，沥青混合料能够支承压路机而不产生水平推移，且压实阻力较小的温度。 若碾压时混合料温度过高，会引起压路机两旁混合料隆起、碾轮后的摊铺层出现裂纹，碾轮上粘起沥青混合料（尽管用水喷洒）以及前轮推料等问题。而碾压温度过低（50℃ ~70℃）时，由于混合料的黏性增大，导致压实无效或起副作用。 压实质量与压实温度有直接关系，而摊铺后混合料温度是在不断变化的，特别是摊铺后 4~15 分钟内，温度损失最大（1~5℃ /min），因此必须掌握好有效压实时间，适时碾压，有效压实时间的长短与混合料的冷却速度、压实厚度等因素有密切关系。影响冷却速度的因素有气温、湿度、风力和下承层的温度等。气温低、湿度大、风力大以及下承层温度低等情况，都会使有效压实时间缩短，并增加碾压困难
选择合理的压实速度与遍数	合理的压实速度，对减少碾压时间，提高作业效率有着十分重要的意义。在施工中，保持适当的恒定碾压速度是非常必要的。一般来说，碾压速度控制在 2~4km/h，轮胎压路机可适当提高，但不超过 5km/h。速度过低会使摊铺与压实工序间断，影响压实质量，从而可能需要增加压实遍数来提高压实度；碾压速度过快，则会产生推移、横向裂纹等
选择合理的振频和振幅	目前，越来越多的振动压路机被用来碾压沥青混合料，为了获得最佳的碾压效果，合理地选择振频和振幅是非常重要的。 振频主要影响沥青面层的表面压实质量。振动压路机的振频比沥青混合料的固有频率高一些，可获得较好的压实效果。试验表明，对于沥青混合料的碾压，其振频多在 42~50Hz 的范围内选择。振幅主要影响沥青混合料的压实深度。当碾压层较薄时，宜选用高振频、低振幅；而碾压层较厚时，则可在较低的振频下，选取较大的振幅，以达到压实的目的

f. 压实质量的检测。厚度和压实度一般可通过钻取芯样的办法来检测。核子密度仪目前是一种辅助检测手段，国内许多施工单位使用后认为，该仪器的测量准确性还值得进一步探讨。有时也在工地通过钻取芯样检测沥青混合料的级配及沥青用量等。

第二节 桥梁基础与桥梁墩台施工技术

一、桥梁基础施工技术

（一）明挖扩大基础施工技术

1. 基础定位放样

基坑是为建筑基础所开挖的临时性坑井。基坑是一种临时性工程，它可以提供一个能按照设计指定位置进行基础砌筑作业的空间。

基坑开挖前，首先应进行基础的定位放样工作，以便将设计图上的基础位置准确地设置到桥址上。定位放样工作应根据桥梁中心线与墩台的纵横轴线，确定基础边线的定位点，再放线得到基坑的开挖范围。

2. 陆地基坑开挖

陆地基坑开挖时，基坑大小应满足基础施工要求。渗水土质的基坑坑底开挖尺寸需按基坑排水设计和基础模板设计而定，一般基底尺寸应比设计平面尺寸各边增宽0.5~1.0m。基坑开挖可采用垂直开挖、放坡开挖、支撑加固或其他加固的开挖方法，根据地质条件、基坑深度、施工期限、经验以及有无地表水或地下水等现场因素综合确定开挖方法。

（1）坑壁不加支撑的基坑。在以下场所进行基坑施工时，可考虑选用坑壁不加支撑的基坑：干涸无水的河滩、河沟；筑堤能排除地表水的河沟；地下水位低于基底，或渗透量少、不影响坑壁稳定以及基础埋置不深、施工期较短、挖基坑时不影响邻近建筑物安全的施工场所。

无水基坑的施工方法：对于一般小桥涵的基础，由于基坑工程量不大，可采用人力施工法；对于大、中桥基础工程，由于基坑通常较深，且基坑平面尺寸较大、挖方量多，可采用机械或半机械施工法。

（2）坑壁有支撑的基坑。当基坑壁坡不稳定并有地下水渗入，或放坡开挖场地受到限制，或基坑较深、放坡开挖工程数量较大，不符合技术经济要求时，可视具体情况，采取适宜的坑壁加固措施，如挡板支撑、钢木结合支撑、混凝土护壁、锚杆支护等。

坑壁有支撑的施工，按土质情况不同，可一次开挖完成或分段开挖，但每次开挖深度不宜超过2m。

3. 水中基础的基坑开挖

桥梁墩台基础大多位于地表水位以下，且水流较大，围堰法是桥梁水中基础最常用的施工方法。

围堰的作用主要是防水和围水，有时还起着支撑施工平台和基坑坑壁的作用。围堰的结构形式和材料要根据水深、流速、地质情况、基础形式以及通航要求等条件进行选择。围堰必须满足以下要求。

（1）围堰施工一般应安排在枯水期进行。

（2）围堰顶高宜高出施工期间最高水位 70cm 以上，最低应不小于 50cm，用于防御地下水的围堰宜高出水位或地面 20~40cm。

（3）围堰外形应适应水流排泄，不应过多压缩水流断面，以免壅水过高危害围堰安全，以及影响通航、导流等，围堰内形应适应基础施工的要求，并留有适当的工作面积。堰身断面尺寸应保证有足够的强度和稳定性，不致发生破裂、滑动或倾覆现象。

（4）围堰要求防水严密，应尽量采取措施防止或减少渗漏，以减轻排水工作，同时应有措施防护水流对围堰外围边坡的冲刷以及筑围堰后引起的河床冲刷。

常用的围堰类型及适用条件见表 2–8。

表 2—8 围堰的类型及适用条件

围堰类型		适用条件
土石堰	土堰	适用于水深＜ 2m，流速≤ 0.5m/s，河床浅滩；如外坡有防护措施时，可不限于小于 0.5m/s 的流速
	草（麻）袋取	适用于水深 3~5m，流速 1.0~2.0m/s，河床不透水
	木桩竹条堰	适用于水深 1.5~7m，流速≤ 2.0m/s，能打桩、不透水河床，盛产竹木地区
	竹篱堰	适用于水深 1.5~7m，流速≤ 2.0m/s，能打桩、不透水河床，盛产竹木地区
	竹笼堰	适用于范围较广，盛产竹木地区
	堆石土堰	适用于河床不透水，多岩石的河谷，水流速度 3m/s 以内
木堰	木板堰	适用于水深 2m，流速≤ 2.0m/s，较坚实土质河床，盛产木材地区
	木笼堰	适用于深水、急流，或有流水、深谷、险滩，河床坚硬平坦无覆盖层，盛产木材地区
套箱	木（钢）套箱	适用于深水，流速≤ 2.0m/s，无覆盖层，平坦的岩石河床
	钢丝网混凝土套箱	适用于深水，流速≤ 2.0m/s，无覆盖层，平坦的岩石河床
板桩围堰	木板桩围堰	单层木板桩适用于水深 2~4m，能打下木板桩的土质河床；双层木板桩中填亚黏土墙，适用于水深 4~6m
	钢板桩围堰	适用于水深或深基坑，较坚硬的土石河床，防水性能好，整体刚度较强
	钢筋混凝土板桩围堰	适用于深水或深基坑，各种土质河床，可作为基础结构的一部分，也有采用拔除周转使用的，能节省大量木材

4. 基坑排水

基坑的坑底通常位于地下水位以下，地下水会经常渗进坑内。为便于施工，必须设法排除基坑内的水。基坑排水可采用以下排水方法。

（1）集水坑排水法：适用范围较广，除严重流砂外，一般情况均可适用。

（2）井点排水法：若基坑土质不好，地下水位较高，或用集水坑排水有流砂涌泥现象产生时，可采用井点排水法，用以降低地下水位。

（3）板桩法、沉井法：适用于较深或土质渗透性较大的基坑。

（4）帷幕法：用冻结法、硅化法、水泥灌浆法、沥青灌浆法等将基坑周围的土处理成封闭不透水的帷幕。

5. 基底检验与处理

（1）基底检验。

基坑已挖至基底设计高程或已按设计要求加固处理完毕后，需经过基底检验方能进行基础圬工施工。施工负责人应提前通知检验人员，及时进行基底检验，以免因等候检验使基底显露时间过久而风化变质。

a. 检验内容。

第一，检查基坑的平面位置、坑底尺寸、高程是否符合设计要求，偏差值是否在规范允许范围内。

第二，检查基坑地面土质及其均匀性、稳定性，坑壁坡面是否平顺稳定，有无排水措施，容许承载力能否满足设计要求。

第三，检查挖基和地基加固、处理过程中的有关施工记录和试验等资料。

第四，检查基底地基经加固、处理后的效果是否达到设计要求。

b. 检验方法。

第一，小桥和涵洞基底的地基检验：包括直观法、触探器法、物理试验、载荷试验等。

第二，大、中桥和填土高 12m 以上涵洞基底的地基检验：包括直观法、触探法、挖试坑或钻探试验等方法测定土的容许承载力，确认符合设计要求后，即可进行基础施工。

（2）基底处理。天然地基上的基础靠基底土壤来承担荷载，故基底土壤状态的好坏，对基础、墩台及上部结构有极大影响。因此，不能仅仅检查土壤容许承载力的大小，还应采取合理的措施，为土壤更有效地承担荷载创造条件，进行基底处理工作。基底处理方法视基底土质而异，表 2–9 汇总了一般的处理方法。

表 2—9 基底处理方法汇总

基底地质	处理办法
岩层	1. 未风化的岩层基底，应清除岩面碎石、石块、苔藓等 2. 风化的岩层基底，开挖基坑尺寸要少留或不留富余量，灌注基础施工时，同时将坑底填满，封闭岩层 3. 岩层倾斜时，应将岩面凿平或凿成台阶，使承载面与重力线垂直，以免滑动 4. 砌筑前，岩层表面用水冲洗干净
碎石及砂类土壤	承重面应修理平整夯实，砌筑前铺一层 2cm 厚的浓稠水泥砂浆

续表

基底地质	处理办法
黏土层	1. 铲平坑底时，不能扰动土壤天然结构，不得用土回填 2. 必要时，加砌一层 10cm 厚的夯填碎石，碎石面不得高出基底设计标高 3. 基坑挖完处理后，应在最短期间砌筑基础，防止暴露过久变质
湿陷性黄土	1. 基底必须有防水措施 2. 根据土质条件，使用重锤夯实、挤密桩等措施进行加固，改善土层性质 3. 基础回填不得使用砂、砾石等透水土壤，应用原土加夯封闭
软土层	1. 基底软土小于 2m 时，可将软土层全部挖除，换以中、粗砂、砾石等力学性质较好的填料，分层夯实 2. 软土层深度较大时，应布置砂桩（或砂井）穿过软土层，上层铺砂垫层
冻土层	1. 冻土基础开挖宜用天然或人工冻结法施工，并应保持基底冻层不融化 2. 基底设计标高以下，铺设一层 10~30cm 粗砂或 10cm 的贫混凝土垫层作为隔热层
溶洞	1. 暴露的溶洞应用浆砌片石、混凝土填充，或填砂、砾石后，压水泥浆充实回固 2. 检查有无隐蔽溶洞，在一定深度内钻孔检查 3. 有较深的溶沟时，也可用钢筋混凝土盖板或梁跨越，也可改变跨径避开
泉眼	1. 插入钢宵或做木井，引出泉水使与圬工隔离，以后用水下混凝土填实 2. 在坑底凿成暗沟，上放盖板，将水引出至基础以外的汇水井中抽出，圬工硬化后，停止抽水

软土及软弱地基是沉积的软弱饱和黏土层，沉降量大，进行处理时，可根据软土层的厚度及其物理力学性质、承载力大小、施工期限、施工机具和材料供应等因素，采取换填土、砂砾垫层、袋装砂井、排水塑料板桩、生石灰桩、真空预压及粉体喷射搅拌法等处理方法，可获得良好效果。

6. 基础施工

明挖基坑中，有的基坑渗漏很小，易于排水进行基础施工；有的渗漏严重，不易将水排干。为了便于施工及保证施工质量，浇砌基础时应尽可能使基底处于干的状态。基础施工用料应在挖基完成前准备，以保证能够及时浇砌基础，避免基底土质变差。通常，基础施工可分为无水砌筑、排水砌筑及水下灌注三种。

排水砌筑施工时，需要注意四个方面：第一，确保在无水状态下砌筑圬工；第二，禁止带水作业及用混凝土将水赶出模板外的灌注方法；第三，基础边缘部分应严密隔水；第四，必须待水泥浆或混凝土终凝后，水下部分圬工才允许浸水。

一般只有在排水困难时，基础施工才采用水下灌注混凝土。基础圬工的水下灌注分为水下封底和水下直接灌注两种。前者封底后仍要排水再砌筑基础，封底只是起封闭渗水的作用，其混凝土只作为地基而不作为基础本身，适用于板桩围堰开挖的基坑。

浇筑基础时，应做好与台身、墩身的接缝联结，一般有如下要求。

（1）混凝土基础与混凝土台身、墩身的接缝周边应预埋直径不小于 16mm 的钢筋或其他铁件，埋入与露出的长度不应小于钢筋直径的 30 倍，间距不大于钢筋直径的 20 倍。

（2）混凝土或浆砌片石基础与浆砌片石墩台身的接缝，片石厚度不应小于 15cm，片石的强度要求不低于基础或台身、墩身混凝土或砌体的强度。

施工后的基础平面尺寸，其前后、左右边缘与设计尺寸的容许误差不大于 ±50mm。

（二）钢筋混凝土预制桩技术

1. 预制

长度 10m 以下的桩在预制厂制作，较长桩在施工现场附近露天预制。预制场地应保持地面平整、夯实，并防止浸水沉陷。

预制桩混凝土浇筑工作应由桩顶向桩尖连续浇筑，严禁中断，制作完成后，应洒水养护不少于 7 天。上层桩必须在下层桩的混凝土达到设计强度等级的 30% 以后，方可进行浇筑。

预制桩主筋上端应伸至最上一层钢筋网之下，连成“┌┐”形，宜采用对焊。

混凝土预制桩的截面边长不应小于 200mm，混凝土强度等级不宜低于 C30，纵向钢筋的混凝土保护层厚度不宜小于 30mm。

预制桩的桩身配筋应按吊运、打桩及桩在使用中的受力等条件计算确定。采用锤击法沉桩时，预制桩的最小配筋率不宜小于 0.8%。静压法沉桩时，最小配筋率不宜小于 0.6%，主筋直径不宜小于 14mm，打入桩顶以下 4~5 倍桩身直径长度范围内箍筋应加密，并设置钢筋网片。

预制桩的分节长度应根据施工条件及运输条件确定，每根桩的接头数量不宜超过 3 个。

预制桩的桩尖可将主筋合拢焊在桩尖辅助钢筋上，当持力层为密实砂和碎石类土时，宜在桩尖处包以钢板桩靴，加强桩尖。

预制桩制作质量规定：桩的表面应平整、密实，掉角深度小于 10mm，且局部蜂窝和掉角的缺损总面积不得超过该桩表面全部面积的 0.5%，同时不得过分集中；由于混凝土收缩产生的裂缝深度应小于 20mm，宽度应小于 0.25mm；横向裂缝长度不得超过边长的一半；制作完成的预制桩应在每根桩上标明编号及制作日期，如设计不埋设吊环，则应标明绑扎点位置。

2. 起吊

吊运时，应根据吊点布置位置，经验算合格后才起吊。预制混凝土桩吊点一般不设吊环，起吊前应标出吊点位置，用钢丝绳捆绑。捆绑处应加麻布、木块衬垫保护，以防损坏桩的表面和棱角。吊点的位置偏差不应超过设计位置 20mm。吊桩时要使各吊点同时受力，徐徐起落，避免震动损坏桩身。使用起重机或浮吊起吊时，应使桩纵轴线夹角不小于 45°。

桩的吊点位置一般多采用两个吊点，较长的桩可采用三个吊点和四个吊点，沉桩吊立时一般多采用一个吊点。各种吊点的位置根据吊运、吊立过程中产生的最大正负弯矩绝对值相等的条件确定。由于各种桩的体形不一样，其吊点的位置有时要做相应的变更。小于等于三个吊点时，按正负弯矩相等的原则确定；多于三个吊点时按反力相等的原则确定。

3. 运输

在预制桩的搬运过程中，应使支承点与吊点位置相一致，偏差不得大于 20mm。若支撑点位置相差较大时，应检验预制桩的应力。运输过程中应保证预制桩捆载牢固，使各支点同时受力。

可采用平板拖车或前后托架拖车进行预制桩的搬运。若杂用前后托架拖车搬运，需在前托架拖车上加设活动转盘。

在山区用汽车装运桩时，为避免爬坡路段出现预制桩向后滑脱的情况，可用型钢制成后兜托板，并用钢丝绳与前托架捆牢。

驳船装桩时，应按沉桩顺序分层装驳，垫平放稳。堆放形式应能使驳船在装卸桩时保持船身稳定。

在冰面上运桩时，可以用卷扬机或拖拉机直接拖拉。

4. 堆放

堆放预制桩的场地应靠近沉桩地点。场地应平整坚实，做好必要的防水措施，防止湿陷和不均匀沉陷。

应考虑不同类型和尺寸桩的先后使用顺序分别堆放。堆放支点位置与吊点相同，偏差不得超过 20mm。当桩需长期堆放时，为避免桩身翘曲，可采用多个支点。各支点垫木应均匀放置，且垫木顶面应在同一水平面上。采用多层堆放方式时，各层垫木应位于同一垂直面上。

混凝土管桩的堆放：对于直径 400mm 的混凝土管桩最高可堆放 6 层，直径 550mm 的混凝土管桩不宜超过 4 层。钢管桩的堆放：直径 900mm 最多堆放 3 层；直径 600mm 的最多堆放 4 层；直径 400mm 的最多堆放 5 层；H 型钢桩最多堆放 6 层。

5. 沉桩

（1）桩位放样及控制。

在旱地施工时，应先定出桩基的中线，再在边排桩位以外的适当距离处钉立木桩，设置纵横两方向的定位板，在定位板上定出桩位的坐标。施工时按坐标拉线，确定桩位。在基坑内沉桩时，可将定位板设在围堰或基坑支撑上。在浅水中沉桩时，定位板可设在脚手桩上。在深水中沉桩，水深大于 4m 时，如采用向导框架控制桩位，框架的桩位空间应较桩径大 2~3cm，钢制框架可大 10~15cm，用木夹箍调整。放样时可用经纬仪交汇出上游的一排迎水桩，再以迎水桩为基准，用大型角尺测定其他桩位。在夜间深水区沉桩时，可采用激光经纬仪定位。激光定位法是由陆上两台氦氖激光经纬仪计算角度，发射出两束激光，交汇在沉桩船的光电接收靶，通过机械扫描，光电转换，电子放大在荧光屏上，显示出两个相应的光点位置。根据光点位置移动船位至两束激光的交点上来确定桩位（平面控制角度）。

放桩位时应详细复核防止差错，特别是对迎水桩和与桥中心线不对称的桩群。施工桩位的轴线位置与设计轴线的偏差，纵行和横行的轴线不应超过2cm；单桩轴线不应超过1cm。

（2）沉桩顺序。

沉桩顺序是一个很重要的问题，因为对于一个基础沉入较多的桩，会把基底以下的土挤密或隆起，对于初始相对密度很低的非黏性土一般要下沉。例如，采用从基础四周向内沉桩的办法，则越往中间沉，基底以下的土就挤得越密，受荷载后势必会使基础产生不均匀的沉降，因此必须慎重考虑沉桩的顺序。

（3）吊插桩。

以桩架沉桩时，应在沉完一根桩后再吊插另一根桩；在围堰内沉桩时，可利用吊机吊桩；有导向框架时，也可以连续吊插若干根桩或插好全部桩后，再逐根下沉。

在松软土中插桩时，桩位容易向前移动，应将桩向后移一些插入；在斜坡上插桩，如斜桩与斜坡为同一方向时，应将桩向坡上方移动一些。

在群桩基础中，先沉入的桩已将土挤密，继续插桩时，桩位应略移向已沉好的桩。

在深水急流中插桩时，应考虑水流及浮力作用，宜向迎水方向移动一些，必要时可在上游加设临时挡流设施，或用导向框架插桩。

应根据试桩情况考虑插桩时桩位移动距离的大小。

插好桩后，应立即将桩头用锤压住，检查锤、桩帽和桩的中心是否一致、桩位有无移动，并检查桩的垂直度或倾斜度是否符合规定。

（4）锤击沉桩。

a. 锤击混凝土桩的施工。

第一，施工要点。沉桩前应检查桩架、桩锤、动力机械、射水管路以及电缆等主要设备。用柴油锤沉直桩前，应将桩架导杆调成垂直。在第一节桩入土3m时应停锤复核桩架导杆的垂直度，如发现问题必须校正后方可继续沉桩。用单动汽锤沉桩，初期必须严格控制锤的动能，保证桩能均匀下沉。沉斜桩时，桩架应符合斜桩的坡度。插好桩将锤压于桩上复测一次，保证每米偏斜误差≤3mm则必须校正。刚开锤时，坠锤或单动汽锤的落锤高度不宜超过0.5m；双动汽锤应降低气压，减少每分钟的锤击数；柴油锤应控制供油量。以后视桩的情况逐渐加大冲击动能，直至桩的入土深度和贯入度都符合设计要求为止。

第二，接桩注意的问题。若桩架高度、起吊设备能力和桩的结构强度等条件都许可，可在现场将桩节预先连接好，一次起吊和下沉，在预先连接混凝土桩时，两节桩必须成一直线。就地接桩宜在下节桩顶露出地面或水面以上至少 1m 时进行，并要求两节桩的中轴线必须符合。若已沉入第一节桩，直桩的垂直度或斜桩的斜度超过设计规定的 1% 时，不得接桩。应将第一节桩拔出重新下沉，符合规定后再接桩。凡用法兰盘接桩时应上足螺栓并拧紧，经锤击数次后将螺栓再拧紧一遍，然后点焊或将丝扣凿毛固定，最后涂刷沥青清漆，并在法兰盘的空隙处全部填满沥青砂防腐蚀。凡用钢套筒接桩的桩，必须将桩头弄净、整平后进行焊接。

第三，沉桩复打。对发生“假极限”“吸入”、上浮、下沉现象的桩以及射水沉桩都要进行复打。“假极限”是桩在饱和的细、中、粗砂中连续锤击下沉时，使流动的砂紧密夹实于桩的周围，妨碍土中水分沿桩上升，在桩尖下形成水压很大的“水垫”，使桩产生暂时的极大贯入阻力，休止一定时间后阻力降低。“吸入”是桩在黏性土中连续锤击时，由于土的摩擦力大大减小，在休止一定时间后，桩周围水消失，而桩周土摩擦力恢复增大。桩的上浮、下沉会影响土对桩的阻力。射水沉桩由于射水的冲刷，使桩周围土的摩擦力减小。因此，上述几种情况，在休止一定时间后均需要进行复打。休止时间按土质不同而异，可由试验确定。

第四，锤击沉桩发生损坏的探查方法。锤击时混凝土桩突然出现急剧下沉、桩身倾斜时，可能发生桩身折断、接头破裂或桩尖劈裂等损坏，此时可采用测桩法（无破损检验法）检验，对于混凝土管桩也可采用灌水探查、圆桶探查、铁钩探查、电钳探查、照明探查等方法。

第五，锤击时桩发生损坏的补救方法。河床以上部分混凝土桩发生桩身露筋，混凝土发生剥落、产生较多裂纹时，如为混凝土管桩，应根据桩的破损情况，用薄钢板制成拼装式的套筒，用吊具将套筒套入桩顶，顺桩身落在河床上。

河床以下混凝土管桩断裂时，如仅是桩壁的混凝土破损，钢筋未变形，可在管内灌注水下混凝土直至桩的顶部。如有少量钢筋弯曲，可用通桩器逐次将钢筋冲直，加设钢筋骨架或钢轨后填充混凝土。钢筋骨架或钢轨必须伸出破损部分以上和以下各 1.0~1.5m。

混凝土管桩的桩头靠近法兰盘部分产生裂纹或稍有剥落时，可采用在桩顶法兰盘下加钢夹箍、钢抱箍或以钢丝缠绕桩头的补救方法。

桩身破损部分在截除桩头以下约 1m 时，可将自破损处以上的桩身混凝土全部凿除，主筋保留并弄直。然后，在该处浇筑不低于桩身混凝土强度的混凝土块，混凝土块的尺寸按桩身尺寸可适当增大些，其中心轴线必须与原桩中心轴线相一致。混凝土块顶部应伸入承台地面以上 20cm，其底部应在桩凿除线以下 20cm，即可按完整桩使用。

经加固处理后的基桩，应进行静载试验。经试验合格后方可使用，如不合格，或发现有断桩现象，应拔出重沉新桩，通常可使用双动汽锤、振动锤、拔桩汽锤及滑车组拔除坏桩；如桩入土深度已超过设计深度的 60%~70% 时，对于混凝土管桩，确定钢筋混凝土填心后能在质量上有所保证时，仍可按好桩使用，但一般情况下，断桩率不应超过基桩总数的 2%；若修复工序过多，或限于工期和其他原因，可放弃坏桩另补新桩。

第六，混凝土管桩填心。在混凝土管桩填心前，应先进行桩内清孔、探查后再实施填充。

管桩内清孔方法包括：活底吸泥筒清孔、吸泥机清孔、射水清孔。

管桩内填充方法包括：填充透水性土、填充混凝土。

b. 锤底沉管桩的施工。

第一，锤底沉管桩的施工方法。由薄钢管卷制的钢管、平板桩靴和半干硬性混凝土桩塞组成的锤底沉管桩是用管内落锤冲击混凝土桩塞，使其下沉至设计标高。

锤击沉桩开始前，将半干硬性混凝土倒入管底形成桩塞。桩塞压实后的高度不得小于钢管管径的 2.5 倍。在锤击过程中，落锤沿钢管内壁上下自由运动。锤的形状为圆柱形，直径不宜过小，否则在沉桩过程中会使桩产生移位。

第二，锤底沉管桩的水上施工，见表 2–10。

表 2—10 锤底沉管桩的水上施工

项目	具体方法
水上沉桩平台的设置	一般可采用长 × 宽 × 高 =6m × 3m × 2m 的钢浮箱。平台四角设 4 台手动卷扬机，通过牵动锚固定于河岸（或河床）的 4 根钢丝索来固定和移动平台位置。平台上设 1 台打桩机，能在轨道上前后移动，焊在平台上的 1 对三脚架可用作桩架。打桩机两侧码放待沉的钢管，平台尾部堆放砂石水泥及配重砂袋等。此外，还配有 1 台电焊机和 1 套氧割装置，1 台测量仪器用于确定桩位、检查桩的贯入度等。桩靴应在岸上或平台上与钢管焊接好，并加焊 4 根直径 20mm 短钢筋，以增强管身与桩靴的连接
立桩	可通过松紧平台四角卷扬机的 4 根钢丝束来调整桩位。打桩机上的扣环和安装在浮箱上的三脚架是支承钢管的支点，打桩机的小范围移动和转动，可使桩支承位置发生变化，从而可对钢管的垂直度和位置作微量的调整。桩位可由架设在岸上的测量仪器监控，桩身可用木工的水平尺检查。由于管壁较薄，在搬运和起吊过程中需防止碰撞
桩塞制作	钢管就位后，把拌好的半干硬性混凝土倒入钢管内制成桩塞，然后开始沉桩工作。桩塞混凝土的配合比一般可采用水泥：砂：碎石 =1 ： 2 ： 4（体积比），W/C ≤ 0.25，碎石的最大粒径不超过 25mm。在长时间锤击或混凝土集料不很坚硬的情况下，桩塞会被打散失效。如果制好后 1 小时以内不能完成沉桩工作时，必须添加一些新鲜的半干硬性混凝土补充桩塞，其添加量应能使桩塞的压实高度增高约相当于钢管管径的高度
锤底沉桩	开始沉桩时，由于半干硬性混凝土尚处于松散状态未与钢管形成整体，必须先轻击若干锤后使桩塞初步压实
桩的接长或割断	钢管的接长用电焊方法来完成。钢管的切割采用气割（无特殊要求时）
检查	在沉桩过程中和沉桩完成后，将电灯吊入钢管内，检查钢管内部和底部的各项细节

第三，锤底沉桩的主要优点。施工简单，经济效果好。钢管本身起落锤导向架的作用，不需要专设桩架，一般只需要设简单的支架。与普通的锤击沉入钢管相比，因为这种桩

在沉桩过程中自身仅承受拉力，故更能充分发挥钢材的材料特性。锤击时除空气阻力稍大外，锤击能量损失不大，也不会在桩头发生破裂情况。因此，锤底沉管桩的钢管管壁可以很薄，落锤的重量也可以轻些。钢管重量轻、吊运方便、桩的接长和割断工艺较简单。

施工噪声小。锤底沉管桩的锤击点是在钢管内，且多半是在地面以下，与普通的沉桩相比，施工噪声大大降低。

适用范围广。锤底沉管桩几乎适用于所有适于锤击沉桩的地方，特别是施工场地狭小、空间受限制的地方。沉斜桩的施工工艺也同沉竖直桩一样简便，并有各种不同的管径满足不同荷载的要求。

一般桩身不需配筋，仅在桩顶埋设用于桩身与承台连接的钢筋。

便于检查。沉桩过程中或沉桩完成后用电灯吊入钢管内，即可做直观的检查。

（5）振动沉桩。

第一，施工方法。振动配合射水下沉混凝土管桩，吊装振动锤和桩帽（机座）与桩顶法兰盘连接牢固。沉桩开始时，可仅由桩的自重和射水下沉。在射水下沉缓慢或不下沉时，可开动振动锤并同时射水使其下沉。振动持续一段时间后，再行振动下沉。如此交替下沉，沉至接触高度时，拆去振动锤及输水管，先接长射水管再接桩，重新装上振动锤，然后继续沉桩。沉桩至距设计标高适当距离时，提高射水管，使射水嘴缩入桩内，停止射水，立即进行干振，将桩沉至设计标高。

每根桩的下沉应一气呵成，不可中途停顿或较长地间歇，以免桩周的土恢复，继续下沉困难。接桩、接输水管和停水干振的间歇时间也应力求缩短。振动锤与桩头法兰盘连接螺栓必须拧紧，不得有间隙或松动，否则振动不能充分向下传递，影响管桩下沉，接头也易振坏。

一个基础内的桩全部下沉完毕后，为了避免先沉入的桩周围土被邻近桩下沉射水破坏，影响其承载力，应将全部基桩再复振一次。

第二，施工要点。每次振动持续时间过短，则不能破坏土的结构；时间过长则易损坏振动锤部件。振动持续时间长短应根据不同机械和不同土质通过试验决定，一般不宜超过 10~15 分钟。使用射水时可以适当减少振动持续时间。

停振后的射水时间应适当控制，时间过短影响下沉，时间太长没有必要。其适当时间需根据已沉桩的下沉量与振动射水时间关系曲线进行比较得出。

当基底土层中含有大量卵石或碎石或破碎岩层，如采用高压射水振动沉桩尚难下沉时，可采用开口的桩靴，并在桩内用吸泥机配合吸泥，甚为有效。

第三，振动锤的优缺点。见表 2–11。

表 2—11 振动锤的优缺点

优点	缺点
（1）振动锤沉桩时与桩连接成整体，只需保持桩的方向，不需锤的导向设备 （2）在下沉钢筋混凝土管桩时，用振动沉桩比锤击沉桩所产生的冲击力小，同时对桩头的传力也较均匀，不易损坏桩头 （3）下沉斜度不大的斜桩，几乎和下沉直桩一样方便，而沉桩效能并不降低。不存在锤与桩的中线不重合而发生偏心弯矩的可能 （4）下沉速度较快，尤其在砂性土中效果较显著 （5）振动锤体积较小，质量较轻，移动比其他桩锤方便，所需起吊设备较小 （6）振动锤击沉桩时噪声小	（1）振动时易使桩的连接螺栓松动 （2）必须有电力供应，在无电源地区，需要增加发电设备，增加了施工费用 （3）振动锤与桩帽的连接比较费时（尤其在高空作业时）

（6）射水沉桩。射水沉桩的射水多与锤击或振动相辅使用，在砂夹卵石层或硬土层中沉桩，一般应以射水为主、振动为辅。在砂黏土和黏土中沉桩，不宜采用射水，如必须使用时，应以锤击或振动为主、射水为辅，并应谨慎控制水压和水量。如果土层适宜且射水设备能力足够，也可单用射水。但不论采取何种施工方法，当桩尖接近设计标高时，应停止射水，单用锤击或振动下沉至设计深度。停止射水的标高应根据沉桩试验及施工情况决定，没有资料时，不得小于 2m。

射水沉桩的水压、水量和射水管的尺寸及其布置对沉桩效率有很大影响。水压小，冲不散土层；水量小，则带不走冲开的土。因此，在沉桩前需仔细研究水压和水量，并结合地质条件和锤的类型等，通过试桩来进行确定。

（7）静力压桩。静力压桩是以较小的静压力将桩沉入土中，从而获得较大桩承载力的沉桩工艺。静力压桩时的一般阻力只为桩极限承载力的 1/3，且施工时无噪声、无震动，可节约造价，提高质量。静压力桩适用于可塑黏性土，但不宜用于坚硬状态的黏土和中密以上的砂土。施工要点如下。

第一，用桩架吊桩时因压桩架底盘较宽，必须将桩运至底盘前然后吊起。小心吊桩，避免与桩架相撞。

第二，吊桩竖直后用撬棍将桩稳住并推至底盘插桩口缓慢落下，离地面 10cm 左右，再用几根撬棍协助拨位，对准桩位插桩。

第三，使用 2 台卷扬机同时启动放下压梁时，必须使其同步运行，确保压梁不偏斜。在压桩过程中，应始终保持压梁中轴线与桩帽、桩身中轴线在同一直线上。

第四，多节桩施工时，接桩面应距地面 1m 以上，以便操作。

第五，压桩沉入深度以设计标高或允许静压力值控制，或标高与静压力值同时控制的，故在压桩过程中，装在压梁柱的压力表必须正确反映每根桩的压力。

第六，压桩时，应尽量避免中途停歇，如必须要停歇时（按接桩、接送桩等），应尽量减少停歇时间，并考虑将桩尖停歇在软弱土层中，使再启动时减小阻力。

第七，施工过程中，应密切注视压桩力是否与桩轴线符合，压梁导轮和龙口的接触是否正常，有无卡住现象。一些机具要求“同步”运行，发生问题应及时调整。

第八，桩尖接近设计标高时，注意严格控制进程，不得过早或过迟停压。

（8）沉管灌注桩。沉管灌注桩是将底部套有预置的钢筋混凝土桩尖或装有活瓣桩尖的钢管，用锤击或振动下沉至要求的入土深度后，在钢管内安放钢筋笼、灌注混凝土、拔出钢管而形成的，它属于位移（排土）桩性质的桩。

沉管灌注桩的适用范围为一般黏性土、淤泥或淤泥质土、砂土及人工填土等土层，不宜用于标准贯入 N63.5、锤击数大于 12 击的砂土或 15 击的黏性土及碎石土。

沉管灌注桩是一种施工快速、经济效益高的桩型，其具有如下优点：易于调整桩长以适合桩尖承载地层的标高变化；因桩管底封闭，不受地下水的影响；桩内钢筋不以操作和锤击应力来决定，并可根据受力条件，配设不通长的钢筋骨架；可以辅用管内夯管冲压等方法形成桩底扩大的桩。但沉管灌注桩施工时需经试桩试验，制定防止缩颈、断桩等措施，确保工程质量。

（三）钻孔灌注桩技术

1. 护筒埋设

（1）护筒的作用。护筒在钻孔过程中的作用包括：固定桩位、引导钻头方向；保护孔口，防止地面石块掉入孔内；防止钻孔过程中的沉渣回流；保持孔内泥浆水位高于地下水或施工水位一定高度，形成静水压力，以防止孔壁坍塌。此外，护筒也是桩顶标高控制依据之一。

（2）护筒埋设的一般要求。

第一，护筒可用钢板或钢筋混凝土制作。

第二，护筒内径一般应比桩径稍大，一般大 200~400mm，可根据钻孔情况选用。

第三，护筒高度宜高出地面 0.3m 或水面 1.0~2.0m。

第四，当钻孔内有承压水时，应高于稳定后的承压水位 2.0m 以上。若承压水位不稳定或稳定后承压水位高出地下水位很多，应先做试桩，鉴定在此类地区采用灌注桩基的可行性。试桩结果报监理工程师批准后，方可采用钻孔灌注桩基。

第五，当处于潮水影响地区时，护筒高度应高于最高施工水位 1.5~2.0m，并应采取稳定护筒内水头的措施。

第六，护筒中心竖直线应与桩中心线重合，除设计另有规定外，一般平面允许误差为 50mm，竖直线倾斜不大于 1%；干处可实测定位；水域可依靠导向架定位。

第七，护筒埋置深度应根据图纸要求或桩位的水文地质情况确定，一般情况下埋置深度宜为 2~4m，特殊情况下应加深以保证钻孔和灌注混凝土的顺利进行。有冲刷影响的河床，应沉入局部冲刷线以下不小于 1.0m。

第八，在钻孔排淹、提钻头除土或因故停钻时，应保持孔内具有规定的水位和要求的泥浆相对密度和黏度。

第九，当设计为斜桩时，为保证开孔斜度准确，埋设的护筒应准确，长度不宜小于 3m。护筒直径只宜比钻锥直径大 20~30mm。护筒埋设的斜度宜稍大于设计斜度，应埋筑紧密。

第十，斜孔孔壁较易坍塌，故孔内水头、护壁泥浆相对密度、黏度等指标应比钻竖孔时稍大，可掺入适量添加剂以改善泥浆性能。

（3）护筒的种类。护筒为可重复使用的设备，故在构造上要求坚固耐用，便于安装、拆除，不漏水。根据所用材料，主要分为木护筒、钢筋混凝土护筒和钢护筒三种。必要时护筒顶部需设置护筒盖。

（4）护筒的埋设和沉入。护筒埋设工作是钻孔灌注桩施工的开始，护筒平面位置与竖直度准确与否，护筒周围和护筒地脚是否紧密、不透水，对成孔、成桩的质量都有重大影响。埋设时，护筒中心轴线应对正测量标定的桩位中心，其偏差不得大于 5cm，并应严格保持护筒的竖直位置。护筒埋设的具体方法有以下方面：第一，在旱地或岸滩埋设护筒；第二，在水深小于 3m 的浅水处埋设护筒；第三，在水深 3m 以上的深水河床沉入护筒。

2. 泥浆制备

（1）泥浆的作用。钻孔泥浆由水、黏土（或膨润土）和添加剂组成。在钻孔中，由于泥浆相对密度大于水的相对密度，故护筒内同样高的水头，泥浆的静水压力比水大。由于静水压力的作用，泥浆可作用在井孔壁形成一层泥皮，阻隔孔内外渗流，保护孔壁免于坍塌。

此外，泥浆还有浮悬钻渣的作用，使钻进正常进行。在冲击和正循环回转钻进中，悬浮钻渣的作用更为重要。人力或机动推钻、反循环回转、冲抓钻进中，泥浆主要起护壁作用，在较好的黏性土层中用以上方法钻进，还可用清水护壁而不必使用泥浆。

（2）泥浆的调制和使用技术要求。钻孔泥浆一般由水、黏土（或膨润土）和添加剂按适当配合比配制而成，其直径大于 2.5m 的大直径钻孔灌注桩对泥浆的要求较高，应根据钻孔的工程地质情况、孔位、钻机性能、泥浆材料条件等选择泥浆。在地质复杂、覆盖层较厚、护筒下沉不到岩层的情况下，宜使用丙烯酰胺类（PHP）泥浆，此泥浆的特点是低固相、高黏度、不分散。

（3）泥浆的制备。

第一，黏土的选择。选择黏土时应本着就地取材的原则，选择水化快、造浆能力强、黏度大的膨润土或接近地表经过冻融的黏土为好。

第二，高级泥浆（稳定液）的原料。在用正、反循环回转钻进直径大于1.2m、孔深大于30m的井孔，且地层松散易坍孔时，宜采用固壁和悬浮钻渣效能高的高级泥浆（稳定液）。高级泥浆的原料一般可采用以下材料：膨润土、羧甲基纤维素（CMC）、铁铬木质素磺酸盐（FCI）、硝基腐殖酸钠盐（煤碱剂）、碳酸钠、聚丙烯酰胺絮凝剂（PHP）、加重剂、锯木屑或稻草末等。以上各种掺加剂的用量，最好先做试配，试验其配合液的各项性能指标是否符合要求。各种掺加剂宜先制成小剂量溶剂，按循环周期均匀加入，并及时测定泥浆指标，防止掺加剂过量。

第三，泥浆的调制。制浆前，应先把黏土尽量打碎，以便易于成浆、缩短搅拌时间及提高泥浆质量。制浆有机械搅拌、人工搅拌和钻锥搅拌三种方法。

机械搅拌。泥浆搅拌机是一个两端封闭的圆鼓，内部装有焊着金属叶片的水平轴。搅拌时，先将定量的清水加入搅拌鼓，然后慢慢地加进要求质量的黏土，并开动机器搅拌。成浆后，打开出浆门出浆。

人工搅拌。人工搅拌是先将黏土加水放入制浆池内浸透，然后人工进行搅拌。

钻锥搅拌。冲击钻孔时，将黏土原料投入孔底，利用冲击锤上下冲击，搅拌成泥浆。在黏土地层中钻进，可先采用清水护壁，待陆续钻进时，孔内的清水与钻锥切削下来的黏土在钻锥回转或冲击搅动下，自然形成泥浆。但如黏土含砂多，则制成的泥浆质量不满足要求时，需要加以净化改进。若黏土层很厚，钻进过程中泥浆中的黏土含量将逐渐增加，需及时加水稀释泥浆，保持泥浆的各项性能指标。

（4）泥浆的循环和净化处理。用冲抓锥、冲击锥钻孔时泥浆并不是连续不断地流动。当钻进一个时期，检查试验出孔内泥浆性能不符合要求时，需根据不符情况采取不同的方法予以净化改善。

第一，重力沉淀法。重力沉淀法是将沉淀池中的沉渣用设在沉淀池上的抓斗龙门吊机清除。

第二，机械净化法。机械净化法是把孔内排出的混有钻渣的泥浆送到二级或三级高频振动泥浆筛上，首先把0.5mm以上的大颗粒筛出，通过皮带运输机装入汽车运走，混有0.5mm以下砂粒的泥浆用泥浆泵压入旋流除渣器，净化后返回井孔。旋流除渣器分离出来的砂粒再通过皮带运输机装入汽车运走。

第三，深水处泥浆的循环和净化。深水处泥浆的循环和净化可采用两种方法实现。一种方法是在岸上设黏土库、制浆池、沉淀池，制造或沉淀净化泥浆。另配备2~3只船，船上均设有储浆池和泥浆槽的储渣浆池，轮流补足净化泥浆和接受钻孔流出的含钻渣泥浆。此法的优点是使用的船只可较小，缺点是泥浆循环补换较麻烦。另一种方法是除黏土库和制浆池设在岸上外，其余泥浆槽、沉淀池、储浆池等均设在船上，用泥浆泵压送泥浆。储浆池和沉淀池隔开。

3. 成孔

目前，钻孔均采用机械成孔方法，主要方法有：螺旋钻成孔法、正循环回转钻成孔法、反循环回转钻成孔法、潜水钻机成孔法、冲抓钻进成孔法、冲击钻进成孔法、钻斗钻（即机动推钻）成孔法、挖孔法。

各种钻孔方法的适用范围与土层、孔径、孔深、是否需要泥浆悬浮钻渣以及钻机的构造、功率大小等因素有关，也与施工队伍的经济技术实力及管理水平有关。

4. 成桩

（1）钢筋笼的制作。钢筋笼的制作可采用卡板成型法、支架成型法、胎具成型法、箍筋成型法和加劲筋成型法等。制作钢筋笼时，对于长桩骨架宜分段制作，分段长度应根据吊装条件确定，应确保不变形，接头应错开；对于预制钢筋骨架或钢筋网必须具有足够的刚度和稳定性；骨架的焊接拼装应在坚固的工作台上进行。具体操作时应符合下列要求：①拼装时应按设计图纸放大样，放样时应考虑焊接变形和预留拱度。②钢筋拼装前，对有焊接接头的钢筋来说，应检查每根接头是否符合焊接要求。③拼装时，在需要焊接的位置用楔形卡卡住，防止电焊时局部变形。待所有焊接点卡好后，先在焊缝两端点焊定位，然后进行焊缝施焊。④骨架焊接时，不同直径的钢筋的中心线应在同一平面上。为此，较小直径的钢筋在焊接时，下面宜垫以厚度适当的钢板。⑤施焊顺序宜由中到边对称地向两端进行，先焊骨架下部，后焊骨架上部。相邻的焊缝采用分区对称跳焊，不得顺方向一次焊成。

钢筋网焊点应符合设计规定，当设计无规定时，如焊接网的受力钢筋为Ⅰ级或冷拉Ⅰ级钢筋时，如焊接网只有一个方向为受力钢筋，网两端边缘的两根锚固横向钢筋与受力钢筋的全部相交点必须焊接；如焊接网的两个方向均为受力钢筋，则沿网四周边缘的两根钢筋的全部相交点均应焊接，其余的交叉点可根据运输和安装条件决定，一般可焊接或绑扎一半交叉点。当焊接网的受力钢筋为冷拔低碳钢丝，而另一方向的钢筋间距小于100mm时，除网两端边缘的两根钢筋的全部相交点必须焊接外，中间部分的焊点距离可增大至250mm。

在现场绑扎钢筋网时，应遵守的规定：第一，钢筋接头的布置应符合有关规定。第二，钢筋的交叉点应用铁丝绑扎结实，必要时，也可用点焊焊牢。第三，除设计有特殊规定者外，柱和梁中的箍筋应与主筋垂直。第四，墩、台身、桩柱中的竖向钢筋搭接时，转角处的钢筋弯钩应与模板呈45°，中间钢筋的弯钩应与模板呈90°。如采用插入式振捣器浇筑小型截面柱时，弯钩与模板的角度最小不得小于15°，在浇筑过程中不得松动。第五，箍筋弯钩的叠合处，在梁中应沿梁长方向置于上面并交错布置，在柱中应沿柱高方向交错布置，若是方柱则必须位于箍筋与柱角竖向钢筋交接点上。但有交叉式箍筋的大截面柱，其接头可位于箍筋与任何一根中间纵向钢筋的交接点上。圆柱或圆管涵螺旋形箍筋的起点和终点应分别绑扎在纵向钢筋上。

在钢筋与模板间应设置垫块，垫块应与钢筋扎紧，并互相错开。非焊接钢筋骨架的多层钢筋之间应用短钢筋支垫，保证位置准确，钢筋混凝土保护层厚度应符合设计要求。在浇筑混凝土前，应对已安装好的钢筋及预埋件（钢板、锚固钢筋等）进行检查。

（2）钢筋笼的吊放。应在骨架外侧设置控制保护层厚度的垫块，其间距竖向为2m，横向圆周不得少于4处。骨架顶端应设置吊环。骨架入孔一般用吊机，无吊机时，可采用钻机钻架、灌注塔架。起吊应按骨架长度的编号入孔。

（3）水下混凝土的灌注。灌注水下混凝土的主要设备包括搅拌机、泵送机具及钢导管等。搅拌机的搅拌能力应能满足桩孔在规定时间内灌注完毕，灌注时间不得超过首批混凝土的初凝时间。泵送机具宜采用混凝土泵，距离稍远的宜采用混凝土搅拌运输车。采用普通汽车运输时，运输容器应严密坚实，不漏浆、不吸水，便于装卸，混凝土不应离析。水下混凝土一般用钢导管灌注，导管内径一般为200~350mm，视桩径大小而定。导管使用前应进行水密承压和接头抗拉试验，严禁用压气试压。

配制水下混凝土可采用火山灰水泥、粉煤灰水泥、普通硅酸盐水泥或硅酸盐水泥，使用矿渣水泥时应采取防离析措施。水泥的初凝时间不宜小于2.5小时，水泥的强度等级不宜低于42.5。粗集料宜优先选用卵石，如采用碎石宜适当增加混凝土配合比的含砂率。集料的最大粒径不应大于导管内径的1/8~1/6和钢筋最小净距的1/4，同时不应大于40mm。细集料宜采用级配良好的中砂。混凝土配合比的含砂率宜采用0.4~0.5，水灰比宜采用0.5~0.6。有试验依据时，含砂率和水灰比可酌情增大或减小。

混凝土拌和物应有良好的和易性，在运输和灌注过程中应无显著离析、泌水现象。灌注时应保持足够的流动性，其坍落度宜为180~220mm。混凝土拌和物中宜掺用外加剂、粉煤灰等材料。

每立方米水下混凝土的水泥用量不宜小于 350kg，当掺有适宜数量的减水缓凝剂或粉煤灰时，可不少于 300kg。对沿海地区及有盐碱腐蚀性地下水地区，应配制防腐蚀混凝土。

灌注水下混凝土的技术要求有：①首批灌注混凝土的数量应能满足导管首次埋置深度（≥ 1.0m）和填充导管底部的需要。②混凝土拌和物运至灌注地点时，应检查其均匀性和坍落度等，如不符合要求，应进行第二次拌和，二次拌和后仍不符合要求时，不得使用。③首批混凝土拌和物下落后，混凝土应连续灌注。④在灌注过程中，特别是潮汐地区和有承压力地下水地区，应注意保持孔内水头。⑤在灌注过程中，导管的埋置深度宜控制在 2~6m，应经常测探井孔内混凝土面的位置，及时调整导管埋深。⑥为防止钢筋骨架上浮，当灌注的混凝土顶面距钢筋骨架底部 1m 左右时，应降低混凝土的灌注速度。当混凝土拌和物上升到骨架底口 4m 以上时，提升导管，使其底口高于骨架底部 2m 以上，即可恢复正常灌注速度。⑦灌注的桩顶标高应比设计高出一定高度，一般为 0.5~1.0m，以保证混凝土强度，多余部分接桩前必须凿除，残余桩头应无松散层。在灌注将近结束时，应核对混凝土的灌入数量，以确定所测混凝土的灌注高度是否正确。⑧在灌注过程中，应将孔内溢出的水或泥浆引流至适当地点处理，不得随意排放，污染环境及河流。

灌注混凝土的方法的选择：①从孔底及附近孔壁渗入地下水的上升速度较小时，可采用在空气中灌注混凝土桩的方法，其技术要求应符合规范规定。②当孔底渗入的地下水上升速度较大时，应视为有水桩，按钻孔灌注桩导管法在水中灌注混凝土。灌注混凝土之前，孔内的水位至少应与孔外稳定水位有同样高度；若孔壁土质易坍塌，应使孔内水位高于地下水位 1~1.5mm。③空气中灌注的桩如为摩擦桩，且土质较好，短期内无支护不致孔壁坍塌时，可在灌注过程中逐步由下至上拆除支护。需在水中灌注摩擦桩时，应先向孔中灌注水，至少与地下水位相平。随着灌注的混凝土升高，孔内水位上升，逐层拆除支护，利用水头维护孔壁。在水中灌注的柱桩，应尽可能不拆除孔壁支护。④在空气中灌注混凝土柱桩，若地质条件允许拆除支护，当钢护筒或钢筋混凝土护筒需要拆除时，在灌注混凝土和逐步拆除护筒过程中，应始终维持混凝土顶面比护筒底端最少高出 1.5~2.0m，以免拔护筒时，护筒底脚土粒掉入混凝土桩内，以及孔外地下水从护筒底下间隙中渗入孔内。

灌注水下混凝土应注意的问题有：①首批混凝土的数量应能满足导管埋置深度不小于 1.0m 和充填导管底部的需要。②灌注应连续进行，严禁中途停工。水下混凝土严禁有夹层和松散层。③后续混凝土要徐徐灌入，以免在导管内形成高压气囊，挤出管节间的橡皮垫，导致导管漏水。④在灌注过程中应经常用测探锤或超声波法测探导管的埋置深度，宜控制在 2~6m。导管不可提升过猛，否则会导致管底提离混凝土面或埋入过浅，而使导管内进水造成断桩夹泥；也要避免导管埋入过深，使得导管内混凝土无法压出或导管不能提升，致使浇灌中止而断桩。⑤提升导管时要保持位置居中、轴线竖直，逐步提升，拆除导管的动作要快。⑥当灌注的混凝土顶面距钢筋骨架底部 1m 左右时，应降低混凝土的灌注速度以防钢筋骨架上浮。当混凝土上升到骨架底部 4m 以上时，提升导管，使其底口高于骨架底部 2m 以上，再恢复正常的灌注速度。⑦为了确保桩顶质量，灌注的桩顶标高应比设计高出 0.5~1.0m，待混凝土凝结前，挖除多余的桩头，但应保留 10~20cm，以待随后修凿，接筑承台。⑧灌注混凝土即将结束时，因导管内混凝土压力降低，混凝土上升困难可加水稀释泥浆。在拔最后一节导管时，提升必须缓慢，以防止桩顶沉淀的泥浆挤入导管形成泥心。⑨及时记录混凝土灌注的时间、混凝土面的深度、导管埋深等。灌注中如果发生故障，应及时查明原因，合理确定处理方案，及时进行处理。

二、桥梁墩台施工技术

桥梁墩台施工是桥梁施工中的重要部分，它不仅关系到桥梁上部结构的制作与安装质量，而且影响桥梁的使用功能。

（一）混凝土墩台施工技术

就地浇筑的混凝土墩台施工分为制作与安装墩台模板和浇筑混凝土两个主要工序。

1. 墩台模板

模板一般用木材、钢料或其他符合设计要求的材料制成。木模板重量轻，便于加工，但装拆时易损坏，重复使用寿命短。钢模板造价较高，但可重复多次使用，且拼装拆卸方便。

（1）墩台模板的要求。

模板的设计与施工应符合以下要求。

第一，足够的强度、刚度和稳定性，能可靠地承受施工过程中的各项荷载，保证结构物形状、尺寸准确。

第二，模板板面平整，接缝严密不漏浆。

第三，容易拆装，施工时操作方便。

墩台施工时，应根据墩台高度、墩台形式、机具设备、施工期限等条件，选用适宜的模板类型。模板安装前应对模板尺寸进行检查，安装时要坚实牢固，以免振捣混凝土时引起跑模漏浆，模板安装位置要符合结构设计要求。

（2）模板的类型。

常用的模板类型有以下方面。

第一，拼装式模板。各种尺寸的标准模板以销钉连接，并与拉杆加劲构件等组成墩台所需形状的模板。拼装式模板由于在厂内加工制造，因此板面平整、尺寸准确，故应用广泛。

第二，整体吊装模板。整体吊装模板将墩台模板水平分成若干段，每段模板组成一个整体，在地面拼装后吊装就位。分段高度可视起吊能力而定，一般可为 2~4m。整体吊装模板安装时间短，无须设施工接缝；将拼装模板的高空作业改为平地操作，有利于施工安全；模板的刚性较强，可少设拉筋，对建造较高的桥墩较为经济。

第三，组合型钢模板。组合型钢模板以各种长度、宽度及转角的标准构件，用定型的连接件将钢模板拼成结构用模板，具有体积小、重量轻、运输方便、装拆简单、接缝紧密等优点，适用于在地面进行拼装，整体吊装的结构上。

第四，滑动钢模板。滑动钢模板适用于各种类型的桥墩。

2. 浇筑混凝土

墩台混凝土施工前，应将基础顶面冲洗干净，凿除表面浮浆并整修连接钢筋。灌注混凝土时，应经常检查模板、钢筋及预埋件的位置和保护层的尺寸。施工过程中，应保证混凝土的配合比、水灰比和坍落度等技术性能指标满足规范要求。

3. 混凝土浇筑

为防止墩台基础第一层混凝土中的水分被基底吸收或基底水分渗入混凝土，对墩台基底处理除应符合天然地基的有关规定外，还应符合以下规定。

（1）基底为非黏性土或干土时，应将其润湿。

（2）如为过湿土时，应在基地设计标高下夯填一层 10~15cm 厚片石或碎（卵）石层。

（3）基底面为岩石时，应加以润湿，铺一层厚 2~3cm 水泥砂浆，并在水泥砂浆凝结前浇筑第一层混凝土。

墩台身钢筋的绑扎应和混凝土的灌注配合进行。在配置第一层垂直钢筋时，应有不同的长度，同一断面的钢筋接头应符合设计要求。如无设计要求时，则可取墩台身受力钢筋的净保护层不小于 30mm，承台基础受力钢筋的净保护层不小于 35mm。墩台身混凝土宜一次连续灌注，否则应按桥涵施工规范的要求处理好连接缝。墩台身混凝土未达到终凝前，不得泡水。

（二）石砌墩台施工技术

石砌墩台是用片石、块石及粗料石以水泥和砂浆砌筑，具有就地取材和经久耐用等优点，在石料丰富地区建造墩台时，应优先考虑石砌墩台方案。

1. 石料、砂浆与脚手架

石料与砂浆的规格要符合有关规定，浆砌片石一般适用于高度小于 6m 的墩台身、基础、镶面以及各式墩台身填腹；浆砌块石一般用于高度大于 6m 的墩台身、镶面或应力要求大于浆砌片石砌体强度的墩台；浆砌粗料石则用于磨耗及冲击严重的分水体及破冰体的镶面工程以及有整齐美观要求的桥墩台身；等等。

将石料吊运并安砌到正确位置是砌石工程中比较困难的工序。当石料质量小或距地面不高时，可用简单的跳板直接运送；当石料质量较大或距地面较高时，可采用固定式动臂吊机或桅杆式吊机或井式吊机，将材料运到墩台上，然后再分运到安砌地点。用于砌石的脚手架应环绕墩台搭设，用以堆放材料，并提供施工人员的工作面。脚手架一般常用固定式轻型脚手架（适用于 6m 以下的墩台）、简易活动脚手架（适用于 25m 以下的墩台）以及悬吊式脚手架（适用于较高的墩台）。

2. 墩台砌筑施工技术

在砌筑前应按设计图放出实样，再进行基础及墩台的砌筑。

（1）墩台砌筑的定位放样。墩台放样是根据桥位施工测量定出的墩台中心线，放出砌筑基础与墩台的轮廓线，并根据墩台的轮廓线进行砌筑。

第一，垂线法。当墩台身和基础较低时，可依平面轮廓线砌筑圬工。对于直坡墩台可用吊垂球的方法控制定位石的位置。

第二，瞄准法。当墩台身较高时，可采用瞄准法控制定位石的位置。当墩台身每升高 1.5~2.0m 时，沿墩台平面棱角埋设铁钉，使上下铁钉位于一个垂直平面上，并挂以铅丝。砌筑时，拉直铅丝，使之与下段铅丝瞄成一直线，即可依此安砌定位石于正确位置。定位时，每砌高 2~3m 时，应用仪器测量中线及进行各部尺寸的校核，以确保各部尺寸的正确。

（2）基础及墩台的砌筑。

第一，基础砌筑。当基础开挖完毕并处理后，即可砌筑基础。砌筑时，应自最外边缘开始，砌好外圈后填砌腹部。基础一般采用片石砌筑。当基底为土质时，基础底层石块直接干铺于基土上，只在已砌石块的侧面铺上砂浆即可；当基底为岩石时，应将其表面清洗、润湿后，先坐浆再砌石块。第一层砌筑的石块应尽可能挑选大块的，平放铺砌，且交替丁放和顺放，并用小石块将空隙填塞，灌以砂浆，然后开始一层一层平砌。每砌 2~3 层就要大致找平后再砌。

第二，墩台身砌筑。当基础砌筑完毕，并检查平面位置和标高均符合设计要求后，即可砌筑墩台。砌筑前应将基础顶洗刷干净。砌筑时，桥墩先砌上下游圆头石或分水尖；桥台先砌四角转角石，然后在已砌石料上挂线，砌筑边部外露部分，最后填砌腹部。砌筑方法常采用挤浆法。

墩台身可采用浆砌片石、块石或粗斜石砌筑（内部均用片石填腹）。表面石料一般采用一丁一顺的排列方法，使之连接牢固。墩台砌筑时应均匀升高，高低不应相差过大，每砌 2~3 层应大致找平。

墩台平面尺寸误差，对于片、块石砌体不超过 ±3cm，对于粗斜石砌体不超过 ±1.5cm。墩台表面应砌缝，靠外露面需另外勾缝，靠隐蔽面随砌随刮平，以利于美观和防水。勾缝的形式，一般采用凸缝或平缝，也可采用凹缝。勾缝砂浆标号应按设计文件规定。砌筑时，外层砂浆留出距石面 1~2cm 的空隙，以备勾缝。勾缝最好在整个墩台砌筑后自上而下进行，以保证勾缝整齐干净。浆砌体勾缝后应在砂浆初凝后洒水养护 7~14 天。

（三）装配式墩台施工技术

装配式墩台可用于预应力混凝土、钢筋混凝土薄壁空心墩或轻型桥墩，采用拼装法施工。拼装式桥墩主要由实体部分墩身、拼装部分墩身和基础组成。

实体墩身与基础采用就地现浇施工，在浇筑实体墩身与基础时应考虑其与拼装部分的连接、抵御洪水和漂流物的冲击、锚固预应力筋、调节拼装墩身高度等问题。拼装部分墩身由基本构件、隔板、顶板和顶帽等部分组成，在工厂制作，运到桥位处拼装成桥墩。装配部分墩身的分块根据桥墩的结构形式、吊装、起重和运输能力决定。拼装要根据施工现场的具体情况拟定施工细则，认真组织施工。

1. 砌块式墩台施工

砌块式墩台安装前的准备工作与石砌墩台相同，只是预制砌块的形式因墩台形状不同而有很多变化。基坑坑底整平后，经检验合格后铺设砂、砾石或碎石垫层并夯实整平，铺好坐浆后安装墩台。其施工方法和注意事项有以下方面。

（1）预制砌块时，吊环宜设于凹窝内，使其不突出顶面，以免妨碍拼装，同时也省去切除吊环工序。

（2）吊运安装机具可采用各种自行式吊车、龙门架、简易缆索吊机设备或各种扒杆。

（3）砌块安装时应对准位置安放平稳，若位置不准确时，应吊起重放，不得用撬棍拨移。

（4）安砌时，平缝用较干砂浆。砌缝宽度应不大于 1cm，为防止水平缝砂浆全被上层砌块挤出，可在水平缝中垫以铁片，其厚度需小于铺筑的砂浆。竖向砌缝中砂浆应插捣密实，砌筑外露面时应预留 2cm 的空缝备作勾缝之用，隐蔽面砌缝可随砌随刮平。竖向砌缝错缝应不小于 20cm。

（5）每安装高 1m 左右的砌块应进行找平，控制灰缝厚度和标高。

2. 装配式柱式墩台施工

装配式柱式墩台是将桥墩分解成若干轻型部件集中预制，再运送到现场装配而成的。其形式有双柱式、排架式、板凳式和钢架式等。

装配式柱式墩台的施工工序为预制构件、安装连接与混凝土填缝养护等。其中拼装接头是关键工序，既要牢固、安全，又要结构简单，便于施工。常用的拼装接头有：承插式接头、钢筋锚固接头、焊接接头、扣环式接头和法兰盘接头。装配式柱式墩台需注意以下方面。

（1）对预制的立柱和环形基础，应检查各个墩台的高度和环形基础标高是否符合要求，否则要进行调整。

（2）最好采用自行式吊车安装柱式墩台，也可采用木扒杆。

（3）挖好基坑后即铺设砂砾石或碎石垫层并夯实整平，符合设计高度后，吊装杯式基础。其平面位置要仔细校正，使同一排架墩台的各个杯口中心位于同一直线上。

（4）将立柱用吊机吊入杯口就位时要在纵横方向吊线，使墩、台柱身竖直，并注意使各柱顶平面位置和高度符合要求，然后用楔子塞入杯口内打紧，对重大、细长的墩、台柱，打紧楔子后还需用风缆或木撑校正固定。

3. 装配式预应力钢筋混凝土墩施工

装配式预应力钢筋混凝土墩分为基础、装配墩身和实体墩身三大部分。装配墩身由基本构件、隔板、顶板及顶帽构成，用高强度钢丝穿入预留的孔道内，张拉锚固而成。实体墩身是装配墩身与基础的连接段，其作用是锚固预应力钢筋，调节装配墩身高度及抵御洪水时漂流物的冲击等。

装配式预应力钢筋混凝土墩的施工工艺流程分为施工准备、预制构件及装配墩身三方面。

实体墩身灌注时要按装配构件孔道的相对位置，预留张拉孔道及工作孔。安装构件应做到平、稳、准、实、通五个关键，即起吊平、构件顶面平、内外壁砂浆接缝要抹平；起吊、降落、松钩要稳；构件尺寸准、孔道位置准、中线准及预埋配件位置准；接缝砂浆要密实；构件孔道要畅通。张拉预应力的钢丝束分两种，一种是直径为 5mm 的高强度钢丝，用 18 φ 5 锥形锚；另一种用 7 φ 4mm 钢绞线，用 JMI2–6 型锚具，采用一次张拉工艺。孔道压浆前先用高压水冲洗。压浆最好由下而上压注，采用纯水泥浆，为了减少水泥浆的收缩及泌水，可掺入质量为水泥质量（0.8~1.0）/10000 的铝粉。压浆分初压与复压，初压后，大约停 1 小时，待砂浆初凝即进行复压。压浆时，构件上的砂浆接缝全部湿润，这说明接缝砂浆空隙中压入了水泥浆，起到了密实接缝的作用。实体墩身的封锚采用与墩身同标号的混凝土，同时要采用防水措施。顶帽上封锚采用钢筋网罩焊在垫板上，单个或多个连在一起，然后用混凝土封锚。

4. 无承台大直径钻孔埋入空心桩墩施工

无承台大直径钻孔埋入空心桩墩由预钻孔、预制大直径钢筋混凝土桩墩节、吊拼桩墩节并用预应力后张连成整体、桩周填石压浆、桩底高压压浆、吊拼墩节、浇筑或组装盖梁等部分组成，它综合了预制桩质量的可靠性和钻孔成桩的工艺简便、成本低、适应性强等优点。钻埋预应力空心桩的技术特点有以下方面。

（1）直径大，承载力高。桩径一般大于2.5m，钻埋空心桩已达ϕ 5.0m，沉挖空心桩已达ϕ 6.0~8.0m。由于采用了桩周填石压浆、桩底高压压浆、桩节间通过预应力形成整体，故使桩基承受的垂直荷载和水平荷载成倍增大。

（2）无承台、空心截面，节省了围堰工程，减少了桩身混凝土体积，不仅简化了施工工序，而且减少了下部结构费用。

（3）施工快，工期短，由于采用大直径桩，桩数少，多数情况下可以单桩独柱，加之钻机设备的先进与完善，一个枯水季节可完成基础工程；预制桩节、墩节与钻孔平行作业，大大加速了工程进度。

（4）钻埋空心桩墩适用于土质地基，沉挖空心桩适用于松散的砂、砾、漂石和风化岩层，且环保效果好，施工振动少、噪声低，城镇区施工对居民干扰少。

（5）桩节、墩节预制，桩周、桩底压浆，节间用高强预应力筋连成整体，各项作业技术含量高，桩墩质量有保障。

（四）滑动模板施工技术

公路或铁路高桥墩的施工设备与一般桥墩所用设备大体相同，但其模板却另有特色。一般有滑动模板、爬升模板、翻升模板等几种，这些模板都是依附于已灌注的混凝土墩壁上，随着墩身的逐步加高而向上升高。目前，滑动模板的高度已达百米。滑动模板施工的主要特点有三个方面：第一，施工进度快；第二，采用干硬性混凝土，可提高墩台质量；第三，滑动模板可用于直坡墩身，模板本身附带有内外吊篮、平台与拉杆等，以墩身为支架，墩身混凝土的浇筑随模板缓慢滑升连续不断地进行，安全可靠。

1. 滑动模板的构造

滑动模板是将模板悬挂在工作平台的围堰上，沿着所施工的混凝土结构截面的周界组拼装配，并随着混凝土的灌注由千斤顶带动向上滑升。由于桥墩类型、提升工具类型不同，滑动模板构造也稍有差异，但其主要部件与功能大致相同，一般主要由工作平台、内外模板、混凝土平台、工作吊篮和提升设备等组成。

工作平台是整个滑模结构的骨架，应具有足够的强度和刚度。工作平台由辐射梁、栏杆、外钢环、内钢环、步板组成，除提供施工操作的场地外，还用它把滑模的其他部分与顶杆相互连接起来，使整个滑模结构支承在顶杆上。

用于上下壁厚相同的直坡空心桥墩的滑模，内外模板应采用薄钢板制作，内外模板均通过立柱固定在工作平台的辐射梁上，用于上下壁厚相同的斜坡空心墩的收坡滑模，内外模板仍需固定在立柱上，但立柱架（或顶梁）不是固定在辐射梁上，并可利用收坡丝杆沿辐射方向移动立柱架及内外模板位置。用于斜坡式不等壁厚空心墩的收坡滑模，则内外立柱均固定在辐射梁上，而在模板与立柱间安装收坡丝杆，以便分别移动内外模板的位置。

混凝土平台由辐射梁、步板、栏杆等组成，利用立柱支承在工作平台的辐射梁上，供堆放及灌注混凝土的施工操作用。

工作吊篮是悬挂在工作平台的辐射梁和内外模板的立柱上，它随着滑模的提升而向上移动，供施工人员对刚脱模的混凝土进行表面修饰和养生等施工操作用。

提升设备由千斤顶、顶杆、顶杆导管等组成，通过顶升工作平台的辐射梁使整个滑模提升。

2. 滑动模板的提升工艺

滑动模板提升设备主要由提升千斤顶、支承顶杆及液压控制装置等几部分组成。

（1）螺旋千斤顶提升步骤。螺旋千斤顶提升步骤有：①转动手轮使螺杆旋转，使千斤顶顶座及顶架上横梁带动整个滑模徐徐上升。此时上卡头、卡瓦、卡板卡住顶杆，而下卡头、卡瓦、卡板则沿顶杆向上滑行，当滑至与上下卡瓦接触或螺杆不能再旋转时，即完成一个行程的提升。②向相反方向转动手轮，此时，下卡头、卡瓦、卡板卡住顶杆，整个滑模处于静止状态。仅上卡头、卡瓦、卡板连同螺杆、手轮沿顶杆向上滑行，至上卡头与顶架上横梁接触或螺杆不能再旋转时为止，即完成整个一个循环。

（2）液压千斤顶提升步骤。液压千斤顶提升步骤有：①进油提升。利用油泵将油压入缸盖与活塞间，在油压作用时，上卡头立即卡紧顶杆，使活塞固定于顶杆上。随着缸盖与活塞间进油量的增加，使缸盖连同缸筒、底座及整个滑模结构一起上升，直至上、下卡头紧时，提升暂停。此时，缸筒内排油弹簧完全处于压缩状态。②排油归位。开通回油管路，解除油压，利用排油弹簧推动下卡头使其与顶杆卡紧，同时推动上卡头将油排出缸筒，在千斤顶及整个滑模位置不变的情况下，使活塞回到进油前位置。至此，完成一个提升循环。为了使各液压千斤顶能协同一致地工作，应将油泵与各千斤顶用高压油管连通，由操纵台统一控制。

3. 滑动模板的设计要点

滑动模板整体结构既是混凝土成型的装置，也是施工操作的主要场地，必须具有足够的强度、刚度、稳定性和合理的安全度。为了保证施工质量与安全，滑动模板各组成部件，必须按强度和刚度要求进行设计与检验。

（1）荷载取值。作用在滑动模板上的荷载有静荷载与活荷载。静荷载如工作平台、内外模板、混凝土平台、工作吊篮、提升设备、液压管线等的自重；操作人员、施工机具、平台上堆放的材料及半成品等的重力以及滑升时混凝土与模板间的摩阻力等属于垂直活荷载；向模板内倾倒混凝土时所产生的冲击力，新浇筑混凝土对模板的侧压力以及风荷载等属于水平活荷载。具体可按有关规范与设计要求分别取值。

（2）支承顶杆和千斤顶的布置方案。一般有均匀布置、分组集中布置以及分组集中与均匀布置相结合等方案。在筒壁结构中多采用均匀布置方案，在平面较为复杂的结构中则宜采用分组集中与均匀相结合布置方案。在布置千斤顶时，应使各千斤顶所承受的荷载大致相同，以利于同步提升。当平台上荷载分布不均匀时，荷载较大的区域和摩阻力较大的区段，千斤顶布置的数量多些。考虑到平台荷载内重外轻，在数量上内侧应较外侧布置多些，以避免顶升架提升时向内倾斜。

（3）顶升架的布置方案。应根据结构形式、建筑平面、平台荷载与刚度等布置。筒壁结构顶升架可采用均匀布置方案，间距控制在 1.2~2.5m。

（4）工作平台的布置方案。必须保证结构的整体性与足够的刚度，布置方案应根据施工对象的结构特点、荷载大小和分布情况，顶升架和千斤顶的布置要求，以及垂直运输方式等确定。圆形结构中，工作平台的承重结构、承重桁架或梁宜采用辐射形布置。方形结构中，工作平台的承重结构可单向或双向布置。

（5）模板的设计。模板的设计内容包括模板尺寸的确定和模板的刚度。模板必须具有足够的刚度，才能保证浇筑混凝土和提升过程中，在混凝土侧压力作用下不发生超过允许的变形值。一般条件下，模板在水平荷载作用下，其支点间在力的作用方向的变形不应超过 1/1000。作用在模板上的水平荷载主要是新浇筑混凝土的侧压力，此时，模板按简支板计算。因为在滑模施工中，模板有一定倾斜度，出模混凝土具有 0.05~0.25MPa 的强度，所以模板底部的混凝土对模板已不存在侧压力。

（6）顶升架与工作平台的设计。顶升架的构造形式根据结构水平截面形状、部位和千斤顶的类型决定。通常采用一字形的单模梁式或双横梁式。顶升架承受提升的全部垂直荷载和混凝土与模板的侧压力等水平荷载，其计算内容包括顶升架立柱间的净宽 W 和立柱设计。对于等截面结构的滑模工程，净宽 W 为：

$$W = A + 2(B + C + D) + E \tag{2-4}$$

式中，A—— 结构的截面宽度，m；

B—— 模板的厚度，m；

C—— 围堰的宽度，m；

D—— 支承围堰的支托宽度，m；

E—— 由于模板的倾斜度要求两侧放宽的尺寸，m。

顶升架的横梁底面与模板顶面间的距离，对于钢筋混凝土结构取值 0.45~0.50m，主要是为了绑扎水平钢筋和预埋件的要求。

顶升架的立柱按拉弯构件计算。工作平台的计算可视其具体受力情况，按常用的结构计算方法进行强度验算。

4. 滑模浇筑混凝土施工

（1）滑模组装。在墩位上就地进行滑模组装的步骤有：①在基础顶面搭枕木垛，定出桥墩中心线。②在枕木垛上先安装内钢环，并准确定位，再依次安装辐射梁、外钢环、立柱、顶杆、千斤顶、模板等。③提升整个装置、撤去枕木垛，再将模板落下就位，随后安装余下的设施；待模板滑升至一定高度，安装内外吊架；组装完毕后进行全面检查，并及时纠正偏差。

（2）灌注混凝土。滑模宜灌注低流动性或半干硬性混凝土，灌注时应分层、分段对称进行。灌注后混凝土表面距模板上缘宜有不小于 10cm 的距离。混凝土入模时，宜用插入式振动器振捣，振捣时应避免触及钢筋及模板，振动器插入下一层混凝土的深度不得超过 5cm。脱模时混凝土强度应为 0.2~0.5MPa，以防在自重压力下坍塌变形。为加速提升混凝土的强度，可掺入一定量的早强剂。脱模后 8 小时左右开始养生。

（3）提升与收坡。整个桥墩灌注过程可分初次滑升、正常滑升和滑升三个阶段。从开始灌注混凝土到模板首次试升为初次滑升阶段；初凝混凝土的高度一般为 60~70cm，分三次灌注，在底层混凝土强度达到 0.2~0.4MPa 时即可试升。将所有千斤顶同时缓慢起升 5cm，观察底层混凝土的凝固情况。现场鉴定可用手指按刚脱模的混凝土表面，如果基本按不动，但留有指纹，砂浆不沾手，用指甲划过有痕迹，滑升时能耳闻“沙沙”的摩擦声，则表明混凝土已具有 0.2~0.4MPa 的脱模强度，可以再缓慢提升一次，使每次灌注的厚度与每次提升的高度基本一致。在正常气温条件下，提升时间不宜超过 1 小时。最后滑升阶段是混凝土已经灌注到需要高度，不再继续灌注，但模板尚需继续滑升的阶段。

灌完最后一层混凝土后，每隔 1~2 小时将模板提升 5~10cm，滑动 2~3 次后即可避免混凝土与模板胶合。

随着模板的提升，应转动收坡丝杆，调整墩壁曲面的半径，使之符合设计要求的收坡坡度。

（4）接长顶杆、绑扎钢筋。模板每提升至一定高度后，就需要穿插进行接长顶杆、绑扎钢筋等工作。钢筋接头应事先配好，并错开接头。对预埋件及预埋的接头钢筋，抽离滑模后，要及时清理使之外露。

（5）混凝土停工后的处理。在整个施工过程中，由于工序的改变，或发生意外事故，使混凝土的灌注工作停止较长时间，即需要进行停工处理。例如，每隔半小时左右稍微提升模板一次，以免黏结；停工时在混凝土表面要插入短钢筋等，以加强新老混凝土的黏结；复工时还需将混凝土表面凿毛，并用水冲走残渣，湿润混凝土表面灌注一层厚度为 2~3cm 的 1 : 1 水泥砂浆，然后再灌注原配合比的混凝土，继续滑模施工。

第三节 钢筋混凝土简支桥梁施工技术

混凝土是一种很好的人工石材，有很高的抗压强度，但是其抗拉强度仅为抗压强度的 1/10。而钢筋材料有很高的抗拉强度，利用其抗拉强度高的特点，与混凝土结合在一起做成钢筋混凝土构件，以混凝土承受压应力，以钢筋承受拉应力，大大提高了构件的承载力。

钢筋混凝土桥的施工方法可分为就地浇筑（简称现浇法）和预制安装两大类。预制安装法具有上下部结构可平行施工、工期短、质量易于控制等优点，中、小跨径的简支梁桥普遍采用预制安装法。现浇法施工无须预制场地，不需要大型吊运设备，梁体的主筋也不中断，大、中跨径的悬臂和连续体系梁桥宜采用悬臂施工法。以下主要探讨钢筋混凝土桥施工的基本工序。

一、钢筋混凝土桥施工的模板与支架

模板和支架都是浇筑混凝土施工的临时性结构，对构件的制作十分重要。模板和支架不仅控制构件尺寸的精度，直接影响施工进度和浇筑质量，还影响到施工安全。因此，在浇筑混凝土之前应对模板和支架进行全面、严格的检查。

（一）模板与支架的制作要求

（1）具有足够的强度、刚度和稳定性，能可靠地承受施工过程中可能产生的各项荷载。

（2）保证工程构造物的设计形状、尺寸及各部分相互之间位置的正确性。

（3）构造和制作力求简单，装拆既要方便又要尽量减少构件的损伤，以提高装、拆、运的速度和增加周转使用的次数。

（4）模板的接缝务必严实、紧密，以确保现浇混凝土在强烈振动下不致漏浆。

（二）模板材料的分类

按模板制作材料的不同可分为：木模（板）、钢模（板）、钢木结合模（板）、胶合板模（板）、钢竹模（板）、塑料模（板）、玻璃钢模（板）、铝合金模（板）等。有时也可因地制宜利用土模或砖模。

按模板的梁体成型时的作用可分为：内模、外模、侧模、端模、底模等。

按模板的装拆方法可分为：零拼式模板、分片装拆式模板、整体装式模板等。

桥梁施工常用的模板有木模、钢模和钢木结合模板。就地浇筑桥梁的模板，常用木模和钢模。对预制安装构件，除钢模、木模外，也可采用钢木结合模板、土模、砖模和钢筋混凝土模板等。模板形式的选择，主要取决于同类桥跨结构的数量和模板材料的供应。

（1）木模。木模包括胶合板木模，它可按结构要求预先制作，然后在支架上用连接件迅速拼装。木模的基本构造包括：紧贴混凝土表面的壳板、支承壳板的肋木和立柱或横档。壳板可以竖直拼装或水平拼装。壳板的接缝可做成平缝、搭接缝或企口缝。

（2）钢模。桥梁用钢模一般做成大型块件。钢模由钢壳板、角钢做成的水平肋和竖向肋，支托竖向肋的直撑、斜撑，固定钢模用的顶横杆和底部拉杆以及安装在壳板上的振捣架等构成。底模用钢板制成，通过垫木支承在底部钢横梁上。在拼装钢模板时，所有紧贴混凝土的接缝内部都用止浆垫使接缝密闭不漏浆。止浆垫一般采用柔软、耐用和弹性大的橡胶板或泡沫塑料。

（3）钢木结合模。如果将钢模板中的钢制壳板换成水平拼装的木壳板，用埋头螺栓连接在角钢竖肋筋上，在木壳板上再钉一层薄铁皮，这样就做成了钢木结合模板。这种模板不仅节约木材，成本低，而且具有较大的刚度和紧密稳固性，也是一种较好的模板。不管何种模板，为了避免壳板与混凝土粘连，以利脱模，通常均需在壳板面上涂以隔离剂，如专用脱模剂、石灰乳浆、肥皂水、润滑油或废机油等。

（4）其他模板。近年来竹胶板模、塑料壳模以及玻璃钢模等也在桥梁工程中有所使用，土模目前已很少采用。

二、钢筋工程的施工技术

钢筋一般先在钢筋车间加工，然后运至现场安装或绑扎。钢筋的加工过程一般有调直、除锈、冷拉、时效处理、下料、弯制成型、焊接、绑扎等工序。钢筋混凝土结构中，常用钢筋的直径一般为6~40mm。钢筋按强度不同分为5级，级别越高，其强度和硬度越高，但塑性则降低。Ⅰ~Ⅳ级为热轧钢筋，Ⅴ级和Ⅳ级经热处理后制成。Ⅰ级为低碳钢，Ⅱ~Ⅳ级为普通低合金钢。Ⅰ级钢筋外表为光圆；Ⅱ~Ⅲ级钢筋外表带肋，按形状分有牙肋和等高肋，统称为带肋钢筋；Ⅳ级为精轧螺纹钢筋，一般用作预应力筋。

（一）钢筋的调直

为了便于运输和储存，直径10mm以下的钢筋出厂时常卷成盘形，粗钢筋常弯成“发卡”形或截成8~10m长。运到工地上的钢筋应先予以调直，然后方可加工弯制。

盘形钢筋应先放开，截成30~40m的长度，然后用人力绞磨或电动绞车拉直，拉直时应注意控制拉力，使任一段的伸长率不超过1%，也可用钢筋调直机调直。粗钢筋可放在工作台上用手锤敲直，也可用手工扳子或自动机床调直。调直后的钢筋应挺直、无曲折，钢筋中心线的偏差不超过全长的1%。

（二）钢筋的冷拉及时效强化

将钢材于常温下进行冷拉使其产生塑性变形，从而提高屈服强度，称为冷拉强化。将经过冷拉的钢筋于常温下存放15~20天或加热到100~200℃并保持一定时间，称为时效处理。前者称为自然时效，后者称为人工时效。冷拉以后再经过时效处理的钢筋，其屈服点进一步提高，抗拉极限强度也有所增长，塑性继续降低。由于时效过程中内应力的消减，故弹性模量可基本恢复。工地或预制构件常利用这一原理，对钢筋或低碳钢盘条按一定制度进行冷拉加工，以提高屈服强度节约钢材。冷拉时钢筋被拉直，表面锈渣剥落，因此，冷拉还可同时完成调直、除锈工作。

冷拉时，钢筋的应力和伸长率是影响钢筋冷拉质量的两个主要参数。在冷拉时最好采用同时控制钢筋应力和伸长率的方法，即“双控”，以应力控制为主，伸长率控制为辅。

（三）钢筋的焊接

钢筋连接常用的方法有：绑扎连接、焊接连接、冷压连接。除个别情况（如不准出现明火）外，应尽量采用焊接连接，以保证质量、提高效率和节约钢材。

钢筋的对焊过程：将两根钢筋呈对接形式水平安置在对焊机夹钳中，使两根钢筋接触，通以低电压的强电流，把电能转化为热能（电阻热）。当钢筋加热到一定程度后，即施加轴向压力挤压（称为顶锻），便形成对焊接头。

闪光对焊具有生产效率高、操作方便、节约钢材、焊接质量高、接头受力性能好等许多优点。钢筋闪光对焊过程：先将钢筋夹入对焊机的两电极中，闭合电源，使钢筋两端面轻微接触，这时即有电流通过。由于接触轻微，钢筋端面不平，接触面很小，故电流密度和接触电阻很大，因此接触点很快熔化，形成“金属过梁”。过梁进一步加热，产生烧化，火花般的熔化金属微粒自钢筋两端面的间隙中喷出，形成闪光现象，故称闪光对焊。通过烧化使钢筋端部温度升高到要求温度后，便快速将钢筋挤压，然后断电，即形成对焊接头。

根据所用对焊机功率大小及钢筋品种、直径不同，闪光对焊又分连续闪光焊、预热闪光焊、闪光－预热闪光焊等不同工艺。钢筋直径较小时，可采用连续不够平整时，宜采用闪光－预热闪光焊。

（1）连续闪光焊。采用连续闪光焊时，先闭合电源，然后使两根钢筋端面轻微接触，形成闪光。闪光一旦开始，徐徐移动钢筋形成连续闪光过程。待钢筋烧化到规定的长度后，以适当的压力迅速进行顶锻，使两根钢筋焊牢。

（2）预热闪光焊。预热闪光焊是在连续闪光焊前增加一次预热过程。采用这种焊接工艺时，先闭合电源，然后使两根钢筋端面交替地接触和分开。这时钢筋端面的间隙中即发出断续的闪光，而形成预热过程。当钢筋烧化到预定的预热留量后，随即进行连续闪光和顶锻，使钢筋焊牢。

（3）闪光－预热闪光焊。在预热闪光焊前加一次闪光过程，目的是使不平整的钢筋端面烧化平整，使预热均匀。采用这种焊接工艺时，首先连续闪光，最后进行顶锻，以完成整个焊接的过程。

（四）钢筋的弯制成型

下料后的钢筋，可在工作平台上用手工或电动弯筋器按规定的弯曲半径弯制成型。钢筋的两端也应按图纸完成所需的弯钩。如钢筋图中对弯曲半径未做规定，则宜按相应施工规范的要求进行弯制。如需要较长的钢筋，最好在接长以后再弯制，这样较易控制尺寸。

（五）钢筋骨架的组成与钢筋的安装

钢筋骨架可以焊接成型，也可以绑扎成型，但为了使搬运、安装和灌注混凝土过程中不致变形、松散，骨架必须有足够的刚度。

焊接钢筋骨架应在紧固的焊接工作台上施工。骨架的焊接一般采用电弧焊，先焊成单片平面骨架，再组拼成立体骨架。由于焊接过程中温度变化，骨架会产生翘曲变形，同时将引起甚至会导致焊缝开裂的收缩应力。为了防止或减小这种变形和应力，一般宜采用双跨径骨架。不得不采用单面焊时，则需在垂直骨架平面的方向做成预拱骨架中心向两端对称、错开地焊接，先焊骨架下部，后焊骨架上部；在同一断面处，如钢筋层次多，各道焊缝也应互相交错跳焊。

实践表明，装配式简支梁焊接钢筋骨架焊接后，在骨架平面内还会发生两端上翘的焊接变形。为此，应结合骨架在安装时可能产生的挠度，将骨架拼成一定的预拱度，再行施焊。

焊接成型的钢筋骨架，安装时用一般起重设备吊入模板内即可。但在模板内安装钢筋之前，必须详细检查模板各部分的尺寸，以及模板有无歪斜、裂缝及变形等现象。若有不符要求之处需预先处理好。

绑扎骨架钢筋的安装应事先拟定安装顺序。一般的梁肋钢筋，先放箍筋，再安下排主筋，后装上排钢筋。为了保证达到设计及构造要求，钢筋安装工作中应注意以下方面。

（1）钢筋的接头应按规定要求错开布置。

（2）钢筋的交叉点应用铁丝绑扎结实，必要时可用电焊焊接。

（3）除设计有特殊规定者外，箍筋应与主筋垂直。箍筋弯钩的叠合处，应在梁中沿纵向置于上面并交错布置。

（4）为保证混凝土保护层的厚度，应在钢筋与模板间设置错开的垫块，如水泥浆块、混凝土垫块或其他形式的垫块。

（5）为保证及固定钢筋间的横向净距，两排钢筋之间可使用混凝土分隔块，或用短钢筋绑扎固定。

（6）必要时可增加装配钢筋，以保证钢筋骨架足够的刚度。

第四节 桥梁悬臂施工技术

桥梁的悬臂施工是指桥梁上部结构施工时，从桥墩顶部开始，对称或不对称地分段悬臂拼装或悬臂浇筑的施工方法。该方法适合于梁的上翼缘承受拉应力的桥梁形式，如悬臂梁、连续梁、连续刚构、拱桥及斜拉桥等。

悬臂拼装是将已制造好的钢梁杆件或预制好的预应力梁节段，用悬拼吊机悬吊于上部结构上将杆件或节段梁逐一拼装。拼装牢固一个节段后，再拼装下一个节段，形成向桥跨中部逐渐增大的悬臂，直至跨中合拢或拼至下一个墩台上。

悬臂浇筑法是用挂篮就地分段现浇，待每段混凝土养护并张拉预应力后，再将挂篮前移，浇筑下一节段。悬臂浇筑的每一段将要承受随后浇筑的结构自重及施工机具等荷载，并要保持悬臂平衡及安全稳定。悬臂施工法主要适用于以下情况。

（1）桥梁位于深山峡谷之间，桥墩很高，用支架法很不经济时，可考虑用悬臂施工。

（2）桥梁位于大江大河之上，水深流急，有通航要求的河流，要求桥梁跨度较大，可考虑用悬臂施工。

（3）桥梁的上部结构形式有利于悬臂施工时，即悬臂施工的受力与桥梁建成后受力较接近，如悬臂梁桥、连续梁桥、连续刚构桥、斜拉桥等，可考虑用悬臂施工。

（4）桥梁属于立交桥，在施工中不能妨碍桥下净空的使用，或大跨度桥梁施工工期要求很紧时，为加快施工进度，可考虑用悬臂施工。

一、悬臂浇筑法施工技术

（一）移动式挂篮

悬臂浇筑采用移动式挂篮作为主要施工设备，以桥墩为中心，利用挂篮对称浇筑梁段混凝土，每段长 2~5m。每浇筑完一对梁段，待混凝土达到规定强度后，张拉预应力束并锚固，再向前移动挂篮，进行下一节段的施工。

悬臂施工时，悬臂平衡是最重要的问题，但是不可能保持悬臂在桥墩两侧绝对平衡，因此常采用下列临时措施。

（1）用预应力临时固结，完工后解除之，恢复原来的支撑条件。

（2）在桥墩两侧加设临时支墩。

（3）在墩顶设扇形托架，以达到梁与墩的临时固结。

每段浇筑的混凝土经养护达到设计强度的70%后，再经过孔道检查和修理埋孔口等工序，即可进行穿束、张拉、压浆和封锚工作。

移动式挂篮是悬臂浇筑采用的主要施工设备，它由底模板、悬挂系统、钢桁架、行走系统、工作平台、平衡重力及锚固系统等组成。挂篮能沿轨道行走，能悬挂在已完成悬臂浇筑的梁段上进行下一梁段施工。由于梁段的模板架设、钢筋绑扎、制孔器安装、混凝土浇筑、预加应力和管道压浆等工序均在挂篮上进行，所以挂篮除具备足够的强度外，还应满足变形小、行走方便、锚固、拆装容易以及各项施工作业的要求。

按不同的划分依据，挂篮可以有不同的分类。按构造形式分，挂篮可分为桁架式（包括平弦无平衡重式、菱形、弓弦式等）、斜拉式（包括三角斜拉式和预应力斜拉式）、型钢式及混合式四种；按抗倾覆平衡方式分，挂篮可分为压重式、锚固式和半压重半锚固式三种；按走行方法分，挂篮可分为一次走行到位和两次走行到位两种；按移动方式分，挂篮可分为滚动式、滑动式和组合式三种。下面论述几种主要挂篮的结构与特点。

（1）平行桁架式挂篮。平行桁架式挂篮的上部结构一般为一个等高的桁架，其受力特点为底模平台及侧模支架所承荷重均由前后吊杆垂直传至桁架节点和箱梁底板上，故又称吊篮式结构，桁架在梁顶用压重或锚固解决倾搜稳定问题，桁架本身为受弯结构。

（2）平弦无平衡重挂篮。平弦无平衡重挂篮是在平行桁架式挂篮的基础上，取消压重，在主桁架上部增设前后上横桁，可根据需要沿主桁纵向滑移，并在主桁横移时吊住底模平台及侧模架。由于平弦无平衡重挂篮减小了挂篮底部荷重作用在主桁架上的力臂，大大减小了倾覆力矩，故不需平衡压重，其主桁后端则通过梁体竖向预应力筋锚固于主梁顶板上。

（3）三角形组合梁挂篮。三角形组合梁挂篮是在平行桁架式挂篮的基础之上，将受弯桁架改为三角形组合梁结构的斜拉式挂篮。由于斜拉杆的拉力作用，大大降低了主梁的弯矩，主梁能采用单构件实体型钢。挂篮上部结构较轻，因此除尾部锚固外，还需较大压重。三角形组合梁挂篮的底模平台及侧模支架等承重传力与平行桁架式挂篮基本相同。

（4）弓弦桁架式挂篮。弓弦桁架式挂篮又称曲弦桁架式挂篮，其主桁形似弓形，除具有桁高随弯矩大小变化、受力合理的特点外，还可在结构内部预施应力消除非弹性变形，故可取消平衡重，一般重量较轻。

（5）滑动斜拉式挂篮。滑动斜拉式挂篮上部采用斜拉体系代替梁式或桁架式结构的受力，而由此引起的水平分力通过上下限位装置（也称水平制动装置）承受，主梁的纵向倾覆稳定由后端锚固压力维持。底模平台后端仍吊挂或锚固于箱梁底板之上。

（6）菱形挂篮。菱形挂篮可认为是在平行桁架式挂篮的基础上简化而来的，其上部结构为菱形，前部伸出两伸臂小梁作为挂篮底模平台和侧模前移的滑道，菱形结构后端锚固于箱梁顶板上，结构简单，而且无平衡压重，大大减轻了自身静荷。

（7）自承式挂篮。自承式挂篮分为两种，一种是模架支承在整体桁架上，桁架用销子和预应力筋挂在已成箱梁的前端角上。灌注混凝土时主梁和走行桁架移至一边，挂篮前行时再安上，吊着空载的模板系统前移。另一种是将侧模制成能承受巨大压力的刚性模板，通过梁上的水平及竖直预应力筋拉住模板来承担混凝土重，走行方法与前者相同，由临时吊车悬吊着模板系统前移到下一梁段。

（二）移动式桁梁悬吊模架施工

移动式桁梁悬吊模架法的结构适用于桥跨在40~150m，经济跨径为70~90m，对于多跨长桥经济效益较好，而且可以设计专用的桁梁，施工方便。

相对于挂篮悬臂浇筑法来说，由于移动式桁梁可支承于墩顶梁上，能减小主梁悬浇时的弯矩和剪力，改善桥墩受力状况，从而节省了桥梁主体结构的材料用量，并可加大悬臂施工时的节段长度。一般分段长度可达10m，因而减少了设备的周转循环次数，可较大程度地加快施工进度。

此外，由于受力桁架既可沿桥纵向移动，又可沿桥横向移动，比较适用于一定曲率的曲线桥的悬臂灌注。

二、悬臂拼装法施工技术

悬臂拼装法是在桥墩两侧设置吊架，平衡地逐段向跨中悬臂拼装水泥混凝土梁体预制件，并逐段施加预应力的施工方法。悬臂拼装法施工包括块件的预制、运输、拼装及合拢。

为了使各段之间的接缝紧密，可先浇制奇数编号的块件，然后在其间浇筑偶数编号的块件。可在顶板和腹板上设榫头做向导，以使拼装构件的位置准确。腹板上的榫头可起到增强接缝抗剪能力、防止滑动的重要作用。

悬臂拼装的顺序是先安装墩顶梁段，再用墩顶上的悬臂钢桁架，同时拼装两侧块件。

（一）混凝土块件的预制类型与方法

1. 混凝土块件的预制类型

根据预制模板及预制台座的设置不同，混凝土块件预制经常采用固定底座和活动底座两种类型。固定底座是在预制块件前按整跨或单跨悬臂梁的长度做好底座，通过移动侧模顺次完成块件的制作，其优点是能准确放样梁底曲线到台座上，但养护设备需要移动，占地较多。活动底座是按主梁纵剖面的变化尺寸设计出单个浇筑单元，在配有纵移及调整底板高度设备的底模上浇筑梁段。梁段一端是刚度大、平整度好的端模，另一端是已浇梁端，称为配筑单元，其优点是底座长度短、浇筑位置固定、便于养护，适于工厂化生产。

2. 混凝土块件的预制方法

箱梁块件通常采用长线浇筑法或短线浇筑法的立式预制方法，桁架梁段采用卧式预制方法，以下分别探讨：①长线预制法。长线预制法是在工厂或施工现场按桥梁底缘曲线制作固定的底座，在底座上安装底模进行块件预制工作的方法。形成底座的方法有多种，例如可以利用预制场的地形堆筑土胎，经加固夯实后，铺砂石层并在其上面做混凝土底板；石料丰富的山区可以用石砌圬工筑成所需的梁底缘的形状；地质条件较差的预制场地，需采用打短桩基础，再搭设木材或型钢组成的排架形成梁底曲面。②短线预制法。短线预制箱梁块件的施工由可调整外部及内部模板的台车与端梁来完成。第一节混凝土浇筑完成后，在其相应位置上安装下一段模板，并利用第一节段的端面作为第二节段的端模完成混凝土的浇筑工作。短线预制适合工厂节段预制，设备可周转使用，节段尺寸和相对位置的调整略为复杂。此法也称为活动底座法。③卧式预制。桁架的预制节段常采用卧式预制法。卧式预制要有一个较大地坪。地坪应有足够的强度和平整度，不致产生不均匀沉陷。对相同的节段还可以在已预制完成的节段上安装模板进行叠置，两层构件间常用塑料布或涂机油等方法分隔。桁架梁预制节段的起吊、翻身工作要求操作细致，并注意选择吊点和吊装机具。

无论是箱梁或桁架构件的预制，都要求相邻构件之间接触密贴，故必须以前面浇筑块件的端面作为后来浇筑构件的端模，同时必须采用隔离剂使块件相互容易从接缝处脱离。

（二）悬臂吊装系统

预制阶段的悬臂吊装可根据现场布置和设备条件选用不同的方法。当靠岸边的桥跨不高且可在陆地或便桥上施工时，可采用自行式起重机或门式起重机吊装；对于河中桥孔，可采用水上浮吊安装；如果桥墩很高或水流湍急而不便在陆上、水上施工时，可利用各种吊机高空悬拼施工。

（1）悬臂式吊装。悬臂式吊装系统由纵向主桁架、横向起重桁架、锚固装置、平衡装置、起重系统、行走系统和工作吊篮等部分组成。预制好的梁体块件运至安装位置的下方，通过位于悬出部分的吊机将块件起吊安装，安装就位后，在就位梁段上前移吊机安装下一块件。吊装过程中为了保持悬臂梁的平衡应设置前方的支承平台，并注意后方与梁体的锚固构造，以利于安全施工。

（2）连续桁架（闸式吊机）吊装。连续桁架吊装施工可分为移动式和固定式两类。移动式连续桁架的长度大于桥的最大跨径。桁架支承在已拼装完成的梁段和待拼墩顶上，由吊车在桁架上移运节段进行悬臂拼装。固定式连续桁架的支点均设在桥墩上，而不增加梁段的施工荷载。

（3）缆索吊装。缆索吊装无须考虑桥位状况，吊运结合，机动灵活，作业空间大。在一定设计范围内，缆吊几乎可以承担从下部到上部、从此岸到彼岸的施工作业。目前，我国使用的缆吊悬拼连续梁都是由两个独立单箱单室并列组合的桥型。为了充分利用缆吊的空间特性，可将预制场及存梁区布设在缆吊作用面内。

缆机吊运结合的优势在于，可以大大缩短用其他吊运方式所需的转运时间，可以将梁段从预制场直接吊至悬拼结合面，提高了施工速度。缆索吊装多用于桥下不通航且桥墩较高的场合，在悬臂拼装时，桥墩两侧块件应同时对称起吊，故缆索吊机的主索至少需两组。主索与牵引索、起重索、缆风索等共同构成缆索吊装系统。

（4）修建临时施工便桥配合龙门吊装。在平坦的地面上建造高架桥或者在河滩上搭建便桥配合龙门吊装。根据吊机类型和桥孔处具体条件的不同，吊机可以支承在墩柱上、已拼好的梁段上或处在栈桥上、桥孔下。

悬臂吊机需要满足的要求有四个方面：第一，吊机的结构尽量简单，便于装拆；第二，起重能力满足起吊最大节段的需要；第三，吊机拼装时，能方便地起吊节段进行竖向提升和纵、横向移动，以便调整节段拼装位置；第四，吊机能便于纵向移动，移动后又能固定于拼装位置。

第五节 预应力混凝土梁预制技术

预应力混凝土是预应力钢筋混凝土的简称。普通钢筋混凝土梁在受荷时发生弯曲，再加荷时发生裂缝直至破坏，预应力钢筋混凝土则与普通钢筋混凝土不同，先在没有荷载时在受拉区施加一个压力，这预先施加的压力称为预应力。先加的压力使梁产生反拱，当梁受荷时，梁先回复到平直状态，再增加荷载，梁发生弯曲，荷载继续增加，梁才产生裂缝直至破坏。

预应力混凝土技术在桥梁工程中的使用范围和数量，已成为衡量一个桥梁技术水平的重要标志之一。与普通钢筋混凝土相比，预应力钢筋混凝土提高了构件的抗裂度和刚度，同时节约了大量钢材，既降低了生产成本，又使得结构自重较轻。因此，可用于大跨度桥梁结构。施加预应力的方法有先张法和后张法两种。

一、先张法预应力混凝土梁的预制技术

先张法的制梁工艺是在浇筑混凝土前张拉预应力筋，并将其临时锚固在张拉台座上。然后立模浇筑混凝土，待混凝土达到规定强度后（一般不低于设计强度的 70%），逐渐将预应力筋放松。这样就因预应力筋的弹性回缩，通过其与混凝土之间的黏结作用，使混凝土获得预压应力。

先张法可采用台座法或流水机组法。采用流水机组法时，构件在移动式的钢模中生产，钢模按流水方式通过张拉、灌注、养护等各个固定机组完成每道工序。流水机组法可加快生产速度，但需要大量钢模和较高的机械化程度，且需配合蒸汽养护，适用于工厂内预制定型构件。采用台座法时，施工工序全在固定台座上进行，不需复杂机械设备，施工适用性强，应用较广。因此，重点介绍张拉台座、预应力筋制备、预应力张拉、混凝土灌注、预应力筋放松等工艺。

（一）台座技术

台座是先张法施加预应力的主要设备之一，承受构件制作时预应力筋的全部张拉力。张拉台座必须在受力后不倾覆、不移动、不变形。张拉台座按构造形式可分为框架式、槽式和墩式；按材料可分为钢筋混凝土式、钢筋混凝土和型钢组合式及钢管混凝土式；按使用方式可分为拆装配式和固定式；按受力形式可分为轴心压柱式、偏心压柱式和无压柱式。

台座的长度和宽度根据施工现场的实际情况和生产板梁的数量决定，长度一般为 50~120m。台座主要由承力支架、横梁、定位钢板和台面等组成，台座材料要求有足够的强度与稳定性。

（1）承力支架。承力支架是台座的重要组成部分，要承担全部张拉力，在设计和建造时应保证不变形、无位移、经济、安全和操作方便。目前，在桥梁施工中所采用的承力支架多为槽式，这种支架一般能承受 1000kN 以上的张拉力。

（2）台面。台面是制作构件的底模，要求坚固、平整、光滑。一般可在夯实平整的地基上浇铺一层素混凝土，并按规定留出伸缩缝作为台面。

（3）横梁。横梁是将预应力筋的全部张拉力传给承力支架的两端横向构件，可用型钢或钢筋混凝土制作，并根据横梁的跨度、张拉力的大小，计算确定其断面尺寸，以保证其强度、刚度和稳定性，避免受力后产生变形或翘曲。

（二）预应力钢筋的制备技术

预应力钢筋种类很多，有直径为3~5mm的高强钢丝、钢绞线、冷拉IE、冷拉Ⅳ级钢筋等。预应力钢筋的制作具体如下。

（1）钢筋下料。预应力钢筋的下料长度是通过计算确定的，计算时应考虑构件或台座长度、锚夹具长度、千斤顶长度、焊接接头或墩头预留量、冷拉伸长值、弹性回缩值和外露长度等因素。

（2）钢筋对焊。钢筋对焊必须在冷拉前对预应力钢筋的接头进行对焊，以免冷拉钢筋高温回火后失去冷拉所提高的强度。普通低合金钢筋的对焊工艺，多采用闪光对焊。对焊后应进行热处理，以提高焊接质量。预应力筋有对焊接头时，宜将接头设置在受力较小处，在结构受拉区及在相当于预应力筋30倍直径长度（不小于50cm）范围内，对焊接头的预应力筋截面面积不得超过钢筋总截面积的25%。

（3）镦粗。制作预应力混凝土构件需要夹具和锚具，会耗费一定的优质钢材。可将预应力钢筋端部做一个大头（即镦粗头），加上开孔的垫板来代替夹具和锚具。钢筋的镦粗头可以采用电热镦粗；高强钢丝可以采用液压冷镦；冷拔低碳钢丝可以采用冷冲镦粗。冷拉钢筋端头的镦粗及热处理工作应在钢筋冷拉前进行。

钢筋或钢丝的镦粗头制成后，要经过拉力试验。当钢筋或钢丝本身拉断，而镦粗头仍不破坏时，则认为合格；同时进行外观检查，不得有烧伤、歪斜和裂缝。

（4）钢筋冷拔。为了提高钢筋的强度并达到节约钢筋的目的，预应力粗钢筋一般在使用前需要进行冷拔，即在常温下用超过钢筋屈服强度的拉力拉伸钢筋。

（三）预应力筋的张拉

1. 张拉前的准备工作

先张法梁的预应力筋是在底模整理后，在台座上对已加工好的预应力筋进行张拉。对于长线台座，预应力筋之间的连接或者预应力筋与拉杆、拉索的连接，必须先用连接器串联后才能张拉。先张法通常采用一端张拉，另一端在张拉前设置好固定装置或安放好预应力筋的放松装置。但也有采用两端张拉的方法。

张拉前先安装定位板，检查定位板的筋孔位置和孔径大小是否符合设计要求，然后将定位板固定在横梁上。检查预应力筋数量、位置、张拉设备和锚具后，方可进行张拉。

2. 张拉工艺

先张法施加预应力工艺是在预制构件时，先在台座上张拉预应力筋，然后支模浇筑混凝土使构件成型的方法。

先张法张拉预应力筋，分单根张拉和多根张拉，单向张拉和双向张拉。单根张拉设备比较简单，吨位要求小，但张拉速度慢，张拉的顺序不会导致台座承受过大的偏心力。多根张拉张拉速度快，一般需有两个大吨位千斤顶。数根预应力筋张拉时，必须使它们的初始长度一致，张拉后每根力筋的应力均匀。因此，可在预应力筋的一端选用螺丝杆锚具和横梁、千斤顶组成张拉端，另一端选用镦粗夹具为固定端，这样可以利用螺丝端杆的螺帽调整各根力筋的初始长度。如果力筋直径较小，在保证每根力筋下料长度精确的情况下，可两端采用镦粗夹具。将多根张拉固定端的镦粗夹具改为夹片锚具，用小型穿心式张拉千斤顶先单根施加部分拉力，同时使每根预应力筋均匀受力，然后在另一端多根张拉到位，就是双向张拉。双向张拉速度快，预应力筋拉力均匀。

3. 一般操作

（1）调整预应力筋长度。采用螺丝杆锚具，拧动端头螺帽，调整预应力筋长度，使每根预应力筋受力均匀。

（2）初始张拉。一般施加 10% 的初始张拉应力，将预应力筋拉直，锚固端和连接器处拉紧，在预应力筋上选定适当的位置刻画标记，作为测量延伸量的基点。

（3）正式张拉。第一，一端固定，一端单根张拉：张拉顺序由中间向两侧对称进行，如横梁、承力架受力安全也可从一侧进行。单根预应力筋张拉吨位不可一次拉至超张拉应力。第二，一端固定，一端多根张拉：千斤顶必须同步顶进，保持横梁平行移动，预应力筋均匀受力。分级加载拉至超张拉应力。第三，一端单根张拉，一端多根张拉：先张拉单根预应力筋，由延伸量和油表压力读数双控制施加 30%~40% 的张拉力，同时使预应力筋受力均匀，先顶锚锚固一端，再张拉多根预应力筋至超张拉应力。

（4）持荷。按预应力筋的类型选定持荷时间为 2~5 分钟，使预应力筋完成部分徐舒，完成量为全部量的 20%~25%，以减少钢丝锚固后的应力损失。

（5）锚固。补足或放松预应力筋的拉力至控制应力。测量记录预应力筋的延伸量，并核对实测值与理论计算值，其误差应在 ±6% 范围内。锚固预应力筋，千斤顶应回油至零。

二、后张法预应力混凝土梁的预制技术

后张法制梁的步骤是先制作留有预应力筋孔道的梁体。待混凝土达到规定强度后，

再在孔道内穿入预应力筋，进行张拉并锚固，最后进行孔道压浆并浇筑梁端封头混凝土。

后张法需要留孔道、穿筋、灌浆等工序，比先张法复杂，且构件上耗用的锚具和预埋件等增加了用钢量和制作成本，但此法不需要强大的张拉台座，便于现场施工，而且适用于配制曲线形预应力筋的大型和重型构件制作。因此，在公路、铁路、桥梁上得到广泛的应用。

后张法预应力混凝土桥梁常用高强碳素钢丝束、钢绞线和冷拉Ⅲ、Ⅳ级粗钢筋作为预应力筋。对于跨径较小的T型梁，也可采用冷拔低碳钢丝束作为预应力筋。

（一）预应力钢筋的制备

（1）高强钢丝束的制备。钢丝束的制备包括下料和编束工序。若高强碳素钢丝的盘径小于1.5m，则下料前应先在调直机上整直。对于在厂内已经矫直回火处理且盘径为1.7m的高强钢丝，一般不必整直就可下料。如发现局部存在波弯现象，可先在木制台座上用木锤整直后下料。调直好的钢丝，最好呈直线存放。如果需将钢丝盘起来存放时，其盘径应不小于钢丝直径的400倍，否则钢丝将发生塑性变形和弯曲。下料前除应抽样试验钢丝的力学性能外，还要测量钢丝的圆度。

（2）钢绞线束的制备。钢绞线是用若干根钢丝围绕一根中心芯丝绞捻而成的。如7 ϕ 5批钢绞线是由六根直径为5mm的钢丝围绕一根直径为5.15~5.20mm的钢丝扭结后，经低温回火处理而成的。

钢绞线出厂时缠于圆盘上，使用时按需要长度下料。钢绞线束的下料长度也由孔道长度和工作长度决定。

钢绞线的成束，可采用与钢丝束编扎相同的方法，即用18~20号铅丝每隔1~1.5m绑扎一道，但应在编束前进行预拉工作。当采用专门的穿束机时，无须对钢绞线进行预拉和编束。

（二）预应力孔道的形成

后张法施工的预应力梁，在浇筑梁体混凝土前，需在预应力筋的设计位置预先安放制孔器，以便在梁体制成后在梁内形成孔道。在进行预应力工艺时，即可将预应力筋穿入孔道，然后进行张拉和锚固。预应力孔道的形成包括制孔器的安装和抽拔以及通孔检查等工作。

1. 制孔器的分类

为了在混凝土内形成钢束管道，应在浇筑混凝土前预先安放制孔器。按制孔的方式可分为埋置式制孔器和抽拔式制孔器两种。

埋置式制孔器在梁体制成后将留在梁内，形成的孔道壁对预应力筋的摩阻力小，但加工成本高，使用后不能回收。其种类主要有铁皮管、铝合金波纹管以及塑料波纹管等。铁皮管以薄铁皮制作，安放时分段连接。铁皮管制孔器的缺点是制作慢、费人工、接缝和接头处容易漏浆导致以后穿束和张拉的困难。波纹管由铝合金片材用制管机卷制而成，横向刚度大，不易变形、不漏浆，纵向也便于弯成各种线型，与构件混凝土的黏结也较好，故比较适用。塑料波纹管具有抗腐蚀性好、能防止氯离子浸入、防电流腐蚀、强度高、耐疲劳性好等优点，因此其应用越来越广泛。

抽拔式制孔是将制孔器预先安放在预应力束的设计位置上，待混凝土强度达到抽拔要求后将它拔出，构件内即形成孔道。这种方法制孔的最大优点是制孔器能够周转使用，因此应用较广。常用的抽拔式制孔器（俗称抽拔管）有以下三种。

（1）橡胶管制孔器。它分为夹布胶管和钢丝网胶管两种。通常选用具有 5~7 层夹布的高压输水（气）管作为制孔器，要求管壁牢固，耐磨性能好，能承受 5kN 以上的工作拉力，并且弹性恢复性能好，有良好的挠曲适应性。预应力混凝土 T 梁的预留孔道长度一般在 25m 以上，而胶管的出厂长度不到 25m，考虑制孔器安装和抽拔的方便，常采用专门的接头。胶管内如利用充气或充水来增加刚度，管内压力不得低于 500kPa。充气（水）后胶管的外径应符合孔道直径的要求。为增加胶管的刚度和控制位置的准确，需在橡胶管内置圆钢筋芯棒。

（2）金属伸缩管制孔器。它是一种用金属丝编织成的可伸缩网套，具有压缩时直径增大而拉伸时直径减小的特性。为了防止漏浆和增强刚度，网套内可衬以普通橡胶衬管和插入圆钢或 5mm 钢丝束芯棒。

（3）钢管制孔器。钢管制孔器用表面平整光滑的钢管焊接制成，抽拔力大，但不能弯曲，仅适用于短而直的孔道。

无论采用何种制孔器，都应按设计规定或施工需要预留排气排水和灌浆用的孔眼。

2. 制孔器的抽拔

制孔器可由人工逐根或用机械分批地进行抽拔工作。抽拔时先抽芯棒，后拔胶管；先拔下层胶管，后拔上层胶管。抽拔完毕后，应用通孔器进行通孔检查。

抽拔时机的选择是能否顺利抽拔和保证成孔质量的关键。制孔器的抽拔要在混凝土初凝之后与终凝之前进行，抽拔过早混凝土容易塌陷而堵塞孔道；抽拔过迟则可能拔断胶管。

（三）预应力筋的张拉

混凝土强度达到设计强度的 75% 时，方可进行构件预应力筋的张拉工作。预应力筋张拉时，应避免构件呈过大的偏心状态，为此，应对称于构件截面进行张拉，或先张拉靠近截面重心处的预应力筋，后张拉距截面重心较远处的预应力筋。对曲线预应力筋或长度不小于 25m 的直线预应力筋，宜在两端同时张拉；长度小于 25mm 的直线预应力筋，可在一端张拉。

预应力筋的张拉操作方法与配用的锚具和千斤顶的类型有关。如张拉钢丝束可配用锥形锚具、锥锚式千斤顶；张拉粗钢筋可配用螺丝端杆锚具、拉杆式千斤顶；张拉精轧螺纹钢筋可配用特质螺帽、穿心式千斤顶；张拉钢绞线束可配 OVM 锚、穿心式千斤顶。

（四）孔道压浆

孔道压浆是用压浆机将水泥浆压入孔内，填满预应力筋与孔道间的空隙，使预应力筋与混凝土牢固黏结成为一个整体。孔道压浆的目的是防止孔道内预应力筋锈蚀，并与构件混凝土结成整体，保证构件的强度和耐久性。预应力筋张拉完毕后应尽快进行孔道压浆。孔道压浆的操作要点有以下方面。

（1）冲洗孔道。为保持灰浆的流动性，压浆前应先用清水冲洗湿润孔道，同时要检查灌浆孔、排气孔是否畅通。

（2）确定灰浆配合比。根据孔道形式、灌浆方法、材料性能及设备条件试验确定灰浆的配合比。孔道压浆一般宜采用水泥浆，孔道较大时，可在水泥浆中掺入适量的细砂。压浆水泥宜采用普通硅酸盐水泥，强度等级不宜低于 42.5，水灰比应控制在 0.4~0.45。掺入减水剂时，水灰比可减少到 0.35。泌水率不超过 3%，拌和后 3 小时泌水率宜控制在 2%，泌水应在 24 小时内被重新吸收。水泥浆自调制开始到压入孔道的间隔时间不得超过 30~45 分钟。

（3）压浆方法。压浆时，对曲线孔道和竖向孔道应以最低点的压浆孔压入，由最高点的排气孔排气和泌水。压浆顺序宜先压注下层孔道，后压注上层孔道。压浆应缓慢、均匀、连续地进行，不得中断，如中间因故停顿时，应立即将已灌入孔道的灰浆用水冲洗干净后重新压浆。压浆时，每一工作班应留取不少于 3 组的立方体试件，检查其 28 天抗压强度。

第三章 公路桥梁施工检测及施工管理

公路桥梁施工过程中的检测与管理对整个项目来说是非常重要的。本章主要讨论了公路桥梁基层与面层施工检测技术、公路桥梁施工进度管理、公路桥梁竣工验收管理三方面的内容。

第一节 公路桥梁基层与面层施工检测技术

一、路面基层工程检测技术

（一）路面基层、底基层的试验检测项目

施工准备阶段基层、底基层的试验检测项目包括：粒料的常规检测、水泥的常规检验、土的液塑限试验、石灰化学分析试验、EDTA 标准曲线、标准击实试验、无侧限抗压强度试验、无机结合料稳定材料的组成设计。

1. 施工过程中路面基层、底基层的要求

（1）施工过程中的垫层。

①承包人应在监理工程师验收合格的路基上铺筑垫层材料，未经监理工程师批准而在其上摊铺的材料，应由承包人自费清除。

②经过整平和整型，承包人应按试验路段所确认的压实工艺，在全宽范围内均匀地压实至重型击实最大密度的 96% 以上[①]。

③一个路段碾压完成以后，应按批准的方法做密实度试验。被检验的材料没有达到所需的密实度、稳定性，则承包人应重新碾压、整型及整修，所需费用由承包人自理。

---

① 夏连学，宁金成．公路与桥梁结构检测 [M]. 郑州：黄河水利出版社，1999.

④在已完成的垫层上每一作业段或不大于 2000m^2 随机取样 6 次，按《公路路基路面现场测试规程》（JTG 3450 —2019）规定进行压实度试验，并按规定检验其他项目。所有试验结果，均报监理工程师审批。

（2）施工过程中的石灰稳定土底基层。

①石灰稳定土施工的压实厚度，每层不小于 100mm，也不超过 200mm。

②取样和试验。石灰稳定土应在施工现场每天进行一次或每 2000m^2 取样一次，并按《公路工程无机结合料稳定材料试验规程》（JTGE51—2009）标准方法进行混合料的含水率、石灰含量和无侧限抗压强度试验；在已完成的下承层上按《公路路基路面现场测试规程》（JTG 3450 —2019）规定进行压实度试验，每一作业段或不超过 2000m^2 检查 6 次以上。所有试验结果，均报监理工程师审批。

（3）施工过程中的水泥稳定土底基层、基层。

①混合料的最小压实用 12~15 吨压路机碾压时，每层的压实厚度不应超过 150mm；用 18~20 吨压路机碾压时，每层的压实厚度不应超过 200mm，每层最小压实厚度为 100mm。

②取样和试验。水泥稳定土应在施工现场每天进行一次或每 2000m^2 取样一次，检查混合料的级配是否在规定的范围内；并按《公路工程无机结合料稳定材料试验规程》（JTGE51—2009）标准方法进行混合料的含水率、水泥含量和无侧限抗压强度试验；在已完成的铺筑层上按《公路路基路面现场测试规程》（JTG 3450 —2019）进行压实度试验，每一作业段或不超过 2000m^2 检查 6 次以上。基层应取钻件（路面芯样）检验其整体性。水泥稳定基层的龄期达 7~10 天时，应能取出完整的钻件。对于所有试验结果，均报监理工程师审批。

（4）施工过程中的石灰粉煤灰稳定土底基层或基层。混合料压实，用 12~15 吨三轮压路机碾压时，每层的压实厚度不应超过 150mm；用 18~20 吨三轮压路机碾压时，每层的压实厚度不应超过 200mm；采用能量大的振动压路机碾压时，每层的压实厚度可以根据试验适当增加。压实厚度超过上述规定时，应分层铺筑，每层的最小压实厚度为 100mm，下层宜稍厚。

（5）施工过程中的级配碎（砾）石底基层、基层。

①在已完成的底基层、基层上按规范的要求进行取样试验，所有试验结果均应报监理工程师审批[①]。

① 单炜，张宏祥，李玉顺 . 公路桥梁检测技术 [M]. 哈尔滨：东北林业大学出版社，2005.

②碎石层在最佳含水率时进行碾压，按重型击实试验法确定的压实度，底基层达到96% 以上，基层达到 98% 以上。

2. 施工过程中路面基层、底基层试验检测项目

施工过程中路面基层、底基层试验检测项目包括：原材料试验及基层、底基层现场施工质量控制。

（1）原材料的全面试验。

①土：颗粒分析、液塑限、含水率。

②石灰：钙镁含量测定。

③水泥：凝结时间、强度、安定性。

④粉煤灰：化学分析、细度、烧失量。

⑤碎石：筛分析、压碎值试验、表观密度、堆积密度、针片状含量。

以上原材料开工前均应进行全面试验，合格后方可开工。施工过程中按频率及材料变化及时检验。

（2）基层、底基层现场施工检测。

①含水率测定。

②抗压强度测定。

③混合料含水率测定。

④压实度检测。

（二）氧化钙与氧化镁含量测试

1. 有效氧化钙的测试

（1）有效氧化钙测试的仪器设备。

①筛子：0.15mm，1 个。

②烘箱：50~250℃，1 台。

③干燥器：直径 25cm，1 个。

④称量瓶：直径 30mm × 50mm，10 个。

⑤瓷研钵：直径 12~13mm，1 个。

⑥分析天平：万分之一，1 台。

⑦架盘天平：感量 0.1g，1 台。

⑧电炉：1500W，1 个。

⑨石棉网：20cm × 20cm，1 块。

⑩玻璃珠：直径 3mm，1 袋（0.25kg）。

⑪具塞三角瓶：250mL，20 个。

⑫漏斗：短颈，3 个。

⑬塑料洗瓶：1 个。

⑭塑料桶：20L，1 个。

⑮下口蒸馏水瓶：5000mL，1 个。

⑯三角瓶：300mL，10 个。

⑰容量瓶：250mL、1000mL，各 1 个。

⑱量筒：200mL、50mL、5mL，各 1 个。

⑲试剂瓶：250mL、1000mL，各 5 个。

⑳塑料试剂瓶：1L，1 个。

㉑烧杯：50mL，5 个；250mL（或 300mL），10 个。

㉒棕色广口瓶：60mL，4 个；250mL，5 个。

㉓滴瓶：60mL，3 个。

㉔酸滴定管：50mL，2 支。

㉕滴定台及滴定管夹，各 1 套。

㉖大肚移液管：25mL、50mL，各 1 支。

㉗表面皿：7cm，10 块。

㉘玻璃棒：8mm × 250mm 及 4mm × 180mm，各 10 支。

㉙试剂勺：5 个。

㉚吸水管：8mm × 150mm，5 支。

㉛洗耳球：大、小各 1 个。

（2）有效氧化钙测试的试剂。

①蔗糖（分析纯）。

②酚酞指示剂：称取 0.5g 酚酞溶于 50mL95% 乙醇中。

③ 0.1% 甲基橙水溶液：称取 0.05g 甲基橙溶于 50mL 蒸馏水中。

④ 0.5N 盐酸标准溶液：将 42mL 浓盐酸（相对密度 1.19）稀释至 1L，按下述方法标定其当量浓度后备用。

称取 0.800~1.000g（准确至 0.002g）已在 180℃温度下烘干 2 小时的碳酸钠，置于 250mL 三角瓶中，加 100mL 水使其完全溶解；然后加入 2~3 滴 0.1% 甲基橙指示剂，用待标定的盐酸标准溶液滴定，至碳酸钠溶剂由黄色变为橙红色。将溶液加热至沸，并保持微沸 3 分钟，然后放在冷水中冷却至室温，如此时橙红色变为黄色，则再用盐酸标准溶液滴定，至溶液出现稳定橙红色时为止。

（3）有效氧化钙测试的准备试样。

①生石灰试样：将生石灰样品打碎，使颗粒直径不大于 2mm。拌和均匀后用四分法缩减至 200g 左右，放在瓷研钵中研细，再经四分法缩减几次至剩下 20g 左右。将研磨所得石灰样品通过 0.10mm 的筛子，从此细样中均匀挑取 10 余克，置于称量瓶中在 100℃烘干 1 小时，贮于干燥器中，供试验用。

②消石灰试样：将消石灰样品用四分法缩减至 10g 左右，如有大颗粒存在须在瓷研钵中磨细至无不均匀颗粒存在为止。置于称量瓶中在 105~110℃烘干 1 小时，贮于干燥器中，供试验用。

（4）有效氧化钙测试的试验步骤。称取约 0.5g（用减量法称准至 0.0005g）试样放入干燥的 250mL 具塞三角瓶中，取 5g 蔗糖覆盖在试样表面，投入干玻璃珠 15 粒，迅速加入新煮沸并已冷却的蒸馏水 50mL，立即加塞振荡 15 分钟（如有试样结块或粘于瓶壁现象，则应重新取样），打开瓶塞，用水冲洗瓶塞及瓶壁，加入 2~3 滴酚酞指示剂，以 0.5N 盐酸标准溶液滴定（滴定速度以每秒 2~3 滴为宜），至溶液的粉红色显著消失并在 30s 内不再复现即为终点。

（5）有效氧化钙测试的计算。有效氧化钙的百分含量（X_1）按下式计算：

$$X_1 = \frac{V \times N \times 0.028}{G} \times 100 \tag{3-1}$$

式中，V—— 滴定时消耗盐酸标准溶液的体积，ml；

0.028——氧化钙毫克当量；

G—— 试样质量，g；

N—— 盐酸标准溶液当量浓度。

对同一石灰样品至少应做两个试样和进行两次测定，并取两次结果的平均值代表最终结果。

2. 氧化镁的测试

（1）氧化镁测试的仪器设备。

①筛子：0.15mm，1 个。

②烘箱：50~250℃，1 台。

③干燥器：直径 25cm，1 个。

④称量瓶：直径 30mm × 50mm，10 个。

⑤瓷研钵：直径 12~13mm，1 个。

⑥分析天平：万分之一，1台。

⑦架盘天平：感量0.1g，1台。

⑧电炉：1500W，1个。

⑨石棉网：20cm×20cm，1块。

⑩玻璃珠：直径3mm，1袋（0.25kg）。

⑪具塞三角瓶：250mL，20个。

⑫漏斗：短颈，3个。

⑬塑料洗瓶：1个。

⑭塑料桶：20L，1个。

⑮下口蒸馏水瓶：5000mL，1个。

⑯三角瓶：300mL，10个。

⑰容量瓶：250mL、1000mL，各1个。

⑱量筒：200mL、50mL、5mL，各1个。

⑲试剂瓶：250mL、1000mL，各5个。

⑳塑料试剂瓶：1L，1个。

㉑烧杯：50mL，5个；250mL（或300mL），10个。

㉒棕色广口瓶：60mL，4个；250mL，5个。

㉓滴瓶：60mL，3个。

㉔酸滴定管：50mL，2支。

㉕滴定台及滴定管夹，各1套。

㉖大肚移液管：25mL、50mL，各1支。

㉗表面皿：7cm，10块。

㉘玻璃棒：8mm×250mm及4mm×180mm，各10支。

㉙试剂勺：5个。

㉚吸水管：8mm×150mm，5支。

㉛洗耳球：大、小各1个。

（2）氧化镁测试的试剂。

① 1∶10盐酸：将1体积盐酸（相对密度1.19）以10体积蒸馏水稀释。

②氢氧化铵—氯化铵缓冲溶液（pH=10）：将67.5g氯化铵溶于300mL无二氧化碳蒸馏水中，加浓氢氧化铵（相对密度为0.90）570mL，然后用水稀释至1000mL。

③酸性铬蓝K-萘酚绿B（1∶2.5）混合指示剂：称取0.3g酸性铬蓝K和0.75g萘酚

绿 B 与 50g 已在 105℃温度下烘干的硝酸钾混合研细，保存于棕色广口瓶中。

④ EDTA 二钠标准溶液：将 10g EDTA 二钠溶于温热蒸馏水中，待全部溶解并冷却至室温后，用水稀释至 1000mL。

⑤氧化钙标准溶液：精确称取 1.7848g 在 105℃温度下烘干（2 小时）的碳酸钙（优级纯），置于 250mL 烧杯中，盖上表面皿。从杯嘴缓慢滴加 1 ：10 盐酸 100mL，加热溶解，待溶液冷却后移入 1000mL 的容量瓶中，用新煮沸冷却后的蒸馏水稀释至刻度摇匀，此溶液 1mL 相当于 1mg 氧化钙。

⑥ 20% 的氢氧化钠溶液：将 20g 氢氧化钠溶于 80mL 蒸馏水中。

⑦钙指示剂：将 0.2g 钙试剂羟酸钠和 20g 已在 105℃温度下烘干的硫酸钾混合研细，保存于棕色广口瓶中。

⑧ 10% 酒石酸钾钠溶液：将 10g 酒石酸钾钠溶于 90mL 蒸馏水中。

⑨三乙醇胺（1 : 2）溶液：将 1 体积三乙醇胺以 2 体积蒸馏水稀释摇匀。

（3）EDTA 二钠标准溶液与氧化钙和氧化镁关系的标定。精确吸取 50mL 氧化钙标准溶液放于 300mL 三角瓶中，用水稀释至 100mL 左右；加入钙指示剂 0.1g，以 20% 氢氧化钠溶液调整溶液碱度到出现酒红色；再过量加 3~4mL，以 EDTA 二钠标准液滴定，至溶液由酒红色变成纯蓝色为止。

EDTA 二钠标准溶液对氧化钙滴定度按下式计算：

$$T_{CaO} = CV_1 / V_2 \tag{3-2}$$

式中，T_{CaO}——EDTA 二钠标准溶液对氧化钙的滴定度，即 1mL EDTA 二钠标准溶液相当于氧化钙的毫克数；

C——1mL 氧化钙标准溶液含有氧化钙的毫克数，等于 1；

V_1—— 吸取氧化钙标准溶液体积，mL；

V_2—— 消耗 EDTA 二钠标准溶液体积，mL。

EDTA 二钠标准溶液对氧化镁的滴定度，即 1mL EDTA 二钠标准溶液相当于氧化镁的毫克数按下式计算：

$$T_{MgO} = T_{CaO} \times \frac{40.31}{56.08} = 0.72T_{CaO} \tag{3-3}$$

式中，T_{MgO}—— EDTA 二钠标准溶液对氧化镁的滴定度。

（4）试验步骤。称取约 0.5g（准确至 0.0005g）试样，放入 250mL 烧杯中，用水湿润，加 30mL 1 : 10 盐酸，用表面皿盖住烧杯，加热近沸并保持微沸 8~10 分钟。用水把表面皿洗净，冷却后把烧杯内的沉淀及溶液移入 250mL 容量瓶中，加水至刻度摇匀。待溶液沉淀后，用移液管吸取 25mL 溶液，放入 250mL 三角瓶中，加 50mL 水稀释后，加酒石酸钾钠溶液 1mL、三乙醇胺溶液 5mL，再加入铵－铵缓冲溶液 10mL、酸性铬蓝 K- 萘酚绿 B 指示剂约 0.1g。用 EDTA 二钠标准溶液滴定至溶液由酒红色变为纯蓝色时即为终点，记下耗用 EDTA 标准溶液体积，再从同一容量瓶中用移液管吸取 25mL 溶液，置于 300mL 三角瓶中，加水 150mL 稀释后，加三乙醇胺溶液 5mL 及 20% 氢氧化钠溶液 5mL，放入约 0.1g 钙指示剂。用 EDTA 二钠标准溶液滴定，至溶液由酒红色变为纯蓝色即为终点，记下耗用 EDTA 二钠标准溶液体积 K_2。

（5）氧化镁测试的计算。氧化镁的百分含量（X_2）按下式计算：

$$X_2=\frac{T_{MgO}\left(V_1-V_2\right)\times 10}{G\times 1000}\times 100 \quad (3-4)$$

式中，T_{MgO}——EDTA 二钠标准溶液对氧化镁的滴定度；

V_1—— 滴定钙、镁含量消耗 EDTA 二钠标准溶液体积，mL；

V_2—— 滴定钙消耗 EDTA 二钠标准溶液体积，mL；

10——总溶液对分取溶液的体积倍数；

G—— 试样质量，g。

对同一石灰样品至少应做两个试样和进行两次测定，取两次测定结果的平均值代表最终结果。

3. 有效氧化钙和氧化镁含量的简易测试

本试验方法适用于氧化镁含量在 5% 以下的低镁石灰（氧化镁被水分解的作用缓慢，如果氧化镁含量高，到达滴定终点的时间很长，从而增加了与空气中二氧化碳的作用时间，影响测定结果）。

（1）有效氧化钙和氧化镁含量简易测试的仪器设备。同有效氧化钙测定，除⑪⑰中的 250mL、⑱中的 200mL 及 50mL、⑲中的 250mL，⑳㉑㉒㉕㉗项所列仪器之外。

（2）有效氧化钙和氧化镁含量简易测试的试剂。

① 1N 盐酸标准液：取 83mL（相对密度 1.19）浓盐酸以蒸馏水稀释至 1000mL，溶液当量浓度的标定与有效氧化钙的测定所述 0.5N 盐酸溶液的标定方法相同，但无水碳酸钠的称量应为 1.5~2g。

② 1% 酚酞指示剂。

（3）有效氧化钙和氧化镁含量简易测试的试验步骤。迅速称取石灰试样 0.8~1.0g（准确至 0.0005g）放入 300mL 三角瓶中，加入 150mL 新煮沸并已冷却的蒸馏水和 10 颗玻璃珠。瓶口上插一短颈漏斗，加热 5 分钟，但勿使其沸腾，迅速冷却。滴入酚酞指示剂 2 滴，在不断摇动下以盐酸标准液滴定，控制速度为每秒 2~3 滴，至粉红色完全消失，稍停，又出现红色，继续滴入盐酸。如此重复几次，直至 5 分钟内不出现红色为止。如滴定过程持续半小时以上，则结果只能作为参考。

（4）有效氧化钙和氧化镁含量简易测试的计算。

$$(CaO + MgO)\% = \frac{V \times N \times 0.028}{G} \times 100 \tag{3-5}$$

式中，V—— 滴定消耗盐酸标准液的体积，mL；

N—— 盐酸标准液的当量浓度；

G—— 样品质量，g；

0.028——氧化钙的毫克当量，因氧化镁含量甚少，并且两者之毫克当量相差不大，故有效（CaO+MgO）% 的毫克当量都以 CaO 的毫克当量计算。

对同一石灰样品至少应做两个试样和进行两次测定，并取两次测定结果的平均值代表最终结果。

（三）水泥或石灰剂量测试

1.EDTA 滴定法

EDTA 滴定法，亦称“乙二胺四乙酸滴定法”，适用于在工地快速测定水泥和石灰稳定土中水泥和石灰的剂量，并可用以检查拌和的均匀性。用于稳定的土可以是细粒土，也可以是中粒土和粗粒土。本方法不受水泥和石灰稳定土龄期（7 天以内）的影响。工地水泥和石灰稳定土含水量的少量变化（±2%），实际上不影响测定结果。用 EDTA 滴定法进行一次剂量测定，只需 10 分钟左右。本方法也可以用来测定水泥和石灰稳定土中结合料的剂量。

（1）EDTA 滴定法测试的仪器设备。

①滴定管（酸式）50mL，1 支。

②滴定台，1 个。

③滴定管夹，1 个。

④大肚移液管：10mL，10 支。

⑤锥形瓶（即三角瓶）：200mL，20 个。

⑥烧杯：2000mL（或 1000mL），1 只；300mL，10 只。

⑦容量瓶：1000mL，1 个。

⑧搪瓷杯：容量大于 1200mL，10 只。

⑨不锈钢棒（或粗玻璃棒），10 根。

⑩量筒：100mL 和 5mL，各 1 只；50mL，2 只。

⑪棕色广口瓶：60mL，1 只（装钙红）。

⑫托盘天平：称 500g、感量 0.5g 和称量 100g、感量 0.1g，各 1 台。

⑬秒表，1 只。

⑭表面皿：直径 9cm，10 个。

⑮瓷研钵：直径 12~13cm，1 个。

⑯土样筛：筛孔 2.0mm 或 2.5mm，1 个。

⑰洗耳球（1 两或 2 两），1 个。

⑱精密试纸：pH12~14。

⑲聚乙烯桶：20L，1 个（装蒸馏水）；10L，2 个（装氯化铵及 EDTA 二钠标准液）；5L，1 个（装氢氧化钠）。

⑳毛刷、去污粉、吸水管、塑料勺、特种铅笔、厘米纸。

㉑洗瓶（塑料）500mL，1 只。

（2）EDTA 滴定法测试的试剂。

① 0.1mol/m^3 乙二胺四乙酸二钠（简称 EDTA 二钠）标准液：准确称取 EDTA 二钠（分析纯）37.226g，用微热的无二氧化碳蒸馏水溶解，待全部溶解并冷至室温后，定容至 1000mL。

② 10% 氯化铵（NH_4Cl）溶液：将 500g 氯化铵（分析纯或化学纯）放在 10L 聚乙烯桶内，加蒸馏水 4500mL，充分振荡，使氯化铵完全溶解。也可以分批在 1000mL 的烧杯内配制，然后倒入塑料桶内摇匀。

③ 1.8% 氢氧化钠（内含三乙醇胺）溶液：用 100g 架盘天平称 18g 氢氧化钠（NaOH，分析纯），放入洁净干燥的 1000mL 烧杯中，加入 1000mL 蒸馏水使其全部溶解，待溶解冷至室温后，加入 2mL 三乙醇胺（分析纯），搅拌均匀后储于塑料桶中。

④钙红指示剂：将 0.2g 钙试剂羟酸钠与 20g 预先在 105℃烘箱中烘 1 小时的硫酸钾混合，一起放入研钵中，研成极细粉末，储于棕色广口瓶中，以防吸潮。

（3）EDTA 滴定法测试的准备标准曲线。

①取样：取工地用石灰和集料，风干后分别过 2.0mm 或 2.5mm 的筛子，用烘干法或酒精燃烧法测其含水率（如为水泥可假定其含水量为 0）。

②混合料组成的计算。

$$干料质量=\frac{湿料质量}{(1+含水量)} \tag{3-6}$$

计算步骤如下：

第一，求干混合料质量。

第二，干土质量 = 干混合料质量 / [1+ 石灰（或水泥）剂量]。

第三，干石灰（或水泥）质量 = 干混合料质量 - 干土质量。

第四，湿土质量 = 干土质量 ×（1+ 土的风干含水率）。

第五，湿石灰质量 = 干石灰 ×（1+ 石灰的风干含水率）。

第六，石灰土中应加入的水 =300g- 湿土质量 - 湿石灰质量。

③准备五种试样，每种 2 个样品（以水泥集料为例），如下。

第一种：称 2 份 300g 集料分别放在 2 个搪瓷杯内，集料的含水量应等于工地预期达到的最佳含水量（如为细粒土，则每份的质量可以减为 100g）。集料中所加的水应与工地所用的水相同（300g 为湿质量）。

第二种：准备 2 份水泥剂量为 2% 的水泥土混合料试样，每份均重 300g，并分别放在 2 个搪瓷杯内。水泥土混合料的最佳含水量应等于工地预期达到的最佳含水量。混合料中所加的水应与工地所用的水相同。

第三种、第四种、第五种：各准备 2 份水泥剂量分别为 4%、6%、8% 的水泥土混合料试样（在此，准备标准曲线的水泥剂量为：0、2%、4%、6% 和 8%，实际工作中应使工地实际所用水泥或石灰的剂量位于准备标准曲线时所用剂量的中间），每份均重 300g，并分别放在 6 个搪瓷杯内，其他要求同一种。

④取一个盛有试样的搪瓷杯，在杯内加 600mL10% 氯化铵溶剂（当仅用 100g 混合料时，只需 200mL10% 氯化铵溶液），用不锈钢搅拌棒充分搅拌 3 分钟（每分钟搅 110~120 次）。如水泥（或石灰）土混合料中的土是细粒土，则也可以用 1000mL 具塞三角瓶代替搪瓷杯，手握三角瓶（瓶口向上）用力振荡 3 分钟（每分钟 120 次 ±5 次），以代替搅拌棒搅拌。放置沉淀 4 分钟，若 4 分钟后得到的是混浊悬浮液，则应增加放置沉淀时间，直到出现澄清悬浮液为止，并记录所需的时间，以后所有该种水泥（或石灰）土混合料的试验，均应以同一时间为准，然后将上部清液转移到 300mL 烧杯内，搅匀，加盖表面皿待测。

⑤用移液管吸取上层（液面下 1~2cm）悬浮液 10.0mL 放入 200mL 的三角瓶内，用量筒量取 500mL1.8% 的氢氧化钠（内含三乙醇胺）倒入三角瓶中，此时溶液 pH 值为 12.5~13.0（可用 pH12~14 精密试纸检验），然后加入钙红指示剂（体积约为黄豆大小），摇匀，溶剂呈玫瑰红色。用 EDTA 二钠标准液滴定到纯蓝色为终点，记录 EDTA 二钠的耗量（以 mL 计，读至 0.1mL）。

⑥对其他几个搪瓷杯中的试样用同样的方法进行试验，并记录各自 EDTA 二钠的耗量。

⑦以同一水泥或石灰剂量混合料消耗 EDTA 二钠毫升数的平均值为纵坐标，以水泥或石灰剂量（%）为横坐标制图。两者的关系应是一根顺滑的曲线。如素集料或水泥或石灰改变，必须重做标准曲线。

（4）EDTA 滴定法测试的试验步骤。

①选取有代表性的水泥土或石灰土混合料，称 300g 放在搪瓷杯中，用搅拌棒将结块搅散，加 600mL10% 氯化铵溶液，然后如前述步骤那样进行试验。

②利用所绘制的标准曲线，根据所消耗的 EDTA 二钠毫升数，确定混合料中的水泥或石灰剂量。

（5）EDTA 滴定法测试的注意事项。

①每个样品搅拌的时间、速度和方式应力求相同，以增加试验的精度。

②做标准曲线时，如工地实际水泥剂量较大，素集料和低剂量水泥的试样可以不做，而直接用较高的剂量做试验，但应有两种剂量大于实用剂量，以及两种剂量小于实用剂量。

③配制的氯化铵溶液最好当天用完，不要放置过久，以免影响试验的精度。

2. 直读式测钙仪法

（1）直读式测钙仪法测试的仪器设备。

①钙离子选择性电极（PVC 薄膜），1 支。

②饱和甘汞电极，232（或 330）型，1 支。

③直读式测钙仪，1 台。

④架盘天平：感量 0.1g 及 0.5g，各 1 台。

⑤量筒：1000mL、200mL、50mL，各 1 只。

⑥具塞三角瓶：1000mL，10 个（或搪瓷杯 10 个）；500mL，4 个。

⑦烧杯：2000mL，1 个；300mL，10 个；50mL，15 个。

⑧容量瓶：1000mL，1 个。

⑨塑料瓶（桶）：10L，2 个；1000mL，3 个；250mL，2 个。

⑩土壤筛：2mm 或 2.5mm 筛孔，1 个。

⑪大肚移液管：100mL，1 支。

⑫干燥器：1 个。

⑬表面皿：直径 90mm，10 个；直径 50mm，15 个。

⑭计时器：1 只。

⑮搅拌子：20 支。

⑯电炉、石棉网，各 1 个。

⑰洗瓶：500mL，1 个。

⑱其他：吸水管，洗耳球，粗、细玻璃棒，试剂勺。

（2）直读式测钙仪法测试的溶液制备。

① 10% 氯化铵溶液。将 100g 氯化铵放入大烧杯中，加水（饮用水即可）900mL，搅拌均匀后，存放于塑料桶内保存（注：配制体积，可根据待测样品数量确定）。

② 10^{-1}mol/m^3 氯化钙标准溶液。将分析纯碳酸钙（$CaCO_3$）在 180℃烘箱中烘 2 小时后，取出放入干燥器内冷却 45 分钟。用万分之一天平或千分之一天平准确称取已冷却的碳酸钙 10.009g 放入 300mL 烧杯中，盖上表面皿。用少许蒸馏水润湿后，从杯口用吸水管沿杯壁逐滴滴入 1 : 5 稀盐酸（18mL 盐酸加 90mL 蒸馏水）并轻摇杯子，使碳酸钙全部溶解。然后用洗瓶吹洗表面皿和杯壁，移至电炉上加热并保持微沸 5 分钟，以去除二氧化碳。冷却后转移至 1000mL 容量瓶中，用蒸馏水多次沿杯壁冲洗烧杯，将冲洗的水一并倒入容量瓶中。当蒸馏水加到约 950mL 时，再用 20% 氢氧化钠调至中性，使 pH 值为 7。最后用蒸馏水稀释至刻度，反复摇匀，静置后倒入 1000mL 塑料瓶中备用。（注：装有各种溶液的塑料瓶（桶）均应贴上标签，写明浓度、溶液名称和配制日期）

③ 10^{-2}mol/m^3 氯化钙标准溶液。用大肚移液管吸取 100mL10^{-1}mol/m^3 氯化钙标准溶液放入 1000mL 容量瓶中，加蒸馏水稀释到刻度后，充分摇匀，转入 1000mL 塑料瓶中备用。

④ 10^{-3}mol/m^3 氯化钙标准溶液。用大肚移液管吸取 100mL10^{-2}mol/m^3 氯化钙标准溶液放入 1000mL 容量瓶中，加蒸馏水稀释到刻度，充分摇匀，转入 1000mL 塑料瓶中备用。

⑤氯化钾饱和溶液。用感量为 0.1g 的架盘天平称分析纯氯化钾（KCl）70g，放入 300mL 烧杯中，用量筒取 200mL 蒸馏水倒入烧杯内，用玻璃棒充分搅动，溶液中应留有结晶（溶液呈过饱和状态），移入塑性瓶中备用。

⑥ 20% 氢氧化钠溶液。用感量 0.1g 的架盘天平迅速称取 40g 分析纯氢氧化钠（NaOH）放入 300mL 烧杯中，加入 160mL 新煮沸并冷却的蒸馏水。用玻璃棒充分搅匀后，转入塑料瓶中备用（若用玻璃瓶装，瓶塞改用橡皮塞，避免因久放瓶塞打不开）。

（3）直读式测钙仪法测试的电极与仪器。

①钙电极：在测定的前一天，应将内参比电极从套管中取出，向管中滴入 10^{-1}mol/m^3 氯化钙标准溶液 15 滴左右，再将内参比电极装回管内。在每天进行测定之前，将钙电极有薄膜的一端放在 10^{-2}mol/m^3 氯化钙标准溶液中浸泡 2 小时，使电极活化。使用前取出电极，用水冲洗并以软纸吸干电极上的水分。

②甘汞电极：检查内液面是否与上部加液口平，若内液面低时，拔去加液口橡皮帽并用滴管添加氯化钾饱和溶液。测定时拔去上端加液口橡皮帽和下端橡皮帽，用水冲洗并以软纸吸干水分。

③仪器：在测定前接通电源，使仪器预热 20 分钟。

（4）直读式测钙仪法测试的石灰土标准剂量浸提液。

①土样：将现场土通过孔径 2mm 或 2.5mm 的筛子。

②石灰：将现场所用石灰通过孔径 2mm 或 2.5mm 的筛后，贮入具塞的容器内备用。

③测定土和石灰的风干含水量。

④确定石灰土的最佳含水量。

⑤计算 6%、14% 石灰土中石灰、土和水的质量。

⑥石灰土标准剂量浸提液的制备。用准备好的土和石灰配制 6%、14% 的石灰土标准剂量浸提液供标定仪器用（注：可以根据设计剂量选择石灰土标准浸提液剂量的上限。如果剂量高时，标定所用剂量的上限可以是 16% 或 18% 等。此时标定仪器过程中调节旋钮应使之显示 16.0 或 18.0 等）。用感量为 0.1g 和 0.5g 的架盘天平按本条⑤中计算得的量分别称取准备好的土样和石灰，制备以上两种剂量的石灰土混合料各 300g，分别放入 1000mL 具塞三角瓶（或搪瓷杯）中，混匀。用刻度吸管（或量筒）加入本条中计算得的水量，再用量筒加入 10% 氯化铵溶液 600mL（注：对于细粒土，也可以用 100g 混合料）。此时可将混合料放入 500mL 具塞三角瓶中，并加 200mL10% 氯化铵溶液盖紧塞子用手振荡（或用不锈钢棒搅拌）2 分钟，保持每分钟 120 次 ±5 次，静止 4 分钟后将上部清液倒入干燥、洁净的 500mL 具塞三角瓶中，摇匀，瓶外加贴标签，供以后标定仪器时用。

当石灰品种、土质和水质相同时，制备的 6%、14% 石灰土标准剂量浸提液可供连续标定 10 天之用。

（5）直读式测钙仪法测试的仪器标定。

将制备好的标准液分别倒出 25~30mL 于干燥、洁净的 50mL 烧杯中，各加入一支搅拌子。先将 6% 标准液放在直读式测钙仪上，待仪器开始搅拌后放入钙电极和甘汞电极，停止搅拌后，调整校正Ⅰ旋钮，使之显示 6.0；采样读数结束。将电极提起，取下 6% 标准液，用水冲洗电极并用软纸吸干电极上的水。再将装有 14% 标准液的烧杯放在直读式测钙仪上，开始搅拌后，放入钙电极和甘汞电极。停止搅拌后，调整校正Ⅱ旋钮，使之显示 14.0。如此重复 2~3 次。每次用 6% 和 14% 标准液校正均能显示 6.0 和 14.0 时，仪器标定即完毕。

（6）直读式测钙仪法测试的试验步骤。

①从施工现场同一位置取约 1000g 具有代表性的石灰土试样，经进一步拌匀之后，使其全部通过 2mm 或 2.5mm 筛孔。

②用感量 0.5g 的架盘天平称取两份石灰土试样各 300g，并分别放入两个 1000mL 具塞三角瓶中，每个三角瓶中加 10% 氯化铵溶液 600mL。盖紧塞子用手振荡（或用不锈钢

棒搅拌）2 分钟，保持每分钟 120 次 ±5 次。静止 4 分钟后将 25~30mL 待测液倒入干燥、洁净的 50mL 烧杯中。加入一支搅拌子并放在直读式测钙仪上，仪器开始搅拌后，放入钙电极和甘汞电极，待停止搅拌后，仪器显示的数值即为该样品的石灰剂量。再重复测试一次，取两次测试结果的平均值。

（7）直读式测钙仪法测试的注意事项。

①在计算 6% 和 14% 混合料的组成时，应使混合料的最佳含水量与施工碾压时的最佳含水量相近。

②岩土、石灰或水质有变化时，必须重新配制 6% 和 14%（或 16%、18%）石灰土标准剂量浸提液，并用它标定仪器。

③制备每个样品的浸提液时，搅拌的时间、速度和方式应力求相同。配制的氯化铵溶液当天用完，不宜放置过久。

④所用器具必须用水冲洗干净。

⑤每测完一个样品应用蒸馏水或自来水冲洗电极，并用软纸吸干后再测一个样品。

⑥若进行全天测试，午间休息时可将钙电极薄膜端浸泡在 10^{-3}mol 氯化钙标准溶液中，下午测定前不必进行活化。下午测定结束后应用水冲洗电极，并用软纸将水吸干，套上橡皮帽，然后挂起干放保存，次日用前再进行活化。

⑦在连续使用时，钙电极的内参比液应每周更换一次，以保证试验的稳定性。

二、路面面层工程检测技术

（一）路面平整度检测

路面平整度是评定路面使用质量、施工质量及现有路面破坏程度的重要指标之一。它直接关系到行车安全性、舒适性以及营运经济性，并影响着路面使用年限。

路面平整度的检测设备分为断面类及反应类两大类，断面类检测设备是测定路面表面凹凸情况的一种仪器，如最常用的 3m 直尺及连续式平整度仪。国际平整度指数便是以此为基准建立的，这是平整度最基本的指标。反应类检测设备是测定由于路面凹凸不平引起车辆颠簸的情况，这是司机和乘客直接感受到的平整度指标。因此，它实际上是舒适性能指标。最常用的是车载式颠簸累积仪。现已有更新的自动测试设备，如纵断面分析仪、路面平整度数据采集系统测定车等，几种常见的平整度测定方法是 3m 直尺测定法、连续式平整度仪测定法、车载式颠簸累积仪法、激光路面平整度仪法。后两种属于路面平整度的检测新技术。

水泥混凝土路面和沥青路面平整度测试方法比较见表 3-1①。

表 3—1 平整度测试方法比较

方法	特点	技术指标
3m 直尺法	设备简单，结果直观，间断测试，工作效率低，反映凹凸程度	最大间隙 h（mm）
连续式平整度仪法	设备较复杂，连续测试，工作效率高，反映凹凸程度	标准差 σ（mm）
颠簸累积仪	设备复杂，工作效率高，连续测试，反映舒适性	单向累计值 VBI（cm/km）

（二）路面抗滑性能检测

通常抗滑性能被看作路面的表面特性，并用轮胎与路面间的摩阻系数来表示。表面特性包括路表面细观构造（路表面细观构造指集料表面的粗糙度，它随车轮的反复磨耗而逐渐被磨光，通常用石料磨光值 PSV 表征抗磨光的性能）和宏观构造（用构造深度表示）。影响抗滑性能的因素有路面表面特性、路面潮湿程度和行车速度。

细观构造在低速（30~50km/h 以下）时对路表抗滑性能起决定作用。而高速时起主要作用的是粗构造，它是由路表外露集料间形成的构造，功能是使车轮下的路表水迅速排除，以免形成水膜。

抗滑性能测试方法有：构造深度测试法（手工铺砂法、电动铺砂法、激光构造深度仪法）、摆式仪法、制动距离法和偏转轮拖车法（横向力系数测试）等。

《公路沥青路面设计规范》（JTG D50—2017）中规定：在设计高速公路、一级公路的沥青路面面层时，应选用抗滑、耐磨石料，其石料磨光值应大于 42。

1. 路面面层抗滑性能指标

（1）摩阻系数。高速、一级公路宜在竣工后第一个夏季采用摩擦系数测定车，以（50 ± 1）km/h 的车速测定横向力系数 SFC。

（2）路面宏观构造深度。在路面竣工后第一个夏季用铺砂法或激光构造深度仪测定。

（3）一般于第一个夏季测定沥青面层横向力系数或摆值、路面宏观构造深度。

水泥混凝土路面抗滑标准用构造深度表示，即高速、一级公路的构造深度（TD）为 0.8mm；其他公路的构造深度（TD）为 0.6mm。

2. 路面抗滑性能检测方法

（1）手工铺砂法。

第一，试验检测目的。路面的宏观构造深度是指一定面积的路表面凹凸不平的开口孔隙的平均深度。它是影响抗滑性能的重要因素之一。手工铺砂法适用于测定沥青路面及水泥混凝土路面表面构造深度，用以评定路面的宏观粗糙度，路面表面的排水性能及

① 季井满，张国忠，陈宝玺 . 公路与桥梁养护 [M]. 哈尔滨：哈尔滨地图出版社，2005.

抗滑性能。构造深度的检测频率按每 200m 一处。

第二，仪器与材料。具体见表 3–2。

表 3—2 仪器与材料

人工铺砂仪	量砂筒：一端是封闭的，内径 20mm，外径 26mm，总高 90mm，容积为（25 ± 0.15）mL。可通过称量砂筒中水的质量来确定其容积，并调整其高度，使其容积符合高度要求。 推平板：推平板应为木制或铝制，直径 50mm，底面粘一层厚 1.5mm 的橡胶片，上面有一圆把手。 刮平尺：可用 30cm 钢板尺代替
量砂	量砂即足够数量的干燥洁净的匀质砂，粒径 0.15~0.3mm
量尺	量尺即钢板尺、钢卷尺，或采用专门的构造深度尺
其他	包括装砂容器、小铲、扫帚或毛刷、挡风板等

第三，准备工作。量砂准备：将洁净的细砂晾干、过筛，取 0.15~0.3mm 的砂置于适当的容器中备用。量砂只能在路面上使用一次，不宜重复使用。回收砂必须经干燥、过筛处理后方可使用。确定测点：对测试路段按随机取样选点的方法，决定测点所在横断面位置。测点应选在行车道的轮迹带上，距路面边缘不应小于 1m。

第四，测试步骤。用扫帚或毛刷子将测点附近的路面清扫干净，面积不小于 30cm × 30cm。

用小铲装砂，沿筒向圆筒中注满砂，手提圆筒上方，在硬质路上轻轻叩打 3 次，使砂密实，补足砂面，用钢尺一次刮平。注意不可直接用量筒装砂，以免影响量砂密度的均匀性。

将砂倒在路面上，用底面粘有橡胶片的推平板由里向外重复做摊铺运动。稍稍用力将砂细心地尽可能地向外摊开，使砂填入凹凸不平的路表面孔隙中。尽可能将砂摊成圆形，并不得在表面上留有浮动的余砂。注意摊铺时不可用力过大或向外推挤。

用钢板尺测量所构成圆的两个垂直方向的直径，取其平均值，准确至 5mm。

按上述方法，同一处平行测定不少于 3 次，3 个测点均位于轮迹带上，测点间距 3~5m。该处的测定位置以中间测点的位置表示。

（2）电动铺砂法。

第一，试验检测目的。电动铺砂法适用于测定沥青路面及水泥混凝土路面表面构造深度，用以评定路面表面的宏观粗糙度及路面表面的排水性能和抗滑性能。

第二，检测器具及材料。

电动铺砂仪：利用可充电直流电源，将量砂通过砂漏铺设成宽度 5cm、厚度均匀一致的器具。

量砂：足够数量的干燥洁净的匀质砂，粒径为 0.15~0.3mm。

标准量筒：容积 50mL。

玻璃板：面积大于铺砂器，厚 5mm。

其他：直尺、扫帚、毛刷等。

第三，准备工作。

量砂准备。取洁净的细砂晾干，过筛。取 0.15~0.3mm 的砂置于适当的容器中备用。已在路面上使用过的砂若回收重复使用时，应重新过筛并晾干①。

确定测点。对测试路段按随机取样选点的方法，决定测点所在的横断面的位置。测点应选在行车道的轮迹带上，距路边缘不小于 1m。

电动铺砂器标定的步骤。具体见表 3–3。

表 3—3 电动铺砂器标定的步骤

序号	步骤
1	将铺砂器平放在玻璃板上，将砂漏移至铺砂器端部
2	使灌砂漏斗口和量筒大致齐平，通过漏斗向量筒中缓缓注入准备好的量砂至高出量筒呈尖顶状，用直尺沿筒口一次刮平，其容积为 50mL
3	使漏斗口与铺砂器砂漏斗上口大致齐平。将砂通过漏斗均匀倒入砂漏，漏斗前后移动，使砂的表面大致齐平，但不得用任何其他工具刮动砂
4	开动电动机，使砂漏向另一端缓缓运动，量砂沿砂漏底部呈宽度为 5cm 的带状，待砂全部漏完后停止
5	按图 3–1 所示，由 L_1（砂漏底部铺成宽度为 5cm 带状时的摊铺长度）及 L_2（砂全部漏完后停止时的摊铺长度）的平均值决定量砂的摊铺长度 L_0，准确至 1mm
6	重复标定 3 次，取平均值决定 L_0，准确至 1mm。标定应在每次测试前进行，用同一种量砂，由承担测试的同一试验员进行

第四，测试步骤。具体见表 3–4。

表 3—4 测试步骤

序号	步骤
1	将测试地点用毛刷刷净，面积大于铺砂仪
2	将铺砂仪沿道路纵向平稳地放在路面上，将砂漏移至端部
3	按电动铺砂器标定时第 2 步至第 5 步，在测试地点摊铺 50cm^3 量砂，按图 3–1①方法量取摊铺长度 L_1 及 L_2，计算摊铺长度 L_0 和摊铺厚度，准确至 1mm

按以上方法，同一处平行测定不少于 3 次，3 个测点均位于轮迹上，测点间距 3 ~ 5m。该处的测定位置以中间测点的位置表示。

① 吴丽萍 . 路桥工程检测技术 [M]. 北京：中国铁道出版社，2014.

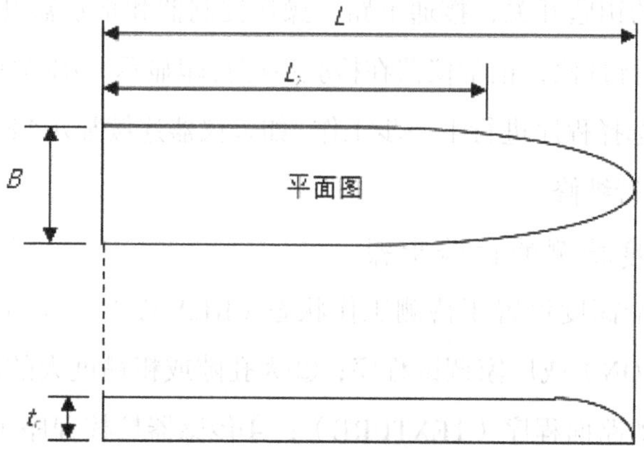

图 3–1 摊铺长度 L_0 的确定

我国公路路面构造深度以铺砂法为标准测试方法。利用激光构造深度仪测出的构造深度与铺砂法测试结果不同，但两者具有良好的相关关系。因此激光构造深度仪所测出的构造深度不能直接用来评定路面的抗滑性能，必须换算成铺砂法的构造深度后才能判断路面抗滑性能是否满足要求。

（三）路面构造深度检测

1. 路面构造深度检测的目的

激光构造深度仪是智能化仪器，它适用于测定沥青路面干燥表面的构造深度，用以评价路面抗滑及排水能力，测试温度不低于 0℃。

2. 路面构造深度检测的器具

（1）激光构造深度仪。在两轮的手推小车上装有光电测试设备、打印机及仪器操作装置。最大测量范围为 20mm，精度 0.01mm。

（2）其他：扫帚、打气筒、充电器、打印纸、色带、标志板、小红旗等。

3. 路面构造深度检测的准备工作

（1）检查仪器是否正常。

（2）检查电池电压，如不充足应予以充电，充电时间宜为 12~15 小时。

（3）检查轮胎压力，应符合（0.07 ± 0.01）MPa 的要求，保持轮胎顶面的清洁，无沥青及泥块等黏附物。

（4）安装打印纸及色带。

（5）选择测定路段，测定位置应位于行车带轮迹上。

（6）将所测定的路段用扫帚清扫干净，做好起、终点标记。

（7）打开手柄的钥匙开关，接通电路，操作控制器和指示器开始工作。仪器将自动打出程序目录，并进行自检，正常仪器在检验后即打印显示“READY”（准备好）字样，然后根据程序目录，选择程序进行下一步工作。如果仪器连续显示“FAILED”（失败）字样，应参照仪器说明书进行维修。

4. 路面构造深度检测的试验步骤

（1）将激光构造深度仪置于待测工作状态（READY），仪器备有四个程序：①校准程序（CALIBRATION）或厂家调试程序；②大孔隙或粗糙度大的路面测量程序（TEXTUREHRA）；③一般路面程序（TEXTURE）；④传感器校核程序（SENSORCHECK）。

正式测量时应首先使用传感器校核程序在待测路面上进行传感器检测校核，其峰值数（百分数）应分布在 112~144 范围内。如果峰值分布明显过高或过低，则表示轮胎气压不正常、已严重磨损或沾满了沥青材料。

（2）根据被测路面状况，选择一般路面测量程序或大孔隙粗糙度大的路面测量程序进行测量。

（3）以稳定的速度推车行驶进行测定，仪器按每一个计算区间打印出该段构造深度的平均值。标准的计算区间长度为 100m，根据需要也可为 10m 或 50m。激光构造深度仪的行驶速度不得小于 3km/h，也不得大于 10km/h，适宜的行驶速度为 3~5km/h。

5. 路面构造深度检测的报告

将仪器测试时按计算区间打印出的数据纸带注上路名及公里桩号标记作为原始记录，并报告每一个评定路段的平均构造深度、标准差、变异系数。

同一计算区间平行测定 2 次，重复性误差绝对值不大于 0.02mm。

（四）路面摩擦系数检测

路面摩擦系数的测定可采用摆式仪法，摆式仪法的测试指标是摆值 FB，以 BPN 为单位。路面的抗滑摆值是指标准的手提式摆式摩阻系数测定仪（摆式仪）测定路面在潮湿条件下对摆的摩擦阻力的一个指标。

摆式仪属于轻便型测量仪器，它具有结构简单、操作方便、数据稳定的优点。但它毕竟是一种比照试验法，其试验条件与路面实际行车条件没有直接关系，故有一定的局限性。本方法适用于测定沥青路面及水泥混凝土路面的抗滑值，用以评定路面在潮湿状态下的抗滑能力。

1. 路面摩擦系数检测的器具及材料

（1）摆式仪。

（2）橡胶片。尺寸为 6.35mm × 25.4mm × 76.2mm，橡胶质量符合规定要求。

（3）标准量尺，其长为 126mm。

（4）洒水壶。

（5）橡胶刮板。

（6）路面温度计，其分度不大于 1℃。

（7）其他，包括皮尺或钢卷尺、扫帚、粉笔等。

2. 路面摩擦系数检测的准备工作

（1）检查摆式仪的调零灵敏情况，并定期进行仪器的标定。当用于路面工程检查验收时，必须重新标定。

（2）对测试路段按随机取样选点的方法选定测点。测点应选在行车道的轮迹带上，距路面边缘不应小于 1m，并用粉笔做出标记。

3. 路面摩擦系数检测的试验步骤

（1）仪器调平：第一，将仪器置于路面测点上，并使摆的摆动方向与行车方向一致。第二，转动底板上的调平螺栓，使水准泡居中。

（2）调零：第一，放松上、下两个紧固把手，转动升降把手使摆升高，并能自由摆动，然后旋紧紧固把手。第二，将摆向右运动，按下安装于悬臂上的释放开关，使摆上的卡环进入开关槽，放开释放开关，摆即处于水平释放位置，并把指针抬至与摆杆平行处。第三，按下释放开关，使摆向左带动指针摆动，当摆达到最高位置下落时，用左手将摆杆接住，此时指针应指零。若不指零时，可稍旋紧或放松摆的调节螺母，重复本项操作，直至指针指零。调零允许误差为 ±1BPN。

（3）校核滑动长度：第一，用扫帚扫净路面表面，并用橡胶刮板清除摆动范围内路面上松散粒料。第二，让摆自由悬挂，提起摆头上的举升柄，将底座上垫块置于定位螺丝下面，使摆头上滑溜块升高，并放松紧固把手，转动立柱上的升降把手，使摆缓缓下降。当滑溜块上的橡胶片刚刚接触路面时，即将紧固把手旋紧，使摆头固定。第三，提起举升柄，取下垫块，使摆向右运动，然后，手提举升柄使摆向左运动，直至橡胶片的边缘刚刚接触路面。在橡胶片的外边摆动向设置标准量尺，尺的一端正对该点。再用手提起升柄。使滑溜块向上抬起，并使摆继续移动至左边，使橡胶片返回落下再一次接触路面。橡胶片两次同路面接触点的距离应在 126mm（即滑动长度）左右。若滑动长度不符合标准时，用升高或降低仪器底正面的调平螺丝来校正。但需调平水准泡，重复此项校核直至使滑动长度符合要求，而后将摆和指针置于水平位置。应注意在校核滑动长度时，以橡胶片长边刚刚接触路面为准，不可借摆的力量向前滑动，以免标定的滑动长度过长。第四，用喷壶的水浇洒试验路面，并用橡胶刮板刮除表面泥浆杂质。第五，再次洒水，并按下释放开关，使摆在路面滑过，指针即可指示出路面的摆值。但第一次测定不做记录。当摆杆回落时，用左手接住摆，右手提起举升柄使滑块升高，将摆向右运动，并使摆杆和指针重新置于水平释放位置。第六，重复第五步的操作测定 5 次，并读取每次测定的摆值，单位为 BPN。5 次数值中最大值与最小值的差值不得大于 3BPN。如差数大于 3BPN，应检查产生的原因，并再次重复上述各项操作直至符合规定为止。取 5 次测定的平均值作为每个测点路面的抗滑值，取整数。以 BPN 为单位。第七，在测点位置上用路表温度计测记潮湿路面的温度，准确至 1℃。按以上方法，同一处平行测定小于 3 次，3 个测点均位于轮迹带上。测点间距 3~5m。该处的测点位置以中间测点的位置表示。每一处均取 3 次测定结果的平均值作为试验结果，准确至 1BPN。

（4）检测报告：第一，测试日期，测点位置，天气情况，洒水后潮湿路面的温度，并描述路面类型、外观、结构类型等。第二，列表逐点报告路面抗滑值的测定值 F_{BT}，经温度修正后的 F_{B20}，及 3 次测定的平均值。第三，每一个评定路段（不小于 5 个测点）路面抗滑值的平均值、标准值、变异系数。第四，精度要求是同一个测点，重复 5 次测定的差值不大于 3BPN。

（五）钻孔取芯法测定混凝土强度

钻芯取样法检验混凝土强度指从混凝土结构物中钻取芯祥和检查芯样，测定混凝土的劈裂抗拉强度或抗压强度，作为评定结构的主要品质指标。但是由于结构或构件部位的条件、所处位置及受力状态的影响，钻取芯样的数量通常比较少，在一定程度上可作为抽检混凝土强度、均匀性和内部缺陷的指标。由于它对结构混凝土造成局部损伤，因此是一个半破损的现场检测手段。

利用钻芯法检测混凝土抗压强度，无须进行某种物理量与强度之间的换算，普遍认为它是一种直观、可靠和准确的方法，但由于在检测时总是对结构混凝土造成局部损伤，而且成本较高，因此大量取芯往往受到一定限制。近年来，国内外都主张把钻芯法与其他非破损检测方法综合使用，一方面利用非破损法可以大量测试而不损伤结构；另一方面又可利用钻芯法提高非破损测强的精度，使二者相辅相成。

（1）用钻芯法检测混凝土的强度、裂缝、接缝、分层、孔洞或离析等缺陷，具有直观、精度高等特点，但也有一定的局限性，具体如下。

第一，钻芯时结构造成局部损伤，因而对钻芯位置的选择及钻芯数量等均有一定限制，而且它所代表的区域也是有限的。

第二，钻芯机及芯样加工配套机具与非破损测试仪器相比，比较笨重，移动不方便，测试成本较高。

第三，钻芯后的孔洞要修补，尤其当钻断钢筋时，更增加了修补工作的困难。

在正常生产情况下，混凝土结构应按《水泥混凝土路面施工及验收规范》（GBJ97—87）的要求，制作立方体标准养护试块进行混凝土强度评定和验收。

（2）钻取芯样检测其强度，并作为处理混凝土质量事故的主要技术依据，只有在下列情况下才可以进行。

第一，对立方体试块的抗压强度产生怀疑。试块强度很高，而结构混凝土的外观质量很差；试块强度较低而结构混凝土外观质量较好；或者因为试块形状、尺寸、养护等不符合要求，而影响了试验结果的准确性。

第二，混凝土结构因水泥、砂石质量较差或因施工、养护不良发生质量事故。

第三，检测部位的表层与内部的质量有明显差异，或者在使用期限遭受冻害的混凝土均可采用钻芯法测其强度。

第四，使用多年的老混凝土结构，如需加固或因工艺流程的改变荷载发生了变化，需要了解某些部位的混凝土强度。

第五，对施工有特殊要求的结构和构件，如路面测厚等。

（六）沥青路面渗水试验检测

1. 沥青路面渗水试验检测的仪具与材料

沥青路面渗水试验检测需要下列仪具与材料。

（1）路面渗水仪：开关及尺寸，上部盛水量筒600mL处有粗标线，下方通过直径10mm的细管与底座相接，内径150mm，外径165mm，仪器附压重铁圈两个，每个质量约5kg，内径160mm。

（2）水桶及大漏斗。

（3）秒表。

（4）密封材料：玻璃泥子、油灰或橡皮泥。

（5）其他：水、红墨水、粉笔、扫帚等。

2. 沥青路面渗水试验检测的准备工作

（1）在测试路段的行车道路面上，用随机取样方法选测试位置，每一个检测路段应测定 5 个测点，用扫帚清扫表面，并用粉笔画上测试标记。

（2）在洁净的水桶内滴入几点红墨水，使水成淡红色。

（3）装路面渗水仪。

3. 沥青路面渗水试验检测的试验步骤

（1）将清扫后的路面用粉笔按测试仪器底座大小画好圆圈记号。

（2）在路面上沿底座圆圈涂一薄层密封材料，边涂边用手压紧，使密封材料嵌满缝隙且牢固地贴在路面上，密封料圈的内径与底座内径相同，约 150mm，将组合好的渗水试验仪底座用力压在路面密封材料上，再加上压重铁圈压住仪器底座，以防压力水从底座与路面间流出。

（3）关闭细管下方的开关，向仪器的上方量筒中流入淡红色的水至满，总量为 600mL。

（4）迅速将开关全部打开，水开始从细管下部流出，待水面下降 100mL 时，立即开启秒表，每间隔 60 秒，读记仪器管的刻度一次，至水面下降 500mL 时为止，测试过程中，如水从底座与密封材料间渗出，说明底座与路面密封不好，应移至附近干燥路面处重新操作。如水面下降速度很慢，从水面下降至 100mL 开始，测试得 3 分钟的渗水量即可停止。若试验时水下降至一定程度后基本保持不动，说明路面基本不透水或根本不透水，则在报告中注明。

（5）按以上步骤在同 1 个检测路段选择 5 个测点测定渗水系数，取其平均值，作为检测结果。

4. 沥青路面渗水试验检测的计算

沥青路面的渗水系数按下式计算，计算时以水面从 100mL 下降至 500mL 所需的时间为标准，若渗水时间过长，亦可采用 3 分钟通过的水量计算：

$$C_w = (V_2 - V_1) / (t_2 - t_1) \times 60 \quad (3\text{–}7)$$

式中，C_w——路面渗水系数，mL/min。

V_1——第一次读数时的水量，mL，通常为 100mL。

V_2——第二次读数时的水量，mL，通常为 500mL。

t_1——第一次读数时的时间，s。

t_2——第二次读数时的时间，s。

列表逐点报告每个检测路段各个测点的渗水系数及 5 个测点的平均值、标准差、变异系数。若路面不透水，则在报告中注明为 0。

第二节 公路桥梁施工进度管理

一、公路桥梁工程项目进度计划

一个工程项目能否在预定的时间内交付使用，直接关系到投资效益的好坏，尤其对生产或商业性投资来说更是如此。因此，对工程项目进度进行有效的控制，使其顺利达到预定目标，是业主、监理工程师和承包人在进行项目管理时的中心任务和在项目实施过程中必不可少的重要环节。工程进度计划是实现控制的目标和标准。考虑项目的约束条件、制订科学的进度计划、实施中采用科学的控制方法是实现有效控制的基本保证。

（一）进度控制

在现代工程项目管理中，人们赋予进度以综合的含义，即将工程项目任务、工期、成本有机地结合起来，形成一个综合指标，能全面反映项目的实施状况。工程活动包括项目结构图上各个层次的单元，上至整个项目，下至各个具体工作单元（有时直至最低层次网络上的工程活动）。项目进度状况通常是通过各工程活动进度（完成百分比）逐层统计汇总计算得到的。

公路桥梁施工的进度控制是指对公路桥梁施工各阶段的工作内容、工作程序、延续时间和衔接关系，根据进度总目标和资源的优化配置原则来编制计划，并将该计划付诸实施，在实施的过程中通过检查实际进度是否按计划要求进行，对出现的偏差分析原因，采取补救措施或调整、修改原计划，使之在下一循环中达到要求，如此循环往复，直至工程竣工验收交付使用。进度控制的最终目的是确保工程项目进度目标的实现。

（二）工期控制

工期控制与进度控制是两个既互相联系，又有区别的概念。工期控制的目的是使工程实施活动与工期计划在时间上吻合，即保证各工程活动按计划及时开工、按时竣工，保证总工期不推迟。进度控制的总目标与工期控制是一致的，但控制过程中它不仅追求时间上的吻合，而且还追求劳动效率（消耗和劳动成果）的一致性。由于在实际工程中对进度的控制又常常表现为对工期的控制，有效的工期控制才能达到有效的进度控制。

（三）进度、质量、费用关系

进度控制是工程项目建设中与质量控制、投资成本并列的三大目标之一。它们之间有着相互依赖和相互制约的关系。进度加快，需要增加投资，但工程能提前使用就可以提高投资效益；进度加快有可能影响工程质量，而质量控制严格，则有可能影响进度，但如因质量的严格控制而不致返工，又会加快进度。因此，项目管理者在工作中要对三个目标全面系统地加以考虑，正确处理好进度、质量和费用的关系，提高工程建设的综合效益。特别是对一些投资较大的工程，如能确保进度目标按计划完成，往往产生较大的经济效益。

（四）建设工程项目进度计划系统

建设工程项目进度计划系统是由多个相互关联的进度计划组成的系统，它是项目进度控制的依据。由于各种进度计划编制所需要的必要资料是在项目进展过程中逐步形成的，因此项目进度计划系统的建立和完善也有一个过程，它是逐步形成的。

根据建设项目进度控制不同的需要和不同的用途，业主方和项目各参与方可以构建多个不同的建设工程项目进度计划系统，由不同功能的计划构成进度计划系统。包括：控制性进度规划（计划）；指导性进度规划（计划）；实施性（操作性）进度计划；等等。

（五）建设工程项目总进度目标论证

（1）建设工程项目总进度目标论证的工作内容。建设工程项目的总进度目标指的是整个项目的进度目标，它是在项目决策阶段时确定的，项目管理的主要任务是在项目的实施阶段对项目的目标进行控制。建设工程项目总进度目标的控制是业主方项目管理的任务（若采用建设项目总承包的模式，协助业主进行项目总进度目标的控制也是总承包方项目管理的任务）。在进行建设工程项目总进度目标控制前，首先应分析和论证目标实现的可能性。若项目总进度目标不可能实现，则项目管理者应提出调整项目总进度目标的建议，提请项目决策者审议。

（2）建设工程项目总进度目标论证的工作步骤。建设工程项目总进度目标论证的工作步骤包括：调查研究和收集资料；项目结构分析；进度计划系统的结构分析；项目的工作编码；编制各层进度计划；协调各层进度计划的关系，编制总进度计划。若所编制的总进度计划不符合项目的进度目标，则设法调整。若经过多次调整，进度目标无法实现，则报告项目决策者。

二、公路桥梁工程进度计划的检查与调整

在工程项目具体实施过程中，按照建设工程项目进度控制工作的管理程序，有组织、

有计划、科学合理地做好工程项目进度控制的各项工作。在工程月进度控制计划及年度进度控制计划的进度控制执行情况报告中，明确提出切实可行的改进措施。合理压缩影响工程总进度控制目标的部分工程子项设计进度计划，要求在条件具备的前提下提前完成工程设计。确保及时提供工程招投标及大型设备采购工作所必需的设计资料，使工程招投标及大型设备采购工作按工程进度控制目标正常进行。同时合理压缩建设工程的施工周期，加强工程现场的组织管理与工作协调，对工程项目的系统进度控制计划进行必要的调整和动态控制，以指导下一阶段各项工程进度控制计划的顺利实施。

（一）进度计划的检查

进度计划的检查，是计划管理工作中的一项经常性的工作，宜采取定期检查与不定期检查相结合的办法。一般说来，进度控制的效果与收集数据资料的时间间隔有关。究竟多长时间进行一次进度检查，这是项目管理者应当确定的问题。如果不经常地、定期地收集实际进度数据，就难以有效地控制实际进度。进度检查的时间间隔与工程项目的类型、规模、咨询对象及有关条件等多方面因素相关，可视工程的具体情况，每月、每半月或每周进行一次检查。在特殊情况下，甚至需要每日进行一次进度检查。这是计划在贯彻执行中发现问题、解决问题的先导，检查时间间隔长了就容易使存在的问题拖延而影响计划的完成。

（二）进度计划的调整

（1）总工期与施工主要资源的审查和调整。进度计划的时间计算完以后，首先，就要审查计划总工期，看它是否符合建设部门或国家的要求，即是否在规定的工期范围之内。如果计划工期不超过规定的工期，那么这个计划在工期这一点上就是可行的、符合要求的。如果计划工期超过了工期规定，那就要调整计划工期，将它压缩到规定的工期范围之内；如果做不到这一点，那就要提出充分的理由和根据，以便就工期问题与业主或业主代表作进一步商谈。其次，还要进一步估算施工主要资源的需要量，审查资源需要量与供应的可能性，看二者能否协调。如果资源供应能够满足施工高峰对资源的需求，则这个计划也就被认为是可行的了。如果在某一段时间内供应不能满足资源消耗高峰的需要，那就要对这段时间施工的工序加以调整，使它们错开时间，减少集中的资源消费，把它降到可能供应的水平之下。

（2）分析进度计划产生偏差的主要原因。进度拖延是工程项目建设过程中经常发生的现象。对进度拖延原因分析可采用因果关系分析图，影响因素分析表，工程量、劳动效率对比分析等方法，详细分析进度拖延的各种影响因素，及各因素影响量的大小。进度拖延的原因是多方面的，常见的如下。

第一，工程项目各相关单位之间的协调配合，工程项目是一个多专业、多方面协调合作的复杂过程，如果政府部门、业主、咨询单位、设计单位、物资供应单位、贷款单位、监理单位等各单位之间，以及土建、水电、通信、运输等各专业之间没有形成良好的协作，必然会影响工程建设的顺利实施。例如，工程设计通常是分阶段进行的，如果初步设计不能顺利得到批准，必然会影响到后续详细设计中的施工图设计、施工方案设计进度。又如资金方面，如果业主在工程预付款或进度款的支付中有所延迟，则会对施工单位的施工进度造成影响。

第二，工程变更，外界条件的变化，如设计变更、设计错误、外界（如政府，上层机构）对项目提出新的要求或限制；当建设工程在已施工的部分发现一些问题或者由于业主提出了新的要求而必须进行工程变更时会影响设计工作进度。例如，材料代用、设备选用的失误将会导致原有工程设计失效而重新进行设计。

第三，风险因素，风险因素包括政治、经济、技术及自然等方面的各种可预见或不可预见因素。政治方面有罢工、拒付债务、制裁等；经济方面有延迟付款、汇率浮动、换汇控制、通货膨胀、分包单位违约等；技术方面有工程事故、试验失败、标准变化等；自然方面有地震、洪水等。

第四，工期及相关计划的失误和管理过程中的失误。计划工期及进度计划超出现实可能性；管理过程中的失误，如计划部门与实施者之间，总、分包商之间，业主和承包商之间缺少沟通，许多工作脱节等。

（3）分析进度偏差是否影响到其后续工作和总工期。当某项工作发生实际进度偏差时，要分析该进度偏差是否影响到其后续工作的进展以及是否影响了总工期，这在实际工作中需要借助网络计划进行判断。根据该项工作是否处于关键线路、其进度偏差是否超过该项工作的总时差和自由时差来判断对后续工作和总工期的影响。例如：由于业主方对即将投入施工的某工程材料的要求发生改变而需要重新进行采购时，如该工作不是关键工作（即不在关键线路上），其材料的重新采购可能不会影响到总工期和后续工作；如再继续分析发现采购时间超过了该项工作的自由时差而未超过总时差，则此次变更只影响到了后续工作而未影响到总工期。通过进度偏差分析，进度控制人员可以根据进度偏差的影响程度，制定相应的纠偏措施进行调整，以获得符合实际进度情况和计划目标的新进度计划。

（4）采取进度调整措施，对项目进度计划调整。调整工作顺序，改变某些工作间的逻辑关系。当工程项目实施中产生的进度偏差影响到总工期，且有关工作的逻辑关系允许改变时，可以改变关键线路和超过计划工期的非关键线路上的有关工作之间的逻辑关系。

（5）编制可行的网络计划并计算技术经济指标。可行的计划一般不可能是最优的计划，但在受到种种条件限制的情况下，进一步的优化往往并不容易，而且在进行工期和资源的调整时，实际也是根据优化的原则进行工作的，更何况初始方案本身从一开始就是按最低成本的要求编制的。所以，可以认为，可行计划既是一个切合实际的计划，也已经是一个较优的计划，是可供执行的。

可行计划既然常常就是供执行的计划，因此有必要计算一下它的技术经济指标。如与定额工期的比较，单位用工，劳动生产率（建筑安装工人），节约率（与预算比较），机械台班利用率等。通过这些指标可以与过去的或先进的计划进行比较，也可以逐步积累经验，对提高管理水平来说，也是一项有意义的工作。

（6）进度计划的优化。可行计划还不是最优的计划，是因为它还存在着加以改进的余地。所以，只要可能，对于可行计划还应逐步加以改进、优化，使之更臻完善，以便取得更好的经济效果。在工程实践中，要寻求最优计划在实际上是不可能的，只能寻求在目前条件下更令人满意的计划。所以，进度计划的检查和调整是一个持续改进的过程。

（7）整理变更资料、吸取教训。在采取上述措施调整进度以后，形成调整后的项目计划作为继续实施的依据，同时整理变更资料，连同所选择的纠偏措施以及从进度控制中吸取的其他方面的教训等形成文字材料，作为本项目或者其他项目的历史资料，以供参考。

三、建设项目进度控制

建设项目的施工过程，也就是建筑产品形成的过程，在此过程中需要消耗大量的财力和物力。因此，项目施工进度控制是工程项目管理的重要组成部分，是项目施工进度计划实施监督、检查、控制和协调的综合过程。这一过程的效果如何，不仅对工程施工进度及资源协调和消耗水平有重要的影响，同时也将是衡量项目管理水平的重要标志。

建设项目的进度受多方面因素的影响，在项目执行过程中项目管理者需要事先对影响进度的各种因素进行调查，预测它们对进度可能产生的影响，编制可行的进度计划，指导建设项目按计划实施。然而，在计划执行过程中，往往会出现一些新的情况，使得原定的进度计划难以执行，从而要求项目管理者在计划的执行过程中掌握动态控制原理，不断进行检查，将实际情况与计划安排进行对比，找出偏离计划的原因，特别是找出主要原因，然后采取相应的措施。措施的确定有两个前提：一是通过采取措施，维持原计划，使之正常实施；二是采取措施后不能维持原计划，要对进度进行调整或修正，再按新的计划实施。这样不断地计划、执行、检查、分析、调整计划的动态循环过程，就是进度控制。

四、进度控制的阶段与内容

进度控制随着建设的进程而展开，因此进度控制的总程序与建设程序的阶段划分相一致。在具体操作上，每一建设阶段的进度控制又按计划、实施、检查及反复调整的科学程序进行着。进度控制的重点是建设准备和建设实施阶段的进度控制。因为这两个阶段时间最长，影响因素最多，分工协作关系最复杂，变化也最大，但前期工作阶段所进行的进度决策又是实施阶段进度控制的前提和依据，其预见性和科学性对整个进度控制的成败具有决定性的影响。

（一）进度控制的阶段

（1）在项目建议书阶段。通过机会研究和初步可行性研究，在项目建议书报批文件中提出项目进度总安排的建议。它体现了业主对项目建设时间方面的预期目标。

（2）在可行性研究阶段。对项目的实施进度进行较详细的研究。通过对项目动用时间要求和建设条件可能的相关分析，对不同进度安排的经济效果的比较，在可行性研究报告中提出最优的一个或两三个备选方案，该报告经评估、审批后确定的建设总进度和分期、分阶段控制进度，就成为实施阶段进度控制的决策目标。

（3）在设计阶段。除进行设计进度控制外，还要对施工进度做进一步预测。设计进度本身也必须与施工进度相协调。初步设计应根据批准的可行性报告和可靠的设计基础资料进行编制。初步设计和总概算批准后，便可作为确定建设项目投资额、编制固定资产投资计划、签订总包合同及贷款合同、实行投资包干、控制建设工程拨贷款、组织主要设备订货、进行施工准备及编制技术设计文件（或施工图设计）等的依据。初步设计和总概算应由投资者审批，特大型和特殊项目应由中华人民共和国国家发展和改革委员会报请国务院批准。三阶段设计的技术设计根据初步设计文件编制，它和修正概算经批准后，是建设工程拨贷款和编制施工图设计文件的依据。施工图设计应根据批准的初步设计（或施工图设计）和主要设备订货情况进行编制，并据以指导施工。

（4）在建设准备阶段。要控制征地、拆迁、场地清理和平整的进度，抓紧水、电、道路等建设条件的准备，组织材料、设备的订货，组织施工招标，办理各种协议签订和有关主管部门的审批手续。这一阶段工作头绪繁多，上下左右间关系复杂。每一项疏漏或拖延都将留下建设条件的缺口，造成工程顺利开展的障碍或打乱进度的正常秩序。因此这一阶段工作及其进度控制极为重要，绝不能掉以轻心。在这一阶段里还应通过编制与审批施工组织设计，确定施工总进度计划、首期或第一年工程的进度计划。

（5）建设实施阶段。进度控制的重点是组织综合施工和进行偏差管理。项目管理者要全面做好进度的事前控制、事中控制和事后控制，除对进度计划的审批、施工条件提供等预控环节和进度实施过程的跟踪管理外，还要着重协调好总包不能解决的内外界关系问题。当没有总包单位，建筑安装的各项专业任务直接由业主分别发包时，计划的综合平衡和单位间协调配合的责任就更为重要；对进度的事后控制，就是要及早发现并尽快排除相互脱节、总分争执和外界干扰，使进度始终处于受控状态，确保进度目标的逐步实现。与此同时，还要抓好项目动工的准备工作，为按期或提早项目动工创造必要而充分的条件。

（6）在竣工验收阶段。项目管理者要督促和检查承包人的自验、试运转和预验收，要协助业主组织设计单位和承包人进行初验，在具备条件后协助业主组织正式验收。在本阶段中，有关甲、乙方之间的竣工结算和技术资料核查归档移交、施工遗留问题的返修、处理等，都会有大量涉及双方利益的问题需要协调解决。此外，还有准备验收过程的大量准备工作，必须抓全、抓细、抓紧，才能加快验收的进度。

（二）进度控制的内容

工程项目的进度控制是一个大系统。从目标上看，它是由进度控制总目标、分目标和阶段目标组成的目标系统；从进度控制所涉及的单位上看，它是由业主和承包人构成的庞大组织系统；从进度控制计划上看，它是由项目总进度控制计划，单位工程进度计划和相应的设计、资源供应、资金供应、投产动用等计划组成的计划系统。而所有这些控制，一般由业主委托监理工程师实施进度总控制。由于参与建设的各主体单位其各自的进度控制目标不同，他们的进度控制的内容也不相同。

（1）监理单位的进度控制内容。在设计前的准备阶段，向业主提供有关工期的信息和咨询，协助其进行工期目标和进度控制决策。进行环境和施工现场调查和分析，编制项目进度规划和总进度计划，编制设计前准备工作详细计划并控制其执行。发出开工通知书。审核总承包人、设计单位、分承包人及供应单位的进度控制计划，并在其实施过程中，通过履行监理职责，监督、检查、控制、协调各项进度计划的实施。通过核准、审批设计单位和承包人的进度付款，对其进度施行动态间接控制，妥善处理和核批承包人的进度索赔。

（2）设计单位的进度控制内容。编制设计准备工作计划、设计总进度计划和各专业设计的出图计划，确定计划工作进度目标及其实施步骤。执行各类计划，在执行中加强检查，采取相应措施排除各种障碍，包括必要时对计划进行调整或修改，保证计划的实现。为承包人的进度控制提供设计保证，并协助承包人实现进度控制目标。接受监理单位的设计进度监理。

（3）承包人的进度控制内容。根据合同工期目标，编制施工准备工作计划、施工方案、项目施工总进度计划和单位工程施工进度计划，以确定工作内容、工作顺序、起止时间和衔接关系，为实施进度控制提供依据。

五、公路桥梁工程的进度控制

（一）工程进度控制的目的

工程管理有多种类型，代表不同利益方的项目管理（业主方和项目参与各方）都有不同的进度控制任务，其控制的目标和时间范畴也是不相同的。工程项目进度控制是一个动态的管理过程，它包括：进度控制目标的分析和论证，在收集资料和调查研究的基础上编制进度计划和进度计划的跟踪检查与调整等。

工程是在动态条件下实施的，如果实施过程中只重视进度计划的编制，而不能根据实际情况进行必要的调整，则进度将无法得到有效的控制。为实现进度目标，进度控制的过程也就是随着项目的进展，进度计划不断调整的过程。

进度目标分析和论证的目的是论证进度目标的合理性，结合实际情况进度目标是否能够实现；如果经过科学的论证，目标不能实现，则必须对进度目标进行调整。

进度计划的跟踪检查与调整包括：定期跟踪检查所编制的进度计划执行情况，以及纠正执行过程中的偏差，并视实际情况对进度计划进行必要调整。工程项目进度控制的目的是通过进度控制来实现工程项目的进度目标。

（二）工程项目进度控制的任务

在项目实施过程中，代表不同利益的项目管理参与方有着不同的工程项目进度控制的任务，具体体现在以下方面。

第一，业主方进度控制的任务是控制整个项目实施阶段的进度，包括控制设计准备阶段的工作进度、设计工作进度、施工进度、物资采购工作进度，以及项目动用前准备阶段的工作进度。

第二，设计方进度控制的任务是依据设计任务委托合同对设计工作进度的要求控制设计。

第三，工作进度，这是设计方履行合同的义务。另外，设计方应尽可能使设计工作的进度与招标施工和物资采购等工作进度相协调。

第四，供货方进度控制的任务是依据供货合同对供货的要求控制供货进度，这是供货方履行合同的义务，供货进度计划应包括供货的所有环节，如采购、加工制造、运输等。

（三）工程项目进度控制的依据

第一，项目进度计划。批准的项目进度计划，称为进度基准计划。进度基准计划在技术和资源方面都必须是可行的。

第二，进度报告。进度报告提供了有关进度绩效的信息，如哪些计划的日期已经达到，哪些还没有。进度报告还可提醒项目团队注意将来有可能引起问题的事项。

第三，变更申请。变更申请可以是直接的或间接的，可以从外部或内部提出。变更申请可能是请求延缓进度或加快进度。

第四，进度调整计划。进度调整计划是指如何调整原定的计划，是进行项目进度调整的主要原则依据。

（四）工程项目进度控制的方法

第一，进度控制的行政方法。用行政方法控制进度，是指上级单位及上级领导人、本单位的领导层及领导人利用其行政地位和权力，通过发布进度指令进行指导、协调、考核，利用激励手段（奖、罚、表扬、批评）监督、督促等方式进行进度控制。使用行政方法进行进度控制，优点是直接、迅速、有效，但应当注意其科学性，防止武断、主观、片面的瞎指挥。行政方法应结合政府监督和社会监理开展工作，指令要少些，指导要多些。

第二，进度控制的经济方法。进度控制的经济方法，是指用经济类的手段对进度控制进行影响和控制。主要有：银行通过对投资的投放速度控制工程项目的实施进度；承发包合同中写进有关工期和进度的条款；业主通过招标的进度优惠条件鼓励承包人加快进度；业主通过工期提前奖励和延期罚款实施进度控制；通过物资的供应数量和进度实施进行控制；等等。

第三，进度控制的技术管理方法。进度控制的技术管理方法是指通过各种计划的编制、优化、实施、调整而实现进度控制的方法，包括：流水作业方法、科学排序方法、网络计划方法、滚动计划方法、计算机辅助进度管理等。

（五）工程项目进度控制的措施

第一，进度控制的组织措施，组织是目标能否实现的决定性因素，为实现项目的进度目标，应充分重视健全项目管理的组织体系。进度控制的主要工作环节包括进度目标的分析和论证、编制进度计划、定期跟踪进度计划的执行情况、采取纠偏措施以及调整进度计划。

第二，进度控制的管理措施，建设工程项目进度控制的管理措施涉及管理的思想、管理的方法、管理的手段、承发包模式、合同管理和风险管理等。

第三，进度控制的经济措施，建设工程项目进度控制的经济措施涉及资金需求计划、资金供应的条件和经济激励措施等。

第四，进度控制的技术措施，建设工程项目进度控制的技术措施涉及对实现进度目标有利的设计技术和施工技术的选用。不同的设计理念、设计技术路线、设计方案会对工程进度产生不同的影响。在设计工作的前期，特别是在设计方案评审和选用时，应对设计技术与工程进度的关系做分析比较。在工程进度受阻时，应分析是否存在设计技术的影响因素，为实现进度目标有无设计变更的可能性，例如，采用电子计算机控制进度的措施等。

施工方案对工程进度有直接的影响。在决策其选用时，不仅应分析技术的先进性和经济合理性，还应考虑其对进度的影响。在工程进度受阻时，应分析是否存在施工技术的影响因素，为实现进度目标有无改变施工技术、施工方法和施工机械的可能性。

第三节 公路桥梁竣工验收管理

一、公路桥梁项目竣工验收程序

施工项目交（竣）工验收，是项目经理部按照施工合同的约定，完成设计文件和施工图纸规定的工程内容，经业主组织交（竣）工验收及工程移交的过程。交（竣）工验收阶段的管理应按相应程序依次进行：①交（竣）工验收准备；②编制交（竣）工验收计划；③组织现场验收；④进行交（竣）工结算；⑤移交交（竣）工资料；⑥办理交（竣）工手续。

二、公路桥梁项目竣工验收准备

项目经理应全面负责工程交（竣）工验收前的各项准备工作，建立交（竣）工收尾小组，组织项目管理人员对交（竣）工工程实体及交（竣）工档案资料在全面自检、自查的基础上，对照交（竣）工条件的要求，编制“工程交（竣）工收尾工作计划”并限期完成，以此部署交（竣）工验收的准备工作。

项目经理和项目总工程师应亲自抓交（竣）工验收准备工作的落实。严格掌握交（竣）工验收标准，对施工安装漏项、成品受损、污染和其他质量缺陷、收尾工作不到位、档案资料不规范等各类问题要限时整改完毕。

项目经理部应在完成施工项目交（竣）工收尾计划后，向公司报告，提交公司工程管理部进行验收。

项目部应在验收合格的基础上，向业主提交“工程验收报告”说明拟交工项目的情况，商定有关交（竣）工验收事宜。

三、公路桥梁项目竣工验收资料

项目部应按交（竣）工验收条件的规定认真整理工程交（竣）工资料。

交（竣）工资料的内容包括：工程施工资料，工程质量保证资料，工程检验评定资料竣工图，规定的其他应交资料。

交（竣）工资料的整理应符合下列要求：

（1）工程施工技术资料的整理始于工程开工，终于工程交（竣）工，真实记录施工的全过程。可按形成规律收集，采用表格的方式分类组卷。

（2）工程质量保证资料的整理应按专业特点，根据工程的内在要求，进行分类组卷。

（3）工程检验评审资料的整理应按单位工程、分部工程、分项工程划分的顺序，进行分类组卷。

（4）交（竣）工图的整理应区别情况按交（竣）工验收的要求组卷。

交付交（竣）工验收的施工项目必须有与交（竣）工资料目录相符的分类组卷档案。项目部向业主移交由分包人提供的交（竣）工资料时，检查验证手续必须完备。

四、公路桥梁项目竣工验收管理

项目部确认工程交（竣）工、具备交（竣）工验收各项要求，并经监理单位认可签署意见后，向业主提交“工程验收报告”。

通过交（竣）工验收程序，办完竣工结算后，项目部应在规定期限内向业主办理工程移交手续。

五、公路桥梁项目竣工验收结算

工程竣工验收报告完成后，项目部应在规定的时间内向业主递交工程竣工结算报告及完整的结算资料。

编制竣工结算应依据：①施工合同；②投标书的报价单；③施工图及设计变更通知单，施工变更记录，技术经济签证；④工程预算定额，取费定额及调价规定；⑤有关施工技术资料；⑥工程交（竣）工验收报告；⑦工程质量保修书；⑧其他相关资料。

项目经理部应做好竣工结算基础工作，指定专人对竣工结算书的内容进行检查。

在编制竣工结算报告和结算资料时，应遵循下列原则。

（1）以单位工程或合同约定的专业项目为基础，应对原报价单的主要内容进行检查和核对。

（2）发现有漏算、多算或计算误差的，应及时进行调整。

（3）多个单位工程构成的施工项目，应将各单位工程竣工结算书汇总，编制单项工程竣工综合结算书。

工程竣工结算报告和结算资料，应报公司工程管理部审定。在交（竣）工验收报告认可后在规定的期限内递交业主或其委托的咨询单位审查。双方按约定的工程款及调价内容进行竣工结算。

工程竣工结算报告和结算资料递交后，项目经理应按照"项目管理目标责任书"的规定，配合公司工程管理部督促业主及时办理交（竣）工结算手续。

工程竣工结算后，项目部应将工程结算报告及完整的结算资料纳入工程交（竣）工资料，及时归档保存。

六、公路桥梁项目竣工验收文件资料立卷归档管理

（一）总则

（1）为加强项目交（竣）工档案管理工作，提高案卷质量，确保交（竣）工资料的完整、准确、系统，特制定本办法。

（2）竣工验收文件资料立卷归档管理办法是依据《交通部公路工程交（竣）工文件材料立卷归档管理办法》等文件，结合公司实际编制的。

（3）竣工验收文件资料立卷归档管理办法所称公路工程交（竣）工文件资料是指：公司管理的新建和改建公路工程（包括独立的公路桥梁、公路隧道和公路渡口），自项目招标开始直至交（竣）工验收过程中所形成的具有保存、查考利用价值的各种形式和载体的历史记录。

（二）组织与职责

（1）公司总工程师为工程交（竣）工资料管理的主管领导；指导、过程监控检查和移交审核工作由工程管理部牵头，公司技术部为主要协助部门。

（2）项目总工程师为项目工程资料管理的主管领导，具体工作由技术部和质保部负责。

（3）项目经理部必须配备专职或兼职技术资料员，负责工程文件材料的收集、整理、立卷工作，直至形成一套完整的交（竣）工资料，上交相关单位，确保竣工文件资料的完整、准确与系统。

（4）项目交（竣）工验收时，项目资料员应参加建设单位组织的交（竣）工资料验收工作。

（5）项目部应对公司、总公司、监理工程师或业主、地方质监站等单位组织的竣工资料检查发现的问题按时进行整改。

（三）归档文件材料的收集范围

（1）凡是反映与工程施工有关的重要活动及具有查考利用价值的各种载体的文件材料，应收集齐全，归入工程成套档案。

（2）业主另有要求的，以业主要求为准。

（四）交（竣）工文件资料的整理

1. 整理组卷要求

（1）交（竣）工文件资料由项目部进行整理组卷并保管。组卷要遵循公路工程文件材料的自然形成规律和成套性的原则，做到分类科学，便于查找利用。

（2）归档文件材料中的合同、协议、开工报告、施工组织设计、施工计划及中间验收等分别按合同段集中组卷。各项施工原始记录按路线进行方向，结合单位工程（含分部、分项）及不同专业，分别整理组卷。

2. 案卷要求

（1）案卷的制作和书写材料必须适于长期或永久保存。

（2）案卷组成。主要包括：案卷封面、卷背、卷内文件目录、卷内文件及备考表。

（3）卷内文件材料的排列，具体如下。

第一，管理性文件按问题或重要程度排列。

第二，项目技术文件材料按管理、依据性、施工记录、检测实验、评定、证明的顺序排列。

第三，设备文件材料按依据性、设备开箱验收、随机图样、设备安装调试和设备运行维修的顺序排列。

第四，竣工图按里程、专业、图号排列。

第五，卷内文件材料，一般文字材料在前，图样在后。

（4）案卷封面的编写，具体如下。

第一，封面和卷背用仿宋体书写。

第二，案卷题名：包括公路工程建设项目的名称、起讫里程、单位工程（含分部分项）名称及文件名称，如属桥梁、隧道等工程项目，还应同时标明结构、部位的名称。案卷题名应能简明、准确地反映卷内文件材料的内容。

第三，编制单位：填写案卷形成单位。

第四，编制日期：填写案卷形成日期，用阿拉伯数字，可省略“年、月、日”字样，中间加“.”号。

第五，保管期限：填写其划定的保管期限。

第六，密级：依据保密规定填写。

第七，档号：填写档案分类号和案卷顺序号。

第八，档案馆号、缩微号暂不填写。

第九，卷背需填写案卷题名。

（5）卷内文件目录的编制。

第一，顺序号：用阿拉伯数字从1起依次标注。

第二，文件编号：填写文件材料的文号或图样的图号。

第三，责任者：填写文件材料的直接形成部门或主要责任者，可用规范简称。

第四，文件材料题名：填写文件材料标题的全称，没有标题或标题不能说明文件材料内容应自拟。

第五，日期：文件材料的形成日期，用阿拉伯数字，可省略“年、月、日”字样。

第六，页次：填写每份文件首页上标注的页号，最终件注起止号。页号的编号方法是在有文字或图样材料正面的右下角、反面的左下角填写页号。如所归档文件符合档案保管要求的成本、成册的资料，已编有页号的只需在卷内文件目录页次中填写册数。

第七，卷内目录排列在卷内文件材料的首页之前。

（6）卷内备考表的编制。

第一，卷内备考表：填写卷内文件材料的件数、页数以及在组卷和案卷使用过程中需要说明的问题。

第二，立卷人：由责任立卷人签名，即谁立卷谁签名。

第三，立卷日期：填写完成立卷的日期。

第四，检查人：由案卷质量审核者签名，审核者应是项目或立卷部门的负责人。

第五，检查日期：应填写审核完成的日期。

第六，卷内备考表排列在案卷内尾页之后。

（7）卷盒的规格及其制成材料的质量要求。

第一，卷盒的外表面尺寸：310mm×220mm，厚度尺寸分别为20mm、30mm、40mm、50mm、60mm五种。

第二，卷盒可用牛皮纸板双裱压制，也可用黄板纸制作。

第三，卷盒的字体、字号可以自定，但要求清晰、端正。

（8）案卷的装订。

第一，公路工程归档文字资料采用三孔一线的方法装订，孔距80mm，装订时靠装订边和下边取齐。对批语、签注意见写在文件装订线上的应予以粘贴补宽，对纸张规格大小差别较大的文件应适当补贴或折叠。

第二，图纸也可以不装订，但每份需加盖档号章。档号章内容包括该份文件所在案卷的档号和在本案卷中的所在页次。

3. 卷内文件材料要求

（1）归档文件材料要求为原件，书写工整，字迹、线条清楚，纸张便于长期保管，格式统一。

（2）禁止使用圆珠笔、铅笔等不易长久保存的书写工具书写，凡由易褪色书写材料制成的文件材料应复印保存。

4. 竣工图归档要求

（1）竣工图要能全面、准确地反映竣工路线、路基、路面、桥梁、隧道、涵洞、路基防护、互通式立交工程、安全设施等的全部施工实际造型和特征。

（2）施工图没有变动的，由竣工图编制单位在施工图上加盖竣工图章作为竣工图；凡有一般性图纸变更及符合更改或划改要求变更的，可在原图上修改，并加盖竣工图章作为竣工图。

（3）凡结构、工艺、平面布置等重大改变及图面变更面积超过 10% 的，应重新绘制竣工图并加盖竣工图章。

（4）重复使用的标准图、通用图可不编入竣工图中，但必须在图纸目录中列出图号，指明该图所在位置并在编制说明中注明。

（5）图纸可按 297mm × 210mm × 420mm 折叠；底图不折叠，平放在专用底图柜内，大于 1 号的底图也可卷放装筒。

（五）工程档案的移交

（1）项目部应在工程项目通过业主竣工验收后 3 个月内填写卷内目录、公路工程档案归档目录报公司工程管理部。

（2）项目部应在工程通过业主竣工验收后 3 个月内，向业主、公司移交经系统整理过的全部竣工文件材料。

（3）工程完工、项目解体时，项目部总工程师必须安排熟悉本工程的技术人员（含资料员）不少于 3 人，编制“项目竣工资料整理归档计划和要求”（明确工作内容、责任、分工和工资待遇等），及时报备公司工程管理部。项目留守人员必须认真整理归档资料，妥善保管，并按期移交。

第四章 公路桥梁施工阶段的风险管理

本章主要讨论了公路桥梁施工阶段风险管理的相关内容，主要内容涉及公路桥梁施工阶段风险管理的理论分析、公路桥梁施工阶段的风险识别、公路桥梁施工阶段的风险评估与评价、公路桥梁施工阶段的风险应对策略。

第一节 公路桥梁施工阶段风险管理的理论分析

一、公路桥梁施工阶段的风险管理定义

关于风险概念，不同学者在各自领域对其理解角度不同，定义也不同。虽定义不同，但内涵相近，基本上都体现了风险发生的可能性大小以及造成后果影响程度的大小，因此，本书在根据前辈对风险的不同定义的理解上，结合桥梁工程实际施工特点提出对公路桥梁施工风险的定义：公路桥梁施工风险是指在施工阶段过程中，因其工程风险特性及其所处地理环境、人文环境、社会环境的差异和条件的不可预见性，加之施工参与各方站在不同的角度立场代表不同利益圈，主观上不能准确预见或控制的因素，导致的对公路桥梁施工阶段确定的原有目标未能达成预期结果，或产生的不利因素危害风险发生的概率增大。

二、公路桥梁施工阶段的风险管理基本流程

项目风险管理是包括风险规划，风险源辨识，再进行风险评估和风险对应措施，贯穿整个项目寿命周期的还有风险的监控，在全寿命周期内不断进行风险辨识，遇到新的风险立即对其进行风险评估，并采取相应措施。可以看出风险管理工作是一个不间断、持续修正的管理过程。

大桥风险管理流程包括风险管理计划、风险因素识别、风险评估、风险应对和风险监控。该流程是动态循环的，不是单一指向的，所有环节的结束要根据监测结果决定，倘若监测识别出新的风险，将重新进行风险管理流程管理，直至桥梁工程施工结束。

本书根据风险管理明确的流程及研究学者的理论，结合公路桥梁的特点和实际工作经验，尝试制定相对适合公路桥梁施工风险管理的基本流程，详细见图 4–1。

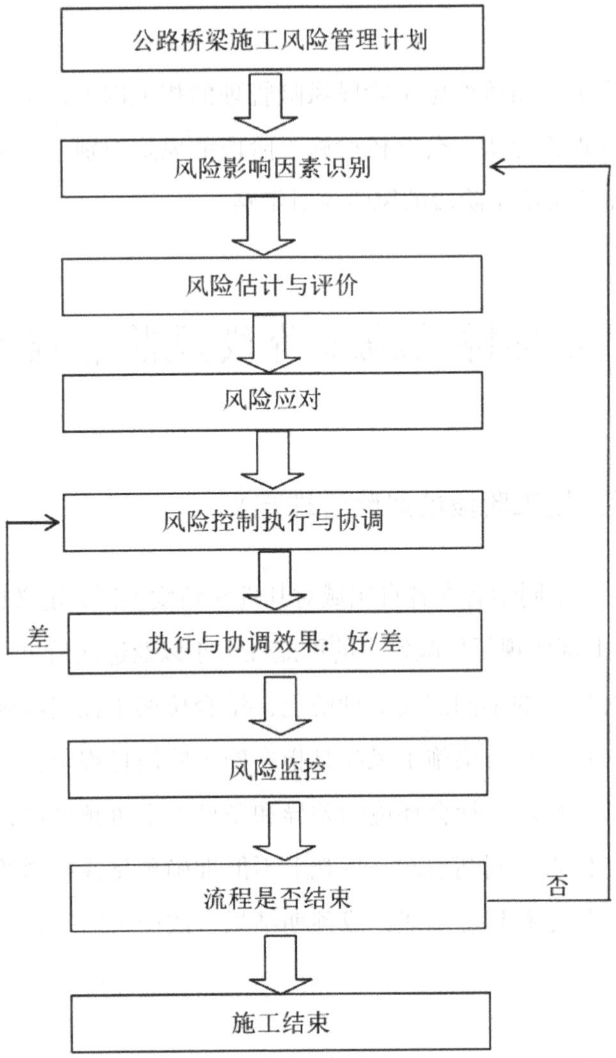

图 4–1 公路桥梁施工风险管理的基本流程

从流程图和风险管理内容可以看出，公路桥梁施工阶段的风险管理是一个持续循环的过程，在循环的管理中不断进行监控反馈，围绕这一流程的最基础工作首要就是风险识别，其中桥梁施工阶段的风险识别是风险管理工作的基础性工作也是根本性工作，将该阶段存在的风险因素给予辨识，并按照风险种类划分进行分类，再利用风险分析方法建立一种数学模型，通过数学模型分析风险影响大小；风险评估则是通过风险辨识建立的模型分析，对各类因素进行影响程度分析，估计风险造成的后果，对辨识出的风险较大因素进行合理排序，可以说风险评估是风险辨识的具体反映，也是风险管理工作的关键，起到承上启下的作用；风险应对则是对风险评估出的风险因素采取控制措施，降低甚至避免风险对目标达成的影响。风险控制执行与协调则是风险控制行为的检验，检查风险应对措施是否贯彻执行，并采取相关协调，以求达到风险控制最优化。

第二节　公路桥梁施工阶段的风险识别

一、风险识别的原则

（1）系统性原则。项目风险识别首先要进行系统性分解，即把一个项目分解成若干条理，对每一个条理进行系统风险分析，分别找出风险要素，再把各个条理进行组建。保证识别的风险因素能在一个项目上完整地体现出来。

（2）全面性原则。一个项目受到很多不同的大大小小的风险要素影响，如何对这些风险进行全面识别，没有任何遗漏，关系到一个项目风险识别的成功与否，因为任何一个项目风险要素的忽略都可能造成潜在风险损失的发生。

系统性和全面性原则不是完全放开项目独立存在的，而是紧密联系互相影响的，因此，在风险识别过程中应该坚持系统性原则和全面性原则相统一的风险识别方法，才能使得风险辨识正确、客观，从而避免风险识别工作的无序和遗漏。

二、风险识别方法

风险识别阶段是风险评估的基础，此时风险评估人员要通过不同渠道广泛地搜集数据信息资源，辨识风险源，加以分析可能存在哪些潜在风险因素，细致地划分风险种类，明白各个风险因素之间的相互关系，从而更加准确确定风险评估范围。在桥梁风险识别过程中，如果采用了错误的风险识别方法，不能有效的、全面的深刻识别所有可能发生风险的因素，很大程度上会影响下一步风险评估工作的顺利开展，因此本文着重详细介绍几种常见风险识别方法。

1. 检查表法

在风险管理中，检查表的使用是非常普遍的。用检查表来识别风险时，首先将可能的风险项目罗列出来，风险评估人员按照检查表进行检查，以此来判断该工程是否存在检查表所罗列的风险。检查表所包含的风险检查项目除了工人素质、施工程序、自然环境等因素外还必须较为全面地进行整体分析。在进行检查表的制作时，一般会用五个变量来对该项目进行评判，衡量其风险发生程度，检查表中一般要素可以使用确定的标准来衡量，但是有一些特殊要素则只能用模糊语言标准来衡量。

2. 流程图法

所谓的流程图法，实际上是以项目建设的施工状态、建设施工过程中的管理模式、工人施工过程中的工作流程等，进行一一列举，然后以工程整体为依据，确认该项目存在哪些风险。

3. 头脑风暴法

这一方法是通过团体共同思考，使每个成员发挥想象，让大家踊跃提出新理念与新视角，新方法和新设计，让团体在交流辩论和学习的过程中互相影响，产生新颖的思想和更为开阔的思路。这种环境氛围中，更利于大脑的发展思考，获得新的灵感，在团体成员的思想碰撞下，产生新的思维火花，得到新的、具有创造性的、独到的观念和创意。头脑风暴法须遵守以下规则：①畅所欲言，发挥独立性，不准进行讨论；②广泛听取各方面意见，从中筛选有效意见，达到以量求质原则；③延迟评判原则；④集中所有建议，扬长避短，持续提升。

4. 德尔菲法

所谓德尔菲法，就是用专家的意见进行问题的预测，把这些专家的意见统计整理归纳后，并把统计整理的结果反馈回去，进行多次的整理修正以后，达成较为一致的结论。

使用德尔菲法来进行风险预测一般有如下几个步骤：①确定专家人选。为了方便计算，通常确定以十人为标准，专家彼此之间不相交，不沟通。以此来保证专家意见的客观性。②专家给出意见。让每位专家单独进行问题分析，并给出相应的结论，结论需进行匿名处理。③专家意见的系统整理。对每位专家的结论意见进行汇总分析、比较，然后反馈回去。让专家根据反馈结果进行二次分析。④得出结论。在系统整理专家意见后，得出较为统一的看法与结果。

5. 幕景分析法

该方法是以与该目标关联的数据资料为依据，对施工项目的某一个发展形态进行模型分析，对项目可能的风险进行详细、深入的研究讨论，并最终确定项目风险，并对其影响结果进行预测分析。筛选、监测和诊断是幕景分析法在风险辨识中的三大步骤。这三个步骤相互关联，相互影响。筛选基于某种程序，归纳可能导致危险或潜在危险的产品、现象、过程或单个因素，并对这些因素进行识别分析。监测是对所选环节筛选出来的风险因素深入剖析与研究并进行监督管理。判断是基于筛选和监测的基础上得出结论。

6. 故障树分析法

利用故障树分析法找出建设施工风险因素也是比较常见的方法。故障树分析把结果作为开头，开始反推敲，进行逆向思维、逆向分析的分析方法。通常情况下，经验很少的风险辨识常常会使用故障树方法，由点及线、由线至面，从可能的风险点出发，逐步按着发展脉络进行分析，一级级向下分析深入，最终确定风险致因。

7.SWOT 分析法

SWOT 分析法是在对自身优势、劣势、机遇和威胁四个方面展开分析，在明确自身优劣势的基础上，了解外部的机遇和威胁，然后对外部环境做出准确的预判，从而为制定策略和战术安排提供参考依据。

8.WBS-RBS 法

WBS 即工作分解结构，这是一种面向可交付成果的项目元素分组，这个分组组织并定义了全部的项目工作范围。每下降一级都表示一个更加详细的项目工作的定义；RBS 即风险分解结构，是一个定义潜在风险源的层级结构，采用定义的方式被定义为一种面向来源的风险分组，这个分组组织并定义了项目或企业全部的风险。每下降一级都表示一个更加详细的风险来源的定义。在工作分解结构基础上，再次将每个结构存在的风险因素进行识别。

第三节　公路桥梁施工阶段的风险评估与评价

一、公路桥梁施工阶段的风险评估

桥梁施工阶段的风险估计是通过分析和估计的方式，获取桥梁在施工阶段风险发生的概率大小，以及因风险发生可能带来的损失，对概率和损失作出评估后，为风险管理制定对应的措施提供依据，也为风险监控点提供参考。

（一）风险估计方法

一般可以通过以往类似项目的历史数据对在建项目提供参考数据，从而可以进行评估判断，但很多项目由于施工的特殊性，或者有时资料不齐全，这时需要用统计学原理或者概率分布理论进行风险估计。

（1）对历史已知数据分析。因中小桥梁施工对水文和地理等环境要求相比大型桥梁小，其相似性较大，历年施工风险资料可以很好地作为参考依据，因此可以采用历史已知数据可直接作为在建项目的参考；当类似项目风险资料较多时，还可利用统计学原理分析，推断风险发生的概率。

（2）概率分布理论。采用概率分布理论时，把桥梁某些结构功能不能发生作用由此失效，作为该桥梁选择的风险概率。结构失效是指在时间、外部客观环境作用下某项结构不可靠的概率。

（3）主观概率。用专家调查法等主管分析方法，对风险发生的可信度估计出风险发生的概率。该方法的准确度取决于主管评价人员的业务素质和经验丰富程度，因此受主观因素影响大。

在针对风险进行评估时可以运用定性和定量的分析方法：定性分析法主要有头脑风暴法、风险核对表法以及专家调查法等；定量分析法则主要有故障树分析法、决策树法、层次分析法、模糊综合评价法以及敏感分析法等。

（二）风险估计的程序

一般风险估计的程序可分为先收集信息数据，包括客观统计数据、主观判断数据；再建立理论风险模型，包括事件不确定型模型和损失分析模型；最后估计风险发生的概率及后果。

二、风险评价

（一）风险评价目的

（1）将风险因素按照其影响程度进行排序，以便于将主要精力用在风险较大事件上，可以对整个项目进行合理把控。

（2）弄清风险事故之间的关系。从整体出发进行风险评价，确定风险因素间的因果关系，为制定风险管理策略做准备。

（3）找出风险有可能转为机会的因素，转危为安，阻止风险的发生。

（4）减少风险事件发生的概率。通过风险评价，清楚不同的风险事件发生的概率，以及对项目施工过程中的影响。提前做好事前预防，降低风险发生的概率。如果在评价中发现结果与实际差距较大，应重新估计风险事件。

（二）风险评价方法

实际施工中进行风险评价一般是在识别出项目施工阶段的风险因素后，将风险因素和相应的评价标准进行比较。往往在桥梁施工中首先通过不同渠道将收集到的信息和资料进行整理，找出不同种类的潜在风险因素，并对不同种类的风险因素进行分析归纳，然后对整体桥梁施工风险进行风险评价，最后制定对应策略。风险评价常用的方法有：主观评分法、层次分析法、模糊风险综合评价法、决策树法、故障树法、随机模拟法、LEC 评价法等。

1. 层次分析法

层次分析法是指将一个复杂而又系统的决策问题进行分解，分别分解成不同层次，如目标层、准则层、方案层若干层次，再把分解指标进行定性分析，模糊数学量化，按照影响程度排序，对多种方案提供最优参考。

2. 模糊风险综合评价法

客观世界有很多事物无法准确描述表达，但又需要进行风险评估，就可以采用模糊风险综合评价法，即将该事物进行模糊，建立一种数学模型，把定性的评价通过模糊转为定性量化，进而可以准确做出综合评估。

3. 随机模拟法

随机模拟法是以概率论和数理统计知识为依据，利用概率分布等相关知识对随机变量进行抽样，最后通过引进相关的模型将所得样本直接代入其中进行运算得到应变量的结果，其又被称作蒙特卡罗模拟法。

4.LEC 评价法

LEC 评价法又被称为格雷厄姆评价法，是半定量的风险评价方法。L 表示事故发生的可能性，E 表示人员暴露于危险环境中的频繁程度，C 表示事故发生导致的后果，以上三者的乘积表示为危险性即 D。D 取值的大小就表示作业环境危害程度的大小，即

$$D=L\times E\times C$$

风险分值 D=LEC。D 值越大，就表示人员所处环境越恶劣，就必须利用某种方法降低 D 值来提高安全性，主要方法是要么降低发生事故的概率，要么减少人员处在危险环

境下的频率，要么降低事故发生后的损失，直到D值控制在可控范围内。

第四节 公路桥梁施工阶段的风险应对策略

风险应对就是对项目已经辨识明确的风险因素采取处理措施。在对建设项目进行了风险识别、定性定量估计和评价后，把项目风险发生的概率、损失的严重程度以及项目实际其他外在因素统一归整，明确项目风险所对应的危险等级，指导管理者决定采用哪种措施应对，最终目的是把风险转化为机会或使风险造成的损失降到最低。

一、风险损失

项目风险损失指的是风险事件的负面影响，影响整体项目预期，比如在整个公路桥梁的施工过程中，工程进度、成本超支、质量事故、安全事故、材料事故等都是损失的常规新形态。

项目风险的损失分为可以用货币计量的损失，另一种则是不能使用这一计量的损失。在质量事故、进度延迟、成本超支和安全事故方面的一些损失可以用货币计量。举例来说，能够用货币标准来进行衡量的成本问题、材料问题、员工工资问题等，生产质量问题同样能够使用货币来衡量，例如返工、维修、强化、加强等，以及第三方责任损失的延误。在对整个工程建设进行评估考虑时，不仅主体自身的风险需要研究考虑，而且还要把由于安全事故的损失造成的时间损失也考虑在内，这其中更是包括医疗费用、丧葬、赔偿和财产损失，以及连锁反应带来的风险损失。

另一种是不能或不容易用金钱衡量的损失。例如，由于时间的延误竣工日期延迟，影响项目最终收益导致利润损失，监理单位、施工单位在安全事故当中所受到的名誉损失，使得民众信心降低，甚至地方政府威性尽失，导致硬性受损。

由于在进度缓慢、成本超支和施工事故以及验收不合格等相互影响带来的连锁损失，风险估计损失需要花费大量的时间和成本，每一个具体的项目之间的差异也加大了风险评估的难度，需要秉承实事求是的原则，具体问题具体分析。

二、风险应对策略

为应对施工中发生的风险，一般从消除潜在风险因素、降低风险发生可能性和风险后果等级几个方面考虑对应策略，所采取措施一般有四种：规避、转移、减轻、自留。

（一）预防风险

预防风险是指采取各种防范措施杜绝桥梁施工风险的发生，是一种主动的风险应对策略，常能起到以较小代价取得较大回报的作用，在工程中较为常用。预防风险策略通常可分为有形手段和无形手段两大类。

（1）有形手段。有形手段主要是指通过一定的物质基础、技术等来达到消除风险威胁的目的，提高桥梁的抗风险能力。工程中，采用这类方法的具体措施可防止风险因素出现。在建设方案实施之前采取一定的措施，减少桥梁施工期间潜在的各类风险因素。比如，为了预防钢筋在闪光对焊时的脆断现象，可以针对钢筋的焊接性，采取相应的焊接工艺正确控制热处理程度，对于难焊的刀尺钢筋，焊后进行热处理时不但要避免快速加热和快速冷却，还要正确控制加热温度。降低已存在风险因素的发生概率或损失幅度。如施工现场在遭遇地震或其他地质危害后，应采取相应抢救措施减少危害程度。将风险因素同人、财、物在时间和空间上错开或隔离。如在桥梁工程施工中，常将料场、施工现场同人员居住休息区分开布置，这样有助于降低风险出现的概率，也有助于风险出现时，将风险损失控制在较低水平。

（2）无形手段。无形手段主要是从程序上保证项目的规范性或从思想上提高项目参与人员的风险意识，行动上提高处理风险能力的举措。

教育培训。通过教育培训提高人员可靠性并提高人们处理应对风险的能力。

程序法。程序法主要是指以制度化、正规化、规范化的管理从事桥梁施工活动，以达到预防施工风险发生的目的。

（二）回避风险

通过变更工程项目计划，从而消除风险或消除风险产生的条件，或者是保护工程项目的目标不受风险的影响的方法，风险回避是所有风险应对措施中最简单也是最消极的一种办法。风险回避主要有放弃项目、停止项目、变更项目三种手段。

三、桥梁风险应对措施

在公路桥梁施工时往往采取的风险应对措施从以下几个方面入手：第一，在项目开工前对出现的风险有充分认知，并对风险出现的可能性和后果严重性有充足把握，然后决定采取风险规避。比如对于一些施工方案没有施工经验或者新技术运用不成熟，则可以坚决不采用，尽量进行风险规避。第二，控制损失，当风险发生时，及时止损，使其影响降到最低。第三，转移，通过寻求第三方，将风险合理转移出去。第四，直面风险。以自身实力抵御风险。在实际操作中，往往需要特殊矛盾特殊对待，用最适合的方法应对风险。

上述方法各有优缺点。风险规避的方法可以使潜在的风险最大限度地消除，为施工创造安全的施工环境，但也需要意识到项目成本的增加，项目利润的相对缩减以及技术发展突破机会成本的损失；风险转移，在很大程度上压缩了建设成本，但是也许会受到政策的制约，法律的限制；从现实角度出发，风险是客观存在的，无法避免的，但却是可以转化的。但它需要工程建设的承建单位对整个工程体系有着成熟的认识，对工程所要面对的风险有着全面的掌握，从而能够制定出最有效的应对措施。

在对建设施工风险进行了系统深入的分析后，在制定出风险应对方案的同时也要保证施工的安全性，对风险进行控制，对风险的应对也要高效。详细来说，在评价结论的基础上，对施工中所存在的隐患进行预测和预警，是公路桥梁建设工程风险安全管理的一项重要组成部分。实施风险应对措施和研究风险投资评估的有效性。此外，还要做好各施工阶段的信息收集和风险评估、监测，从而对施工风险进行动态监测和管理。

第五章 公路桥梁养护维修技术

为保证桥梁的正常运营，尽量保持和延长桥梁的使用年限，对桥梁结构进行日常养护与维修是非常必要的。桥梁的养护维修，主要是对危害桥梁正常运营的部分进行修缮。本章重点讨论了桥梁结构的养护与维修、公路桥梁加固与技术改造两方面的内容。

第一节 桥梁结构的养护与维修

一、桥梁上部结构的养护与维修

（一）桥面系的养护与维修

1. 桥面清洁与交通清障

（1）每日巡查一次。

（2）桥面、路面、人行道应经常清扫，排除积水、清除泥土、杂物等，保持桥面平整、清洁。

（3）桥上通行车辆若发生故障，应及时将故障车辆清走，以免影响正常交通秩序。如遇交通等突发性事故，应在保护事故现场的前提下，迅速与公安、交警部门联系，妥善解决，并做好车辆疏通工作。

（4）如遇交通等突发性事故对大桥及其附属设施造成损伤，应及时检查、现场取证，记录备案，并及时进行修复和加固。

2. 桥面铺装层

（1）桥面的养护应符合道路养护有关规范标准的规定。

（2）桥面不允许随意增加荷载，包括新增桥面铺装厚度、过江管线、大型装饰或广告等。

（3）桥面更新应使纵横坡及排水系统得到改善。

（4）严禁用沥青铺装层覆盖伸缩装置。

（5）在承载力允许的条件下，对严重的大面积混凝土铺装层表皮脱落、麻面，可以铣刨后增做混凝土表层；也可加铺沥青面层，但伸缩装置必须重新设置。对轻微、局部表皮脱落、麻面和微裂缝，可不做处理。

（6）对大于 1mm 的混凝土桥面裂缝，应查明原因。在确定无结构破坏和不延续发展的条件下，可灌缝处理。

（7）混凝土桥面出现断缝、拱胀、错台、露骨、坑洞等病害时，应及时处理。损坏面积较大时，应整块或整跨凿除，重铺新的混凝土。

（8）沥青混凝土桥面长期含水浸泡造成的脱落、壅包，应切断水源，清除损坏的部位，排水、晾干后修补。

（9）沥青混凝土桥面出现泛油、壅包、裂缝、波浪、坑槽、断裂、车辙等病害时，应及时处理。损坏面较小时做局部修补；损坏面积较大时，可整跨清除后重铺。

（10）防水层损坏应及时修复；防水混凝土的抗渗等级应高于 P6。

（11）人行道块件应牢固、完整，块件（地砖）表面是否平整、无脱落、下沉、缺失；桥面路缘石无撞坏、断裂、松动、错位、剥落。

（12）护栏及栏杆的维护，应有可靠的安全技术方案。修复的护栏和栏杆在伸缩缝处应保证与梁体变位有相同的位移量。

（13）桥上照明、反光块、标线、标牌、防眩板、防护隔离设施、航道灯标等各附属设施，应齐全、醒目、整洁、牢固，若有损坏应及时更换。

3. 排水系统

（1）桥面的泄水管、排水槽如有堵塞，应及时疏通，并经常保持通畅。保持井盖完整、无遗失和破损；水篦子无遗失、破损和堵塞。

（2）桥面应保持大于 1.5% 的横坡，以利于桥面的排水。

（3）桥梁上设置的封闭式排水系统，应保持各排水管道畅通，排水系统的设备如水泵等工作正常，如有堵塞应及时疏通，若有损坏应及时更换。

4. 人行道、栏杆、护栏、防撞墙、中央分隔带

（1）人行道。人行道块件应牢固、完整，桥面路缘石应经常保持完好状态。若出现松动、缺损应及时进行修整或更换。

（2）栏杆。

a. 桥梁栏杆应保持完好状态。栏杆应树立正直，扶手应无损坏、断裂，伸缩缝处的

水平杆件应能自由伸缩。栏杆柱、扶手如有缺损，应及时补齐。因栏杆损坏而采用临时防护措施时，使用时间不得超过三个月。

b. 钢筋混凝土栏杆开裂严重或混凝土剥落，应凿除损坏部分，修补完整。

c. 钢质栏杆应涂漆防锈，一般每年一次。

（3）护栏、防撞墙。

a. 护栏、防撞墙应牢固、可靠，若有损坏应及时修理或更换。钢护栏与钢筋混凝土护栏上的外露钢构件应定期涂漆防锈，一般每年一次。

b. 桥梁两端的栏杆柱或防撞墙端面，涂有立面标记或示警标志的，应定期涂刷，一般一年一次，使油漆保持鲜明。

c. 检查护栏、防撞墙是否有腐蚀、变形，若有，应清查数量，查明原因，采取整治措施。如有断裂、撞坏，应及时采取简易防护措施及警示标志，保证行人及车辆行驶安全，并尽快修复被损坏部位，使其恢复正常。

（4）中央分隔带。

检查中央分隔带盖板是否损坏、断裂、缺失，若有，应清查数量，查明原因，采取整治措施。如有断裂、撞坏应及时采取简易防护措施及警示标志，保证行人及车辆行驶安全，并尽快修复被损坏部位，使其恢复正常。

5. 伸缩装置

（1）伸缩装置应伸缩自如、平整、无渗漏、无异响、不跳车；应经常清除缝内积土、垃圾等杂物，使其发挥正常作用，若有损坏或功能失效应及时修理或更换。

（2）伸缩装置出现以下病害时，应及时处理：①异型钢伸缩装置的密封橡胶带损坏，应及时更换。②弹性体伸缩装置出现严重变形、翘起、脱落时，应及时清除、更换。③钢板伸缩装置或锯齿钢板伸缩装置的钢板变形、螺栓脱落、伸缩不能正常工作，应及时修复。④当伸缩装置的损坏无法修复时，应整体更换。⑤U 形锌铁片伸缩装置的锌铁片老化、开裂、断裂，应及时更换。⑥橡胶条伸缩装置的橡胶条老化、脱落，固定角钢变形、松动，应及时更换。⑦板式橡胶伸缩装置的橡胶板老化开裂，预埋螺栓松脱，伸缩失效，应及时更换。

（3）每年气温最高、最低时，应及时测量伸缩装置的间隙，且不得小于设计最小值和最大值。

（4）应随时对伸缩装置的水平错位、竖向升降进行观测和控制。

（5）更换的伸缩装置应选型合理，伸缩量应满足桥跨变形需要，安装应牢固、平整、不漏水。

（6）维修或更换伸缩装置时，应采取措施维持交通。

6. 标志、标线和交通安全设施

（1）桥上的交通标志应齐全、醒目、牢固，标志板应保持整洁、无裂纹和残缺。若有损坏应及时整修。

（2）交通标线应保持完好、清晰，定期进行标线重涂。

（3）桥上的防眩板应保持齐全、整洁，若有损坏应及时整修。

（4）桥上的防护隔离设施应完整、牢固，若有损坏应及时修理。

（5）桥上设置的航空灯、航道灯及供电线路、通信线路必须保持良好状态，如有损坏应立即修复。避雷设备要经常保持完好，接地电阻要符合要求，接地线附近禁止堆放物品，禁止挖取接地线的覆土。

（6）桥上灯柱应保持完好状态，如有缺损和歪斜，应及时修理、扶正。灯具损坏应及时更换，保证夜间照明。

7. 桥头搭板和桥梁观测设施

桥头搭板脱空、断裂或枕梁下沉引起桥路连接不顺适，出现桥头跳车时，应进行维修处理。

用于桥梁观测的标点、传感器、接线等应保持完好。如有损坏或故障应及时维修。

（二）钢筋混凝土梁桥的养护与维修

1. 钢筋混凝土梁桥的日常维护

（1）钢筋混凝土梁桥日常养护维修内容：清除表面污垢；修补混凝土空洞、破损、剥落、表面风化以及裂缝；清除暴露钢筋的锈迹、恢复保护层；处理各种横、纵向构件的开裂、开焊和锈蚀。保持箱梁的箱内通风，未设通风孔的应补设。梁体的污垢宜用清水刷洗，不得使用有腐蚀性的化学清洗剂。①

（2）钢筋混凝土常见病害及处理方法。

a. 对梁（板）体混凝土的空洞、蜂窝、麻面、表面风化、剥落等应先将松散部分清除，再用高强度等级混凝土、水泥砂浆或其他材料进行修补。新补的混凝土要密实，与原结构应结合牢固、表面平整。新补的混凝土必须实行养生。

b. 梁体若发现露筋或保护层剥落，应先将松动的保护层凿去，并清除钢筋锈迹，然后修复保护层。如损坏面积不大可用环氧砂浆修补；如损坏面积过大可用喷射高强度等

① 罗凌峰．上承式钢管混凝土拱桥养护技术与管理对策研究 [D]. 重庆：重庆交通大学，2017.

级水泥砂浆的方法修补。

c. 梁（板）体的横、纵向连接构件开裂、断裂、开焊，可采取更换、补焊、帮焊等措施修补。

d. 钢筋混凝土梁桥的裂缝处理：当裂缝的宽度大于限值及裂缝分布超出正常范围时，应做处理。当裂缝宽度在限值范围内时，可进行封闭处理，一般涂刷环氧树脂砂浆。当裂缝宽度大于限值规定时，应采用压力灌注法灌注环氧树脂胶或其他灌缝材料。当裂缝发展严重时，应加强观测，查明原因，按照规范的有关规定进行加固处理。

e. 空气、雨水、河流水中含有对混凝土和钢筋有侵蚀的化学成分时，应对桥梁结构进行防护。

（3）钢筋混凝土构件修补的注意措施。

a. 在昼夜平均温度低于5℃的冬季维修桥梁时，对修补的混凝土构件应采取保温措施，保证混凝土的凝固硬化。

b. 用于修补加固的混凝土、钢材其强度和其他质量指标应不低于原桥材料。修补用的混凝土强度等级应比原强度等级提高一级。在酸性地区，所用水泥应根据环境特点采用耐酸的水泥。

c. 受拉区修补用的混凝土宜用环氧树脂配制，受压区修补用的混凝土可用膨胀水泥配制。用水泥混凝土或砂浆修补的应加强养生，有条件时宜用蒸汽养生或封闭养生。

2. 钢筋混凝土梁桥的加固方法

混凝土简支梁桥的加固属于技术性较强、要求较高的工作，对于经过评定需要进行加固的桥梁，应委托有相应资质的单位来完成。

钢筋混凝土梁桥的加固可以采用以下几种方法。

（1）浇筑钢筋混凝土加大截面加固法。用于加强构件，应注意在加大截面时自重也相应增加了。

（2）增加钢筋加固法。用于加强构件，常与方法（1）共同使用。

（3）粘贴钢板加固法。此为普遍采用的方法，钢板与原结构必须可靠连接，并做防锈处理。

（4）粘贴碳纤维、特种玻璃纤维加固法。主要用于提高构件抗弯承载力。使用此法加固几乎不增加原结构自重。

（5）预应力加固法。对于提高构件强度、控制裂缝和变形的作用较好。

（6）改变梁体截面形式加固法。一般是将开口的T形截面或Ⅱ形截面转换成箱形截面。

（7）增加横隔板加固法。用于无中横隔或少中横隔梁的加固，可增加桥梁整体刚度、调整荷载横向分配。

（8）八字支撑加固法。在桥下净空和墩台基础受力许可的条件下，采用在梁（板）底下加八字支撑加固法。

（9）桥梁结构由简支梁变连续梁加固法。

（10）调整支座高程加固法。当支座设置不当造成梁体受力恶化时，可采用调整支座高程的加固方法。

（11）更换主梁加固法。

（12）其他可靠有效的加固法。

（三）预应力混凝土梁桥的养护与维修

1. 预应力混凝土梁桥的日常维护

（1）预应力混凝土梁桥的日常维修范围及内容参见“钢筋混凝土梁桥的养护与维修”，此外，应对预应力锚固区的破损及开裂，沿预应力钢束纵向的开裂进行修补。

（2）预应力混凝土梁桥常见病害：①混凝土表面剥落、渗水，梁角破碎、露筋，钢筋锈蚀、局部破损等；②预应力钢束应力损失造成的病害；③预应力混凝土梁出现裂缝。全预应力及部分预应力 A 类构件正常使用条件下不允许出现裂缝，只有 B 类构件允许出现裂缝。裂缝的类型除了同于钢筋混凝土梁桥外，还有沿预应力钢束的纵向裂缝，锚固区局部承压的劈裂缝。

（3）常见病害的维修同钢筋混凝土梁桥。对于不允许出现裂缝宽度，都应查明原因进行处理或加固。

2. 预应力混凝土梁桥的加固方法

（1）预应力混凝土梁桥的一般加固方法及适用范围参见相关的技术资料。

（2）因为预应力部分失效而进行加固时，若原结构有预留孔，可在预留孔内穿钢束进行张拉；采用无黏结钢束的可对原钢束重新张拉；或增设齿板，增加体外束进行张拉。

（3）腹板抗剪切强度不够时，可采用加竖向预应力加固。

（四）钢筋混凝土拱桥的养护与维修

1. 钢筋混凝土拱桥的日常维护

（1）经常清除表面污垢及圬工砌体因渗水而在表面附着的游离物。

（2）经常疏通泄水管孔，保持桥面及实腹拱拱腔排水畅通。如发现拱桥桥面漏水应及时修补，空腹拱的主拱圈（肋）若发现渗水，应对拱背进行清理。清除可能积水的残渣、堆积物等，并用砂浆等材料抹平或堵塞裂缝。实腹拱若发现主拱圈渗水，应检查拱腔排水系统，必要时可开挖拱上填料，修补防水层，修理排水管道[①]。

（3）主拱及拱式腹拱的拱铰及变形缝应保持正常工作状态。清除弧面铰及变形缝内嵌入的杂物，保持能自由转动、变形。填缝材料如油毛毡、浸润沥青的木板等，如有损坏应及时更换。

2. 钢筋混凝土拱桥的加固分析

（1）钢筋混凝土拱桥拱圈的主要病害。

a. 主拱圈抗弯强度不够引起拱圈开裂。裂缝主要发生在拱顶区段的拱圈下缘与侧面，拱脚处的拱圈上缘与侧面。

b. 主拱圈抗剪强度不够引起拱圈开裂。裂缝主要发生在拱脚，空腹拱的立柱柱脚。

c. 拱圈材料抗压强度不够，引起劈裂或压碎。

d. 两拱脚墩台不均匀沉降引起拱圈开裂，一般出现在拱顶区段，横桥向贯穿全拱圈，裂缝宽度上下变化不大，且两侧有错动。墩、台基础上、下游不均匀沉降引起拱阁及墩台出现顺桥向裂缝。

e. 墩台沿桥梁纵向发生向后滑动或转动引起拱圈开裂，裂缝规律同（1）。当向桥孔方向滑动或转动时，裂缝在拱圈上、下缘的位置与（1）相反。

f. 拱上排架、梁、柱开裂，短柱的两端开裂，侧墙斜、竖方向开裂，侧墙与拱圈连接处开裂。开裂的主要原因分别为构造不合理、强度不够、施工质量不好，以及由于拱圈变形，墩、台变位对拱上结构造成不利影响所致。

g. 预制拼装拱桥或分环砌筑的圬工拱桥，沿连接部位或砌缝发生环向裂缝。拱肋接头混凝土局部压碎。

h. 拱铰失效或部分失效，引起拱的受力恶化或开裂。

i. 桥面板（平板、微弯板等）开裂。引起开裂的原因，主要有局部承受车辆荷载强度不够，参与主拱受力后强度不够，肋片发生较大位移，板与肋连接破坏，或在施工中已开裂未予彻底处理等。

（2）加固方法及适用范围。

拱桥的加固属于技术性要求较高的工作，需要详尽的检测、计算等支撑，因此一般应委托专门的机构来进行。

① 孔德腾．桥梁工程中钢纤维混凝土技术的应用 [J]. 交通世界，2019（34）：98-99.

下面仅提出常用的加固方法供参考。

a. 主拱圈强度不足时可加大拱圈截面。从拱腹面加固时，可采用下列方法：粘贴钢板；浇筑钢筋混凝土加大拱肋截面；布设钢筋网用喷射混凝土或水泥砂浆加大拱圈截面。从拱背面加固时，可在拱脚区段的空腹段背面加大拱圈截面；或拆除拱上建筑，在全拱圈背面加大截面。一般使用混凝土或钢筋混凝土材料。

b. 粘钢或复合纤维片材加固。拱肋、拱上立柱、纵横梁的构件损坏可用粘钢或复合纤维片材加固。粘钢时可粘贴钢板，也可在四角处粘贴角钢。

c. 嵌入剪力键加固法。用嵌入剪力键的方法加固拱圈的环向连接。剪力键一般采用钢板或铸件，按一定间隔布置，其间的裂缝用环氧砂浆等处理。

d. 用加大截面的方法加强拱肋之间的横向连接。

e. 改变结构体系。改变结构体系以改善结构受力，如在桥下通航许可的前提下加设拉杆。

f. 更换拱上建筑。更换拱上建筑，减轻自重，更换实腹拱的拱上填料为轻质填料。

g. 桥面加固。用更换桥面板，增加桥面铺装的钢筋网，加厚桥面铺装，换用钢纤维混凝土等方法维修加固桥面。

h. 墩台加固。因墩、台变位引起拱圈开裂时，应先维修加固墩台，然后修补拱圈。

i. 加固注意事项。加固拱桥时，应注意恒载变化对拱压力线及引起的推力变化，对各施工工序应进行检算，并做出详细的施工组织设计，严格按照设计的工序施工。

（五）预应力连续刚构桥的养护与维修

1. 常见病害及对策

（1）梁体混凝土表面的空洞、蜂窝、麻面、风化、剥落等可以用比原混凝土高一等级的混凝土或其他合适的材料修补。

（2）梁体保护层剥落、露筋等应视损坏面积大小分别采用喷射高强混凝土或环氧混凝土、环氧砂浆等修补①。

2. 梁体裂缝的分析、判断及修补

（1）梁体裂缝因裂缝的类型、范围、部位及裂缝宽度的不同，应分析原因，做出判断后提出治理对策。

（2）结构受力裂缝多发生在受拉、受剪区；表面温度裂缝及混凝土收缩裂缝多在较

① 刘静．预应力施工技术在桥梁工程中的应用分析 [J]. 中小企业管理与科技（上旬刊），2018（12）：178-179.

大结构面。连续刚构箱梁的跨中部位、0 号及附近节段、横隔板门洞、0 号节段底板及墩顶等部位受力复杂，应力较大，是裂缝的常见部位。

（3）一般温度裂缝、混凝土收缩裂缝宽度不大，在规范规定值以内，可进行环氧封闭或压力注胶处理。

（4）对超出规范限值宽度的裂缝，属结构受力原因的，应进行材料和构件分析计算、试验，必要时进行结构分析计算或结构试验。做出判断后，采取针对性措施治理。对梁体因材料本身（如碱骨料反应）及环境原因造成局部超限的裂缝或损坏，应对裂缝进行压力注胶、修补、加固等处理；面积较大时，除以上处理外，还可考虑再做表面涂装处理。

（5）梁体受压区出现裂缝时，应分析原因，如为结构受力破损性质，应封闭交通，做进一步检测、评估后治理。

3. 预应力锚固封端和梁体维护

当预应力锚固封端混凝土出现裂缝、剥落、渗漏、锚具暴露时，应及时进行除锈、防护并重做封锚。

梁体出现明显的损伤、变形、移位、跨中挠度变形超过允许值时，应进行特殊检测、评估后按推荐方案治理。

4. 梁体加固措施

梁体加固可采用的措施：加大受力截面；增加受力钢筋；粘贴钢板；粘贴碳纤维布、特种玻璃纤布；增加体内或体外预应力；增加横隔板等。

（六）石拱桥的养护与维修

1. 病害客观因素分析

（1）主拱圈开裂。造成公路石拱桥主拱圈横向开裂的主要原因如下。

a. 主拱圈厚度太薄或材料强度不够。石拱桥主拱圈内力分析表明，拱顶正弯矩最大，拱脚负弯矩最大，拱顶、拱脚为设计控制截面，若截面抗力小于设计荷载内力，将造成拱顶下部或拱脚上部开裂。

b. 基础沉陷，墩台移动。石拱桥多按无铰拱设计，为超静定结构，基础沉陷或墩台位移引起的主拱圈附加应力相当大。如某桥为 3~20m 石拱桥，因洪水冲空侧边孔桥墩基础，使墩台下沉引起拱圈严重开裂，最大缝宽 2~3cm，同时造成其他两孔损坏。

c. 拱圈受力不对称。主要发生在坡桥与弯桥上。有些坡桥坡度较大，而主拱圈设计采用平置，造成拱上建筑不对称，使拱圈受力不对称。车辆在弯桥上转弯时产生向心力，造成拱圈弯道外侧开裂。

d. 设计时拱轴系数选择不当或施工造成拱圈变形，使荷载压力线与拱轴中心线偏离太大而开裂。

e.施工质量差。如砂浆不饱满、砌筑工艺不规范等。主拱圈纵向裂隙主要由施工引起。拱圈多采用分环砌筑，如在施工时未注意环与环交错搭接，则会在拱圈下部腹石上发生纵向裂缝。

（2）拱圈分条倒塌。造成公路石拱桥拱圈分条倒塌的主要原因是荷载作用下主拱圈受到过大的横向力作用。

（3）腹拱圈开裂。造成公路石拱桥腹拱圈开裂的主要原因如下。

a.如果腹拱太坦，就会产生较大的腹拱推力，而施工质量较差，则不能满足设计要求。如某桥采用1~50m的石砌板肋拱，腹拱矢跨比为1/15，腹拱圈设计为块石砌筑，但施工时多采用片石砌筑，因拱圈较薄，甚至还采用了小片石，造成腹拱圈开裂，且沿横桥向贯通，严重威胁桥梁的安全。

b.铰缝处理不当。石砌腹拱圈的铰石应选择石质坚硬且无裂纹的石料，铰石的接触面应较一般拱石多加修凿，以增大实际接触面积，如果施工中未达到要求，会造成铰石破坏而开裂。

c.拱与拱上建筑的联合作用显著影响拱上建筑的内力，拱上建筑刚度越大，影响就越大。考虑拱上建筑与拱共同工作，所计算的内力与分开计算的结果可能迥然不同，如构造处理不妥而按分开计算设计，则拱上建筑可能严重开裂，甚至破坏。

d.腹拱的开裂造成桥面破坏，加上养护不到位，引起桥面渗水，进一步加剧了腹拱圈的开裂。

（4）拱墙突出。在桥梁所受活载过大而填筑物内摩擦角比较小的时候，拱墙承受较大的横向力导致拱墙突出变形。

（5）桥面破损。引起公路石拱桥桥面破损的主要原因如下。

a.实腹式拱桥多采用柔性填料（砂砾或碎石），柔性填料在车辆荷载作用下的不均匀压缩变形或台后排水处理不当造成填料积水，填料强度降低，引起路面破坏。

b.空腹式拱桥由于腹拱铰的存在，为适应变形的需要，侧墙与桥面结构需相应设置伸缩缝或变形缝；由于缝的存在，构造上又不进行改善，易引起桥面从变形缝处开始破坏。

c.桥面伸缩缝设置构造过于简单，不能满足桥面变形的需要，造成桥面破坏。

（6）防水层破坏或失效。引起公路石拱桥防水层破坏或失效的主要原因如下。

a.实腹式拱桥多采用胶泥或三合土作防水层，在施工现场纯黏土很难找到，施工时就用一般亚黏土代替，防水效果不佳；胶泥和三合土的水固比难把握，特别是在填料夯实过程中，容易破坏或开裂。如桥面有渗水，胶泥或三合土易软化而失效。

b.空腹式拱桥多采用沥青、油毛毡防水层，油毛毡容易老化，特别是变形缝处，很难保证沥青麻絮密实。

2. 病害主观因素分析

（1）理解上的偏差。石拱桥设计、施工、管理中，人们普遍存在思想上的轻视和误解，认为石拱桥设计与施工技术已经相当成熟，一般技术人员都能设计和施工，导致了桥梁建设中技术人员不够重视。事实上，这种技术的成熟只是相对于专业工程技术人员而言，尤其是路桥结构工程师，而非所有技术人员。

（2）设计层面问题。

a. 设计粗糙。有些石拱桥设计图纸相当简单。有些拱桥设计图纸中拱桥的四个控制高程、拱轴系数、地基承载力要求、施工加载程序、拱架卸架要求等均未提及，设计说明也非常简单。

b. 误套标准图。随着公路等级的提高，桥面宽度、荷载等级也相应增大，目前的标准图和设计手册中都没有给出拱圈厚度的近似计算公式。设计能力较差的单位参照标准图拟定一个高度，又未做强度和稳定性验算，给桥梁结构和安全埋下隐患。如有些石拱桥，跨度不大，但桥面很宽，甚至比桥跨还大，若不加思考地套用标准图的几何尺寸和构造，将主拱圈宽度做成设计桥宽，忽略温度变化等因素影响，就有可能会在拱圈中产生纵向裂缝。

c. 拱轴系数选择不当。众所周知，拱轴系数是拱桥最重要的技术参数。不同的拱轴系数，对拱圈截面的内力分布和应力调整是不同的，不加验算地选取一个拱轴系数，势必会造成设计缺陷。

d. 构造处理不当。尤其是高墩台构造的处理不当。桥上部构造比较简单，基本上可以套用标准图设计，而下部构造与地质、地形、水文等有关，若设计时处理不当，就会导致施工过程和运营阶段桥梁结构开裂、变形。

e. 未做地质钻探或钻探深度不够。石拱桥对地质要求较高，因此只修建在地质较好的地区。然而，有时为节省造价，常常省略地质钻探这一重要环节。有些地区地质条件复杂，但钻探没有达到设计要求的深度，这在工程建设中并不少见。

（3）施工层面问题。

a. 施工技术力量薄弱。由于思想上的轻视，认为石拱桥施工简单，因此，常由当地施工单位来建设，也有个别较强实力的施工企业中标，但仅派几个一般技术人员来管理，具体由当地的建筑企业或民工来施工，削弱了施工技术力量。

b. 没有按加载程序施工。拱桥对施工加载程序的要求很高，对不同跨径的拱桥，其加载程序都有严格的规定，但有些石拱桥施工时，没有按照加载程序施工。

c. 砌筑质量差，施工质量不稳定。石拱桥是通过砌筑拱石而成的桥梁，因此，砌筑质量的好坏直接影响拱桥的安全使用。

d. 砂浆缝不饱满。从加固过几座石拱桥发现拱石之间的砂浆非常不饱满，有些拱石之间的砂浆已全部脱落。

e. 拱石没有认真修正。施工单位为了图方便，稍做修正后就安砌，或干脆用砂浆来调平，影响了拱桥质量。

f. 拱石之间不错缝。没有严格按照设计和施工技术规范要求对砌筑的拱石进行错缝。

g. 基础和桥台施工不当。基础是桥梁结构的奠基物，承担着将桥梁自重和车辆荷载传递给地基的重任，基础处理不当直接影响桥梁的正常使用。若将基础埋置在承载能力低的岩土上会给石拱桥埋下难以弥补的隐患。石拱桥由于自身重量大，由此产生的水平推力也大，因此，桥台尺寸往往较大。有些山区石拱桥不仅桥台长，而且高，如果不按照分层砌筑、分层回填、分层碾压，很容易造成桥台竖向开裂。高桥台还应遵循均衡对称的原则，一方面应与拱圈砌筑（甚至还与拱上建筑砌筑）相一致，另一方面还要与锥坡回填相协调，确保桥台受力基本一致，以避免在施工过程中桥台开裂。

（4）管理层面问题。

a. 缺乏对设计文件的审查。由于中小跨径都有标准图可套用，往往忽视了对石拱桥设计图的审查，尤其忽视对下部构造部分设计的审查。每一个特定的桥位，其地质条件和水文是不相同的，下部构造处理不当会直接影响到桥梁的安全。许多石拱桥的病害正是由此引起的。

b. 由于层层发包，工程建设费被留用，施工单位难以高质量地进行建设，只能偷工减料，必然影响工程质量。

（5）养护层面问题。

由于石拱桥材料来源丰富，而且养护费用也较低，人们往往疏忽了对石拱桥的养护管理。

3. 日常养护与维修

（1）经常清除表面污垢及圬工砌体因渗水而在表面附着的游离物。

（2）经常疏通泄水管孔，保持桥面及实腹拱拱腔排水畅通。如发现拱桥桥面漏水应及时修补，空腹拱的主拱圈（肋）若发现渗水，应对拱背进行清理。清除可能积水的残渣、堆积物等，并用砂浆等材料抹平或堵塞裂缝。实腹拱若发现主拱圈渗水，应检查拱腔排水系统，必要时可开挖拱上填料，修补防水层，修理排水管道。

（3）主拱及拱式腹拱的拱铰及变形缝应保持正常工作状态。清除弧面铰及变形缝内嵌入的杂物，保持能自由转动、变形。填缝材料如油毛毡，浸润沥青的木板等，如有损坏应及时更换。

（4）构件表面缺陷及局部损坏的修补。若发现侧墙与拱圈之间脱开，或侧墙上有斜向（若是砌体通常沿砌缝成锯齿状）开裂，应检查墩台与主拱的变形。开裂轻微且不再发展的，可做一般修补裂缝处理。若开裂严重或裂缝在发展中，应考虑加固、改造方案。

（七）桥梁支座的养护与更换

1. 桥梁支座的日常养护

（1）支座各部应保持完整、清洁，每半年至少清扫一次。清除支座周围的油污、垃圾，防止积水、积雪，保证支座正常工作。

（2）滚动支座的滚动面应定期涂润滑油（一般每年一次）。在涂油之前，应把滚动面揩擦干净。

（3）对钢支座要进行除锈防腐。除铰轴和滚动面外，其余部分均应涂刷除锈油漆。

（4）及时拧紧钢支座各部结合螺栓，使支承垫板平整、牢固。

（5）应防止橡胶支座接触油污引起老化、变质。

（6）滑板支座、盆式橡胶支座的防尘罩应维护完好，防止尘埃落入或雨、雪伸入支座内。

2. 桥梁支座维修与更换

（1）支座有缺陷故障。支座如有缺陷或产生故障不能正常工作时，应及时予以修整与更换。

a. 支座的固定锚销剪断，滚动面不平整，轴承有裂纹或切口，辊轴大小不合适，混凝土摆柱出现严重开裂、歪斜，必须更换。

b. 支座座板翘起、变形、断裂时应予更换，焊缝开裂应予整修。

c. 板式橡胶支座出现脱空或不均匀压缩变形时应进行调整。

d. 板式橡胶支座发生过大剪切变形、中间钢板外露、橡胶开裂、老化时应及时调整。

e. 油毡垫层支座失去功能时，应及时更换。

（2）支座需调整更换。调整、更换板式橡胶支座、钢板支座、油毛毡垫层支座采用如下方法：在支座旁边的梁底或端横隔板处设置千斤顶，将梁（板）适当顶起，使支座脱空不受力，然后检查调整或更换。调整完毕或新支座就位正确后，落梁（板）到使用位置。

（3）支座需要抬高。需要抬高支座时，可根据抬高量的大小选用下列几种方法。

a. 垫入钢板（50mm 以内）或铸钢板（50~100mm）。

b. 更换为板式橡胶支座。

c. 就地浇筑钢筋混凝土支座垫石，垫石高度按需要设置，一般应大于 100mm。

二、桥梁下部结构的养护与维修

（一）墩台的养护与维修指南

1. 日常养护与维修

（1）每月对墩台身进行钢筋混凝土常规检查，防止钢筋锈蚀。混凝土表面发生侵蚀剥落、蜂窝、麻面等病害，应及时将其和周围凿毛洗净，用高标号水泥浆或环氧砂浆填补。

墩、台身圬工砌体表面风化剥落或损坏时，损坏深度在 3cm 以内的，可用水泥砂浆抹面修补。当损坏面积较大且深度超过 3cm 时，不得用砂浆修补，须采用挂网喷浆或浇筑混凝土的方法加固。

（2）及时清除墩台表面的青苔、杂草、灌木等，保证墩台顶面清洁。圬工砌体镶面部分严重分化和损坏时，应用石料或混凝土预制块补砌、更换，新老部分要结合牢固，色泽质地应与原砌体基本一致。

（3）墩台出现裂缝时，应查明裂缝类型、范围、部位及裂缝宽度，分析原因后进行处置[①]。①一般裂缝可做环氧树脂封闭或压力注浆处理。②因基础沉降造成的裂缝，应先加固基础后再处理裂缝；因支座功能障碍造成墩台拉裂时，应先修复或更换支座后处理裂缝。③因碱集料反应、氯离子侵蚀、空气或水污染腐蚀混凝土，锈蚀钢筋，造成混凝土裂缝扩展、损坏等，应首先截断污染源，修补裂缝及损坏部位，必要时进行表面防护。

（4）当桥台出现变形，应查明原因，可采取下列针对性措施：①当台背填土遇水膨胀而变形，应挖去膨胀土，检修排水设施，修好损坏部位。②对于砌筑不良引起的，应凿去或拆除变形部分，重新砌筑或浇筑。③由于砌筑填缝不实，桥台有空洞的，可在空洞部位附近开凿通眼，以压浆机压注水泥浆或环氧树脂修补。④当设计考虑不周或施工不良，梁桥台背土压力过大，会造成桥台向桥孔方向位移，此时应仔细了解、观察病害情况，分析原因，通常的方法是：挖去台背填土，更换摩擦角大的填料，以减小土压力。当病害严重时，还需根据实际情况增加其他措施。⑤桥台处锥坡的浆砌片长期受大气影响，雨水侵蚀，甚至人为破坏而发生灰缝脱落或局部片石损坏，应及时重新勾缝更换。更换时应注意结合牢固，色泽和质地与原砌体基本一致。

2. 加固方法及适用范围

墩台身加固也属于技术性较强、要求较高的工作，对于经过评定需要进行加固的桥梁，

① 高袁．高速公路桥梁工程的高墩施工工艺 [J]. 交通世界，2018（33）：86-87.

应委托有相应资质的单位来完成。

（1）由于活动支座失灵而造成墩台拉裂，应修复或更换支座，并按上述方法修补裂缝。

（2）墩台身发生纵向贯通裂缝时，可采用钢筋混凝土围带、粘贴钢板箍或加大墩台截面的方法进行加固。

（3）因基础不均匀下沉引起墩、台自下而上的裂缝时，应先加固基础，再采用灌缝或加箍的方法进行加固。

（4）U 形桥台的翼墙外倾时，可在横向钻孔加设钢拉杆，钢拉杆固定在翼墙外壁的型钢或钢筋混凝土梁柱上。

（5）当墩台损坏严重，如出现大面积开裂、破损、风化、剥落时，一般可用钢筋混凝土"箍套"加固，对结构基本完好，但承载力不足的圆柱形墩柱可用包裹碳纤维片材的方法加固。

（6）钢筋混凝土墩台出现缺损，而墩台身处于常水位以下时，可根据不同情况采用围堰抽水或水下作业的方法进行修补。

（二）基础的养护与维修指南

1. 日常养护与维修

（1）应界定桥梁保护区，使桥区河段的河床保持稳定，及时清理河床上的漂浮物和沉积物。不得在保护区内从事建筑活动、挖砂、采石和倾倒废弃物。应采取措施保持桥梁墩台基础附近河床的稳定。桥梁上下游各 200m 的范围内（当桥长的 1.5 倍超过 200m 时，范围应适当扩大）应做到：①应适时地进行河床疏浚。每次洪水过后，应及时清理河床上的漂浮物，使水流顺利宣泄。②在桥下树立警告示牌，禁止任何人或单位在上述范围内挖砂、取土、采石、倾倒废弃物，禁止进行爆破作业及其他危及公路桥梁安全的活动。③不得任意修建对桥梁有害的建筑物，因抢险、防汛需要修筑堤坝、压缩或拓宽河床时，应事先报经交通主管部门或公路管理机构同意，并采取有效的防护措施。发现任何有可能破坏桥梁安全的行为，应及时制止。

（2）若基础冲刷过深或基底局部掏空，应立即抛填块石，及时制止。

（3）桥下河床铺砌出现局部损坏时应及时维修。若砌块损坏，可补砌或采用混凝土修补。

（4）对设置的防撞、导航、警示等附属设施应经常检查、维护，保持良好状态。

2. 加固方法及适用范围

（1）地基加固。当地基承载力不足时，可采用下列措施进行加固。

a. 重力式基础的加固。在刚性实体基础周围浇筑混凝土扩大基础。一般应修筑围堰，抽干水后开挖基坑，再浇筑混凝土。新旧基础（承台）之间可埋置连接钢筋，并将旧基础表面刷洗干净、凿毛，使新老混凝土连成整体。当梁式桥桥台基础承载能力不足时，可在台前增加桩基及柱并浇筑新盖梁、增设支座。这时梁的支点发生变化，应根据结构受力变化对主梁进行检算及加固①。对于拱桥基础可在桥台两侧加设钢筋混凝土实体耳墙，并将耳墙与原桥台用钢销连接起来，增大桥台基础面积，提高桥台承载力。当桥下净空允许时，可在台前加建新的扩大基础及台身，将主拱改建为变截面拱支承到新基础及台身上。新老基础之间用钢筋或钢销进行连接，有条件时可在台前新基础下增加短桩，以提高承载力。

b. 桩基础的加固。加桩。可用钻孔桩或打入桩增设基桩，并扩大原承台。对单排架桩式桥墩采用加桩加固时，如原有桩距较大（4~5 倍桩径），可在桩间插桩。如原有桩距较小，但通航净空有富余时，可在原排架两侧增加新桩，变为三排式墩桩。对钻孔灌注桩桩身损坏，露筋、缩颈等病害，可采用灌（压）浆或扩大桩径的方法进行维修加固。

c. 人工地基加固。对墩台基础以下的地层，采用注浆、旋喷注浆或深层搅拌等方法，将各种浆液及加固剂注入或搅拌于土层中，通过浆液凝固使原来松散的土固结，成为有足够强度和防渗性能的整体。所采用的材料应通过试验确定。

（2）墩台基础防护加固。墩台基础局部被冲空时，可分情况采取下列加固措施。

a. 水深 3m 以下，可筑围堰将水抽干，以砌石或混凝土填补冲空部分。桥台基础采用上述方法加固时，还应修整或加筑护坡。

b. 水深 3m 以上，可在基础四周打板桩或做其他围堰，灌注水下混凝土。也可用编织袋装一袋硬性混凝土（每袋装量为袋容积的三分之二），通过潜水作业将袋装混凝土分层填塞冲空部分，填塞范围比基础边缘宽 0.4m 以上。

c. 当基础置于风化岩层上，基底外缘已被冲空时，应先清除岩层严重风化部分，再用混凝土填补。对基础周围的风化岩层还应用水泥砂浆进行封闭。

d. 当河床不稳定，基础埋置较浅，冲刷范围较大时，可采用平面防护加固，其范围要覆盖全部冲刷坑。

e. 墩台周围河床冲刷严重，危及基础安全时，除分别采用上述方法进行防护加固外，

① 黄国林，裴丽萍 . 公路桥梁施工管理、养护及加固维修技术分析 [J]. 交通建设与管理，2014（24）：147-149.

应在洪水期过后，按《公路桥涵养护规范》的规定，采取必需的调治构造物防护措施，或按《公路桥涵养护规范》对河床采取防冲刷处理，以防再次被冲坏。

（3）桥台滑移、倾斜的加固。桥台发生滑移和倾斜时，应分析原因，根据不同情况采用下列加固方案。

a. 梁式桥或陡拱因台背土压力过大，造成桥台向桥孔方向位移，可采取下列方法进行加固：一是挖除台背填土，改用轻质材料回填，减轻台后土压力，以使桥台稳定。拱桥在换填材料时，应维持与拱推力的平衡，如在桥孔设临时拉杆或在后台设临时支撑。二是挖去台背填土，加厚台身。三是对于单跨的小跨径梁式桥，可在两桥台基础之间增设钢筋混凝土支撑梁或浆砌片石支撑板，支撑顶面应不高于河床。埋置式桥台可用挡墙、支撑杆或挡块等进行加固。

b. 拱桥桥台产生向台后方向位移，可根据不同情况采用下列加固方法：一是在U形桥台两侧加厚翼墙。翼墙与原桥台应牢固结合，增大桥台断面和自重，借以抵抗水平位移。若为一字形桥台，可增设翼墙变为U形桥台。二是当桥台的位移尚未稳定时，可在台后增设小跨引桥和摩擦板，以制止桥台继续位移。当桥下净空许可时，可在墩台之间设置拉杆承受推力，限制水平位移。对于多孔拱桥，要注意各孔之间的推力平衡。

c. 拱桥在加固墩、台时，必须保持推力平衡，注意安全。

（4）墩台基础沉降的加固。若桥梁墩台发生了较明显的沉降、位移，除按本节前述的方法加固外，还可采用下述方法使上部结构复位。

a. 梁式桥上部结构状况基本完好，桥面没有损坏，下部地基较好时，可对上部结构整体或单孔顶升，然后加设垫块、调整支座。

b. 梁式桥。上部结构状况基本完好，但桥面损坏严重时，可凿除桥面及主梁之间的连接，将主梁逐一移位，加厚盖梁，重新安装主梁，并重新铺装桥面。

c. 拱桥桥台发生位移，使拱轴线变形较大，承载能力不足时，可采用顶推方法调整拱轴线，恢复其承载能力。

（三）锥坡和翼墙的养护与维修指南

锥坡应保持完好。锥坡开裂、沉陷、受洪水冲空时，应及时采取措施进行维修和加固。

翼墙、挡墙有损坏、裂缝、鼓胀、倾斜、错位、滑动下沉；砌体灰缝有脱落，局部松动现象出现或其他损坏时，应及时维修加固。

第二节 公路桥梁加固与技术改造

一、桥梁结构加固与技术改造的有关规定

在进行桥梁结构加固与技术改造时，应符合以下规定。

（1）桥梁经过技术状况评定及承载能力鉴定后，确认经过加固能满足结构安全或正常使用要求时应进行加固。加固工作的内容及范围应根据评定结论和委托方提出的使用要求确定[①]。

（2）桥梁的加固应尽可能不损伤原结构，避免不必要的拆除及更换，防止加固中造成新的结构损伤或病害。

（3）因特殊环境（高温、冻融、腐蚀等）造成的桥梁结构病害，加固设计应采取针对性的处置措施。

（4）有抗震要求的桥梁，加固时还应进行抗震能力验算。

（5）加固施工方法、流程、工艺的设计，应考虑结构或构件出现倾斜、失稳、坍塌等可能性，并采取有效措施。

（6）特大桥、大桥主要承重构件的加固方案应进行充分论证，做多方案的技术、经济比选。

二、钢筋混凝土及预应力钢筋混凝土梁板桥的加固

钢筋混凝土及预应力钢筋混凝土梁板桥的加固应符合以下规定。

（1）当梁板桥强度、刚度、整体性及耐久性不足时，应对其进行加固。

（2）梁板桥的加固主要采用粘钢加固、纤维增强复合材料加固、高强钢绞线网聚合物砂浆加固、体外预应力加固等方法，也可采用上述多种方法组合。

（一）粘钢加固法

1. 粘钢加固的形式

钢板粘贴补强加固梁式桥就是采用环氧树脂系列胶黏剂将钢板粘贴在梁式桥结构的

① 罗松涛．市政公路桥梁结构加固设计原则及方法分析 [J]. 工程建设与设计，2018（20）：134-135.

受拉翼缘或薄弱部位，使之与结构形成整体，用以代替需增设的补强钢筋，提高梁的承载力，达到补强效果的一种加固方法①。其常用加固形式有以下几种。

（1）梁底粘贴纵向钢板加固形式。在梁底下粘贴钢板加固，可提高梁的抗弯能力，施工简便，不减少桥下净空，且可在不影响或少影响正常交通情况下进行。

（2）梁腹粘贴斜向钢板加固形式。此法可使钢板与混凝土整体受力，提高梁的整体刚度与抗剪强度。为防止梁体内原有钢筋或预应力钢索的锈蚀，钢板粘贴前应先在裂缝处灌入环氧树脂浆液，将裂缝封闭后再粘贴钢板。

（3）牛腿处或靠近支座主梁梁腹粘贴钢板加固形式。当用来增强构件抗剪强度（例如支座、牛腿处出现裂缝）时，钢板可以是块状的，也可以是带状的，带状钢板设置方向一般与主拉应力方向平行，也就是与剪切裂缝方向垂直，跨缝布置，上下端设水平锚固板，以提高端部的锚固强度，钢板厚度一般为 10~15mm。

（4）桥面板底部粘贴钢板加固。此法可使钢板与混凝土整体受力，提高梁的整体刚度与抗剪强度。为防止梁体内原有钢筋或预应力钢索的锈蚀，钢板粘贴前应先在裂缝处灌入环氧树脂浆液，将裂缝封闭后再粘贴钢板。

2. 粘钢加固的要求

（1）钢板下料制作及表面清理。

a. 按设计图纸要求，根据混凝土构件的实际尺寸对钢板进行下料、成型、钻孔（钻孔以混凝土构件上螺栓孔位置为准）。

b. 对于未生锈或轻微锈蚀的钢板，可用喷砂、砂纸或平轮打磨，直至出现金属光泽。打磨粗糙度越大越好，打磨纹路尽量与钢板受力方向垂直，其后用脱脂棉蘸丙酮擦拭干净。

c. 对于大面积锈蚀的钢板，须先用适度盐酸浸泡 20min，使锈层脱落，再用石灰水冲洗，最后用平砂轮打磨出纹道。

（2）基底处理。表面处理包括加固构件结合面处理及钢板贴合面处理。

对于混凝土构件结合面，应根据构件表面的新旧程度、坚实程度、干湿程度，分别按以下情况处理：①对表面有浮油污物的混凝土构件的黏合面，应先用硬毛刷蘸丙酮刷除表面浮油污物，后用冷水冲洗，再对黏合面进行打磨，除去 2~3mm 厚表层，直至完全露出新面，并用压缩空气吹除粉粒，处理后，若表面凹凸不平，可用高强树脂砂浆修补。②对表面已碳化的旧混凝土构件的黏合面，直接对黏合面进行打磨，去掉 1~2mm 厚表层，用压缩空气除去粉尘或用清水冲洗干净，待完全干燥后用脱脂棉蘸丙酮擦拭表面即可。

① 巨雅琴 . 桥梁维修加固技术及应用 [J]. 中国新技术新产品，2018（15）：120-121.

③对于新混凝土黏合面，先用钢丝刷将表面松散浮渣刷去，再用硬毛刷蘸洗涤剂洗刷表面，或用清水冲洗，待完全晾干后即可。④对于湿度较大的混凝土构件或龄期在3个月内的混凝土构件，因一般树脂类胶黏剂在潮湿的基层上黏结强度会大幅度降低，故除满足上述要求外，尚需进行人工干燥处理。⑤对于露筋的混凝土表面，需用钢丝刷将钢筋表面的锈蚀除去，再剔除松动的混凝土，用清水冲洗润湿，用高强树脂砂浆修补。⑥对于本身空鼓的混凝土构件，应将空鼓处剔除，用清水冲洗润湿，用高强树脂砂浆修补混凝土。

（3）配胶。目前各种结构加固用胶黏剂通常分为主剂、固化剂双组分，将主剂、固化剂两组分别倒入干净容器，容器内不得有油污，利用手提电钻搅拌，或采用人工搅拌，搅拌至色泽完全均匀为止。

（4）粘贴。胶黏剂配制好后，用抹刀同时涂抹在已处理好的混凝土表面和钢板贴合面，为使胶能充分浸润、渗透、扩散、黏附于结合面，宜先用少量胶在结合面来回刮抹数遍，再添抹至所需厚度，中间厚边缘薄，然后将钢板贴于预定位置，若是立面粘贴，为防止流淌，可加一层脱蜡玻璃丝布。

（5）钢板固定与预压。钢板粘好后，应立即用特制U形夹具夹紧或用支撑顶撑或用膨胀螺栓等固定，并适当加压，使胶液刚从钢板边缘挤出为准。

（6）固化。结构胶黏剂都是常温（20℃左右）下固化，24小时即可拆除夹具或支撑，3天即可受力使用，若气温低于5℃，应采取人工加温，一般用红外线灯或电热毯加热保温，固化期中不得对钢板有任何扰动。

（7）防腐处理。外部粘钢加固，应按设计要求对钢板进行防腐处理。一般采用刷防锈漆、钢板网抹灰、喷防火涂料、环氧砂浆涂抹等方法进行保护，并且间隔一定周期进行检查与重处理。

（8）注意事项。

a. 由于配置好的结构胶发热较大，经常导致结构胶快速固化，所以应用导热较好的容器，每次配胶时不应过多，应及时涂抹，不应间隔太长时间而导致结构胶固化。而且结构胶属于易燃物品，在施工过程中应注意防火。

b. 在涂抹已处理好的混凝土表面和钢板时，注意在中心轴线位置可以多涂抹些结构胶，厚度在2~3mm，然后往两边厚度逐渐减小，在加压挤胶时，有利于胶体均匀分布，避免中心位置形成空鼓或胶体厚度不够。

c. 放置钢板时，应快速倾斜下放，避免胶体流淌和整块钢板整面接触到结构胶而在混凝土上胶体和钢板胶体之间由于空气的阻断而产生空鼓。

d. 加压时，最好在钢板面上放置压条，然后在每间隔500mm的位置上置上夹具，加压时夹具两边应同时施力，且间隔一个夹具加压，然后再把剩余夹具进行加压，这样可以避免沿钢板纵向胶体不均。

e. 处理端部锚固时，对于有使用 U 形套箍的：首先，应注意 U 形锚固环下料时应精确，避免过大造成结构胶厚度过厚导致黏结强度下降，或过小而造成锚固环套不上；其次，加压时最好在锚固环开口处打上膨胀螺栓进行加压。

（二）纤维增强复合材料加固法

纤维增强复合材料加固法是采用黏结剂将纤维增强复合材料粘贴在钢筋混凝土结构物的受拉区或薄弱部位，使之与结构物形成整体，从而提高受弯构件承载能力的加固方法。

在采用碳纤维布等纤维复合材料加固混凝土梁式桥时，纤维片材因纤维排列方向不同而使各方向拉伸强度不相同，纤维方向与受力方向相同时，其拉伸强度最高；反之，纤维方向与受力方向垂直时，其强度最低。因此，在采用纤维片材进行加固设计中，必须正确掌握纤维的布置方向。

具体施工工艺及要求如下。

1. 面层处理

混凝土表面的劣化层，例如风化、游离石灰、脱模剂、剥离的砂浆、粉刷层、污物等，必须用砂轮机去除并研磨。

用空气喷嘴、砂轮机与毛刷将待补强区的粉尘及松动物质去除，用水洗净后，必须使其充分干燥。

2. 断面修复

（1）将混凝土面层的不良部分（例如剥落、孔隙、蜂窝、腐蚀等）清除。若有钢筋外露情形，必须先做好防蚀处理，再以强度相等或大于混凝土的环氧树脂砂浆材料修补。

（2）裂缝以环氧树脂灌注。

（3）裂缝或打除部分若有漏水情形时，应先做好止水、导水处理。修复完成后的高度差应在 1mm 以下。

3. 表面修整

（1）表面平整度凸出部分（小突起等）以切割机或砂轮机将其铲除并使其平滑。凹陷部分（打除部分）以环氧树脂补土或树脂砂浆填补。

（2）转角处需研磨至凸角 $R = 20\text{mm}$（R 为曲率半径）以上，凹角则以树脂砂浆填补。

4. 底层涂料

（1）将主剂和硬化剂依所规定的配比放置于拌和桶中，使用电动搅拌机，使其均匀混合（约 2min）。一次的拌和量为在可使用时间内的施工量，超过可使用时间的材料不可使用。

（2）以毛刷滚轮均匀涂布，依现场状况决定是否涂布第二道（初干之后）。涂布量随施工面的方向及粗糙的程度有所变化。

（3）指触干燥时间为 3~12d。

（4）施工现场空气应十分流通，严禁烟火。施工时必须要穿戴保护装置（如口罩、护目镜及橡皮手套）。

应注意气温在 5℃以下，雨天或 RH ＞ 95% 时，不可施工。施工范围的温度、湿度确认后，选用适当的底层涂料。

5. 碳纤维布材的粘贴

（1）纤维贴片预先以剪刀、刀子依所设计的尺寸大小裁好，依使用量剪裁尺寸、长度在 2m 以内最适当。为防止保管期间内的破损，裁剪数量只裁所需使用的数量。

（2）施工面底漆的干燥程度指触确认。底漆超过一星期以上时，应以砂轮机磨平。

（3）将环氧树脂的主剂（A 剂）和硬化剂（B 剂）依所规定的配比放置于拌和桶中，使用电动搅拌机，使其均匀地混合（约 2min）。一次的拌和量为在可使用时间内的工量，超过可使用时间的材料，不可使用。

（4）环氧树脂用毛刷滚轮均匀涂布在底漆上。涂布量随施工面的表面粗糙程度会有所变化，转角部分要多涂。

（5）强化纤维粘贴于树脂涂布面后，以毛刷滚轮和橡皮刮刀顺着纤维方向用力推平，使树脂浸透并去除气泡，纤维（长向）方向的搭接长度至少要留 10cm，短向则可不留。

（6）粘贴后放置 30min，若纤维有浮出或脱线情形发生时，以滚轮或橡皮刮刀压平修正。

（7）单向强化纤维表面再涂布树脂（涂于面层），以毛刷滚轮或橡皮刮刀顺着纤维方向用力推展，使树脂充分浸透和补充。

（8）两层以上的强化纤维相叠贴时，重复（4）~（7）的步骤。

（9）施工现场空气应十分畅通，严禁烟火，施工时必须穿戴保护装置。

6. 覆盖养护

（1）纤维加固施工完成后，指触确认干燥后，应用塑胶布覆盖，以防止雨淋，同时也应注意覆盖布不要碰触到施工面。

（2）覆盖布的养护需要 24d 以上。应注意在室外施工时，为了不使雨水、砂、灰尘等附着其上，必须使用塑胶布保护。

7. 涂层保护

完工后表面涂刷耐紫外线涂层或与原混凝土颜色相近的涂层。

（三）高强钢绞线网聚合物砂浆加固方法

高强钢丝网聚合物砂浆薄层加固法是在混凝土构件表面铺上钢丝网，然后用膨胀螺钉锚固在构件上，使其共同工作整体受力，最后抹上聚合物砂浆作为保护层，以提高结构承载力和耐久性（砂浆与钢丝网这两种不同性质的材料在加固中起着不同的作用，钢丝网提高结构的承载能力，砂浆层起保护和一些黏结作用）的一种加固方法。

高强钢丝网聚合物砂浆薄层加固法具体施工工艺及要求如下。

1. 加固材料

加固材料有钢丝网、底胶、水泥灰、黏合剂。

2. 钢丝网加工

钢丝网加工首先需要裁剪钢丝网，然后加端部锚固环。剪钢丝网时端头要平直，最好在平地上弹一墨线，顺着墨线剪裁。锚固环和钢丝网联结处应轧平轧扁。

3. 构件表面处理

高强钢丝网加固混凝土结构的表面处理的目的是：除去妨碍黏结表面的疏松层和污染物；增加被粘物的有效表面积，提高黏结能力；改变被粘物表面化学结构，以便增加新老混凝土的黏结力。

对于使用了很久且很脏的混凝土构件的黏结面，先应用非金属砂，如河砂、硅砂、碳化硅或氧化铝干法喷砂吹除，或用硬毛刷蘸高效洗涤剂刷除表面油垢；或用铁锤和凿子借人力对新老混凝土黏结面敲打，使其表面形成随机的凹凸不平状，增加黏结面的粗糙程度，人工凿毛后，用真空吹去或刮出块状物，用清洁压缩空气吹掉灰尘和颗粒。如果混凝土表面不是很脏很旧，则可直接对构件进行人工凿毛。

4. 钻孔打铆钉

边孔要注意要在构件内的最外侧钢筋内钻孔。在端头用铆钉锚固环时，每两环合一孔，注意锚固环要理直。拉网前要在端头打第二排孔，拴住钢丝网，以免拉网时端头锚固环脱落。

5. 挂网

挂网前应在另一端钻一孔，用来挂拉直仪器。挂网时应注意拉直，保证边缘距离。

6. 中间加铆钉

中间钻孔按梅花状在两条分布筋中间靠拉网边钻孔（以便于后面绷紧钢丝网），钻孔时应顶紧钢丝网保证构件上的孔在两分布筋中。

7. 绷紧钢丝网

当打铆钉快到拉直工具时，拆去拉直工具，并开始在末端钻孔，在末端钻孔时应注意在锚固环外缘斜向外钻孔，由此拉直绷紧纵向钢丝。然后在中间须加铆钉的加上铆钉。

8. 清洗构件表面

用高压喷头清洗加固面，应使钻孔中及加固面灰粉洗净，要清洗 3~5 遍。

9. 配制底胶

注意底胶应随配随用，以免固结；喷浆时堵塞喷嘴。

10. 喷底胶

清理构件面确定钢丝网上及其加固面没有浮水时，然后喷底胶。

11. 配制水泥浆

在底胶还没完全干之前抹底。

12. 抹水泥浆

抹底不能一次性抹光，应分 3~4 次，抹第二、三遍时，应注意在前一遍水泥浆快结硬前抹。

13. 养护

从抹底完毕，材料干硬后，要进行浇水养护，干硬后 4 小时内应每半小时养护一次，之后每天均匀养护 7~9 次。

三、预应力连续刚构桥的加固与改造

预应力连续刚构桥的加固与改造应遵循如下规定。

（1）当预应力连续刚构桥承载力、稳定性、整体性以及耐久性不满足要求时应进行加固。

（2）预应力连续刚构桥的加固主要采用粘钢或纤维增强复合材料加固、体外预应力加固、体内预应力加固、增大截面等方法，也可采用上述多种方法组合。

（一）粘钢或粘贴纤维增强复合材料加固法

对于刚构主梁部分及挂梁梁底出现的裂缝，工程中常用的加固补强方法为粘贴钢板或者粘贴碳纤维复合材料进行加固。

对于箱梁顶板出现的纵向裂缝，对于跨径较小的刚构可采取在顶板底面粘贴钢板的方法来增加其抗裂能力和承载力；对于跨径较大的刚构，则可采用粘贴碳纤维布的方法对裂缝进行封闭处理，利用碳纤维复合材料高弹模、高抗拉强度这一优点，不仅提高了梁板的抗裂性和抗弯承载能力，同时对结构自重的影响也降至最小。但在某些情况下粘贴的长度不宜超过箱梁顶板宽度。

对于腹板出现的裂缝，可采用粘贴钢板的方法进行加固。

（二）体外预应力加固法

对结构施加体外预应力的加固方法有通过增设支点和托架改变受力体系两种。体外预应力的力学原理与无黏结预应力基本相同，二者的区别在于体外预应力钢筋与结构一般不直接接触，而是通过锚具和转向块作用于结构上。

对于刚构悬臂端的挠度过大的病害，究其原因主要是因为结构自身的预应力损失较大，抵抗由荷载作用产生的变形的能力大大下降。为了减轻悬臂端严重下挠的状况，恢复桥梁线形，改善行车条件，提高结构的耐久性，可以采取体外预应力加固刚构的主体部分。即通过在刚构部分布设体外无黏结预应力钢束，提高箱梁的预压应力。

在加固时可参照下述方法进行：在刚构箱内顶板顶面、顶板、顶板底面布置预应力钢束，钢束按纵向通长，横向对称布置，分别锚固在箱梁靠端部顶板齿板及牛腿上。

另外，在采用体外预应力加固刚构主梁时还可采用体外预应力成品索进行加固。采用预应力成品索的好处在于不仅满足了结构施加预应力的加固要求，同时使用成品索加固，具有施工简单方便、可行和有效的优点，在后期还可根据需要进行索力的调整。

在采用体外预应力加固刚构主梁时，还应注意以下两方面。

（1）为预防主梁牛腿处顶面局部拉应力过大而产生新裂缝，可在主梁牛腿处采用粘贴钢板的方法进行加固。

（2）体外预应力筋在车辆荷载的作用下容易与梁体发生共振，这种共振不仅影响梁的正常使用，甚至可导致体外索断裂和梁的破坏。因此，必须采取有效措施来避免体外索和梁发生共振。例如可通过在一定间距内设置体外束支架，控制体外预应力筋的自由长度，同时，采取在体外预应力筋锚具下灌注砂浆的措施，来减少体外预应力筋由动荷载作用下所引起的应力振幅，从而避免疲劳破坏的发生。

（三）体内预应力加固法

体内预应力加固法是在箱内加厚箱梁腹板，并在加厚腹板内布置纵向后张预应力钢束。

加固施工顺序如下。

（1）各跨新旧混凝土接触面凿毛，主墩上腹板凿除区混凝土凿除，凿毛和凿除面清刷干净。

（2）各跨腹板钻孔种植锚筋。

（3）完成上述工序后，进行交通管制，即桥上车辆限制为单车道通行，并控制车距、限速慢行。

（4）布设各跨加厚腹板普通钢筋、预应力波纹管道和锚具。

（5）在维持交通管制条件下，对施工桥幅从主桥两端边孔开始往中央分 3 个阶段对称顺序逐跨进行加固。

（6）箱梁加固后外露裂缝用环氧树脂压浆封闭。

（四）增大截面加固法

增大截面加固法包括桥面补强层加固法和增大主梁断面加固法两种方法。扩大截面加固法是一种传统的加固方法。该法成败的关键是新、老混凝土的结合问题。因为新浇混凝土系二次受力构件，结合面的应力状态复杂。

1. 桥面补强层加固法

桥面补强层加固法是在旧桥面经过一定的处理后（一般先凿除原桥的沥青混凝土和普通混凝土），重新浇筑一层钢筋混凝土补强层（如内掺钢纤维则更好），使其与原桥跨结构形成组合结构。利用梁体截面的加高，达到增大主梁有效高度和抗弯能力、抗压截面，以及改善行车条件、桥梁横向分布荷载能力的目的，从而提高桥梁的承载能力。

桥面补强层加固法既能修补已出现的裂缝、剥离等损坏的桥面板，又能加高原有梁板的有效高度，增加梁板的抗弯能力，改善铰接梁板的荷载横向分布，从而提高桥梁的承载能力，有利因素较多。采用桥面补强层加固施工比较方便，可与一般修筑桥面混凝土铺装层一样进行，但由于桥面补强层浇筑后必须养护混凝土，因此，需要限制交通。一般对双车道或桥面拓宽的梁板桥，可以两边分开施工，以降低对交通的影响。

桥面补强层加固的常用方法有：采用钢筋网与混凝土、钢筋网与膨胀混凝土、钢纤维混凝土等。

2. 增大主梁断面加固法

增大主梁断面加固法主要是增加主梁下缘受拉钢筋和增大主梁断面惯性矩，从而提高梁体刚度的方法。该法能在桥下施工，不影响交通，加固工作量不大，而且加固的效果也较为显著。对有主梁下挠和腹板开裂等主要病害的中等跨径连续预应力混凝土箱梁梁桥加固时，可在维持通车的情况下在箱内浇筑大批量混凝土配合体内束，使整体刚度增强，挠曲线和应力情况达到设计预期要求。

四、钢筋混凝土拱桥的加固与改造

（一）钢筋混凝土拱桥加固与改造的规定

钢筋混凝土拱桥加固与改造应遵循如下规定。

（1）当钢筋混凝土拱桥承载力、稳定性、整体性以及耐久性不满足要求时应进行加固。

（2）当拱上建筑为纵向连续结构或拱式腹拱时可计入拱上建筑与主拱圈的联合作用。

（3）钢筋混凝土拱桥结构加固前应对混凝土裂缝、钢管混凝土脱空等病害进行处置。

（4）因加固导致恒载增加时，应对拱座及基础进行验算。

（5）下部结构加固宜对称进行。

（二）粘钢加固法

为加固钢筋混凝土拱桥拱肋的强度，可以在拱肋表面清理整洁后，用环氧砂浆等黏结钢板的方法来提高其承载能力。在拱圈产生裂缝或承载能力不足时，采用该法加固效果较明显。黏结钢板的位置一般位于拱肋界面下，可用成条整板（或分块焊接）在拱圈弧形范围内间隔黏结。一般可视具体情况而选定尺寸，宜选用4~10mm厚的钢板，否则施工比较困难。为使钢板黏结牢靠，可分块黏结接头后再焊接①。

粘钢加固所用的黏结剂必须强度高、耐久性好、具有一定弹性。目前所用的JGN结构胶的黏结抗剪、抗拉，随着被黏结基层的材料的变化而变化，当基层材料为钢材时，破坏发生在胶层，黏结强度接近于胶本身的强度，当基层材料为混凝土时，破坏发生在混凝土，黏结强度等于混凝土强度。

（三）纤维增强复合材料加固法

纤维增强复合材料加固法与粘钢加固法的加固位置、构件处理、施工方法等特点基本相同，所不同的是材料本身性能差异，另外纤维增强复合材料对温度更加敏感，碳纤维布粘贴施工宜在环境温度为5~35℃下进行，尽量避免在过高或过低温度下施工，并应配合树脂的施工使用温度。施工时还应考虑环境湿度对树脂固化的不利影响，构件表面必须干燥。

---

① 张华，彭世江．桥梁工程施工中的桩基加固技术研究 [J]. 工程建设与设计，2018（23）：245-246.

（四）锚喷混凝土加固法

锚喷混凝土加固法是借助喷射机械采用压缩空气将混凝土混合料通过管道高速喷射到需要补强的部位（平面或曲面），以增大该部位的承载能力。通过新增的混凝土与受力钢筋和原结构紧密结合，组成“喷射混凝土（内含补强钢筋网）—锚杆—原结构”的整体组合结构，通过锚喷加固层与原结构紧密黏结在一起，既阻止了原结构继续变形位移和开裂，这样就根治了原结构由于裂缝等原因造成的局部应力集中病害，又恢复了原结构的变形协调性，共同承受外荷载。但是喷射混凝土水泥用量大、含水率大、又掺有速凝剂，收缩较大；在硬化过程中的空气、温度和混凝土自身保水条件等对收缩也有影响，而收缩又能引起内应力和残余变形。而钢筋网承受拉应力，从而能有效地传递温度应力，减少或避免收缩裂缝的产生。

锚喷混凝土的主要机具设备为混凝土喷射机、空压机、水泵、砖混凝土孔眼的机具以及混凝土搅拌机、电焊机等配用机械，移动式工作平台和龙门架。

在喷射混凝土配合比设计时，应尽量使喷射混凝土的强度等级与原结构接近，其配合比要采用浇筑混凝土配合比的设计方法确定。

拱肋、拱波、腹拱采用外包钢筋网，并用锚喷混凝土加大截面。施工时应该严格按下列工艺要求进行。

（1）凿毛并清洗构件表面。

（2）按设计要求在构件表面钻固定钢筋的孔，孔深不得小于 8cm，直径不得小于 12mm，孔中灰尘要冲洗干净。

（3）用水泥砂浆将锚固钢筋嵌固在孔中。

（4）将加固钢筋网绑扎或点焊在锚固钢筋上，以免喷射混凝土时位置移动，安装钢筋时应尽量避免 3 根钢筋相交叉，以免喷射混凝土时出现空洞。

（5）施工喷射混凝土前，用高压水泵喷水冲洗，充分湿润拟喷射表面，以利于喷射混凝土与原结构的黏结，等表面无积水时即可喷射。

（6）喷射混凝土的方法建议采用“湿喷法”，即用于喷射的混凝土，在混凝土搅拌机中加水拌和好后送入喷射机中喷射。

（7）喷射混凝土时喷枪距离构件表面 0.8m 至 1.5m，先在构件表面喷一层水泥砂浆，再喷射混凝土，以利新喷射混凝土更好地和原拱圈表面结合受力。喷射混凝土厚度每次 2~3cm，逐步加厚至设计厚度。喷射混凝土至设计厚度后，应尽量将其表面抹平修整。喷射混凝土终凝 2h 后，应及时喷水养生，养护期不少于 14d。

五、石拱桥的加固与改造

（一）石拱桥加固与改造的规定

石拱桥加固与改造应遵循如下规定。

（1）应严格控制增大截面法加固后的圬工拱桥主拱截面拉应力水平。

（2）加固前应先处理裂缝、缺陷等病害。

（3）对具有文物保护价值的石拱桥，应修复如旧。

（4）下部结构加固宜对称进行。

（二）石拱桥的混凝土套拱加固

主拱圈是石拱桥的主要承重结构，加强主拱圈是拱桥加固中最常用的方法。根据加固部位的不同，可采用由拱圈下部（拱腹）加固、由拱圈上部（拱背）加固或由拱圈上、下部同时加固的方法。

在桥下净空容许或根据水文资料桥下泄水面积容许缩小的情况下，可在原有拱圈下部增设拱圈，即紧贴原拱圈下面喷射钢丝网水泥拱圈或浇筑钢筋混凝土新拱圈。当石拱桥的拱圈内壁出现表层剥落、松散、老化等情况且不适应目前交通要求时，可采用钢丝网水泥拱圈内壁喷射加固的方法进行维修加固。这种方法也称为“拱下套拱”加固方法。

拱圈下部加固的方法，由于需要搭设支架，用锚喷混凝土加固又需要空压机、喷射机等施工设备，增大了加固的费用。由拱圈上部加固时，则一般不需要搭设支架。由拱圈上部加固具有速度快、质量好、造价低的优点。这种方法也称为“拱上套拱”加固方法。

根据需要用钢筋混凝土或素混凝土由拱圈上、下部同时加固是拱桥的又一加固方法。重庆交通学院还提出了用钢筋混凝土套箍封闭主拱圈的方法加固石拱桥，该方法是通过增设环状钢筋混凝土套箍包裹拱肋，以提高原桥的抗力和拱肋的纵横向稳定性。在施工钢筋混凝土套箍之前，采用钢抓钉高强度等级砂浆锚固技术，对主拱圈裂缝进行锚抓处理，抑制裂缝的发展，然后用套箍封闭。这种加固方法，在提高拱圈强度的同时，还起到了保护原拱圈不受水蚀、风蚀的影响。

混凝土套拱加固施工时应注意以下事项。

（1）凿除拱圈剥落、松散、风化表层，套拱施工前应对拱圈的其他缺陷，如砌缝砂浆脱落、裂缝、掉块、空洞等进行修补。

（2）严格按照设计进行原拱腹及拱座植筋，套拱新增钢筋应与原拱圈连接牢固，植筋深度按设计确定。植筋与主筋焊接时，应在外露长度 15d 外施焊。

（3）应按设计程序浇筑混凝土，设计程序无明确规定时应按对称、均衡原则进行浇筑。

六、桥梁下部结构加固与改造

（一）桥梁下部结构加固与改造的规定

桥梁下部结构加固与改造应遵循如下规定。

（1）下部结构加固宜对称进行。

（2）加固前应先处理裂缝、缺陷等病害。

（3）桥下净空不足，影响桥梁的安全使用时，可降低被交路路面高程、加高墩台或调整支座垫石厚度。

（二）墩柱的加固方法

对于空心墩内壁出现的不规则的裂缝，在设计上应予以重视，同时可在墩身内增加布置温度应力钢筋以及在施工工艺上进行改进的方法来解决。对于由桥墩变形导致的上部结构出现病害的情况，可以采取构造措施，在活载作用时，限制墩顶的侧向位移，形成吊梁在活载作用时传递水平力的杆件，则可以明显降低因墩身变形引起的悬臂端挠度的病害程度。

墩柱可采用增大截面、钢套管内灌注混凝土、粘贴纤维复合材料或钢板等方法加固。

（1）增大截面加固法在墩柱的外部增加混凝土并配置纵、横向钢筋，纵筋必须锚固在承台中。承台也相应进行加固。增大截面加固法通常采用的形式有圆形、矩形。加固方式可分为全截面加固和部分截面加固。

（2）外包钢管加固法：圆形桥墩采用薄钢管外包塑性铰区的加固技术时，宜采用两块半圆形的钢管现场沿竖向接缝焊接而成，钢管的内径比桥墩直径略大，空隙中灌注微膨胀水泥砂浆，钢管的下端与承台顶面应有40mm的间隙。

外包钢加固墩柱施工时应符合以下规定：①采用注浆法外包钢加固时，构件表面应打磨粗糙、无油污。注浆压力不应低于0.1MPa。灌浆后严禁再对型钢进行锤击、焊接。②采用干式外包型钢加固时，型钢与构件之间应用水泥砂浆填实。施焊钢板（缀条）时，应用夹具夹紧型钢。用螺栓套箍时，拧紧螺母后可将螺母与垫板点焊。

（三）墩台的加固与改造

钢筋混凝土墩台出现环向裂缝时，沿裂缝布置一道套箍，套箍高度不小于1.5m，厚度 250~400mm。

钢筋混凝土墩台竖向裂缝可用数个套箍加固，每隔一定高度设置一道，其宽度视裂缝分布和宽度而定，厚度采用 100~200mm。

被加固墩台为圬工结构时，套箍宜与注浆锚杆共同使用，锚杆间距根据墩台结构尺寸确定，一般为 1.5~2.0m。外露锚具应进行防腐。

台身前缘可采用现浇钢筋混凝土补强，在原石砌台身内植入连接钢筋。台后填土不密实时，可采用换填、注浆等方法进行处理，换填施工应重做台后防排水系统。

墩台加固时应观测台身的稳定性，必要时增加临时支撑防止滑移或倾覆。

（四）桩基础的加固方法

增补桩基加固计算应考虑两阶段受力和新、旧桩基支撑条件、桩径等方面的差异。增补桩基数量及群桩基础沉降量计算应根据现行《公路桥涵地基与基础设计规范》规定进行。增补桩基加固时，新增桩的构造、布置、间距等应考虑对既有基础的影响。新增桩与旧桩的间距可适当减小。增补桩基（灌注桩、静压桩）施工应考虑新增桩基施工过程中对原桩基的影响。

针对地基承载力不足的情况，可采用砂桩法进行加固，具体做法是将钢管打入基础周围的软弱土层中，然后将钢管拔出。灌入经过干燥的粗砂，进行捣实，做成砂桩，达到提高地基承载力的目的。

针对混凝土承台底部岩芯破碎，基础下有严重冲刷掏空和基础条石中有缝隙的情况，采用注浆法加固，使基础形成一个整体，达到提高承载力的目的。

参考文献

[1] 吴留星 . 公路桥梁与维修养护 [M]. 北京：中国纺织出版社，2020.

[2] 张少华 . 公路桥梁工程与项目管理 [M]. 北京：北京理工大学出版社，2019.

[3] 张宏祥，李丹 . 公路桥梁无损检测技术 [M]. 哈尔滨：东北林业大学出版社，2016.

[4] 夏连学，宁金成 . 公路与桥梁结构检测 [M]. 郑州：黄河水利出版社，1999.

[5] 单炜，张宏祥，李玉顺 . 公路桥梁检测技术 [M]. 哈尔滨：东北林业大学出版社，2005.

[6] 季井满，张国忠，陈宝玺 . 公路与桥梁养护 [M]. 哈尔滨：哈尔滨地图出版社，2005.

[7] 李栋国，张洪军 . 公路桥梁工程施工技术 [M]. 武汉：武汉大学出版社，2014.

[8] 朱峰 . 公路工程施工 [M]. 北京：机械工业出版社，2010.

[9] 方诗圣，李海涛 . 公路桥梁工程施工技术 [M]. 武汉：武汉大学出版社，2013.

[10] 张铁志 . 路桥工程施工与检测 [M]. 北京：冶金工业出版社，2013.

[11] 吴丽萍 . 路桥工程检测技术 [M]. 北京：中国铁道出版社，2014.

[12] 罗凌峰 . 上承式钢管混凝土拱桥养护技术与管理对策研究 [D]. 重庆：重庆交通大学，2017.

[13] 孔德腾 . 桥梁工程中钢纤维混凝土技术的应用 [J]. 交通世界，2019（34）：98–99.

[14] 刘静 . 预应力施工技术在桥梁工程中的应用分析 [J]. 中小企业管理与科技（上旬刊），2018（12）：178–179.

[15] 高袁 . 高速公路桥梁工程的高墩施工工艺 [J]. 交通世界，2018（33）：86–87.

[16] 黄国林，裴丽萍 . 公路桥梁施工管理、养护及加固维修技术分析 [J]. 交通建设与管理，2014（24）：147–149.

[17] 罗松涛 . 市政公路桥梁结构加固设计原则及方法分析 [J]. 工程建设与设计，2018（20）：134–135.

[18] 巨雅琴 . 桥梁维修加固技术及应用 [J]. 中国新技术新产品，2018（15）：120–121.

[19] 张华，彭世江 . 桥梁工程施工中的桩基加固技术研究 [J]. 工程建设与设计，2018（23）：245–246.